뉴욕 프로덕트 디자이너가 알려주는

UX 디자인 입문 A to Z

뉴욕 프로덕트 디자이너가 알려주는
UX 디자인 입문 A to Z

지은이 에릭(박의준)

펴낸이 박찬규 엮은이 이대엽 디자인 북누리 표지디자인 Arowa & Arowana

펴낸곳 위키북스 전화 031-955-3658, 3659 팩스 031-955-3660

주소 경기도 파주시 문발로 115, 311호 (파주출판도시, 세종출판벤처타운)

가격 18,000 페이지 292 책규격 152 x 210mm

초판 발행 2022년 05월 18일

ISBN 979-11-5839-332-8 (93000)

등록번호 제406-2006-000036호 등록일자 2006년 05월 19일

홈페이지 wikibook.co.kr 전자우편 wikibook@wikibook.co.kr

뉴욕 프로덕트 디자이너가 알려주는

UX 😊 디자인 입문 A to Z

UX의 본질적인 개념부터
실무 UX/UI 디자인 원리, 커리어 설계까지

에릭(박의준) 지음

위키북스

UX 분야로 진로를 전환할지 망설이던 시기에 저자의 'UX 디자인 입문 강의'를 처음 접했다. 산발적인 인터넷 검색으로는 해소되지 않았던 UX 디자인 세계를 두루 이해할 수 있었는데, 이는 비전공자로서 가졌던 막연한 두려움을 해소하고 새로운 시작을 결심할 수 있는 용기를 심어주었다.

어느새 미국에서 UX 디자인 석사과정을 밟고 있는 지금, 이 책으로 다시 만난 저자의 'UX 디자인 입문 A to Z'는 더욱 풍부한 사례와 구체적인 설명이 더해져 있었다. 이 책의 차별점은 UX 디자인이 궁금한 사람들을 위한 '올인원 솔루션'이라는 점이다. UX 디자인의 개념 및 UI 디자인의 기본 원리에 대한 지식에서 더나아가, 어쩌면 궁극적으로 가장 필요한 커리어 설계에 대한 기경험자의 생생한 정보를 제공하기 때문이다. 교과서적인 이론서가 아니라 지금 현업에서 실제로 겪고 있는 경험적 사실을 토대로 쓰여진 실전서라는 점은 이 책의 또 다른 탁월함이다. UX 디자인에 대한 정보가 이미 온라인에 넘쳐나는 지금, 어쩌면 가장 필요한 것은 신뢰할 수 있는 검증된 지식이 아닐까. UX 디자인에 대한 막연한 꿈을 구체화하고자 하는 모든 이들에게 이 책을 추천한다.

이경은, 프랫 인스티튜트 Information Experience Design 석사과정

UX, User Experience, 사용자 경험 디자인. 얼핏 들으면 간단명료한 것 같으면서도 막상 설명하려면 어려운 것이 UX 디자인이라고 늘 생각해왔다. 그런 면에서 이 책은 저자의 풍부한 경험과 지식을 바탕으로 UX의 기본 정의와 방법론 같은 이론적 개념부터 실제 현장에서 사용되는 프로세스, 다양한 UX 직업군, 커리어 시작하기 등 현실적인 부분까지 두루두루 다루고 있어 UX 분야를 종합적으로 이해하는 데 많은 도움이 되리라 생각한다. UX 디자인에 관심이 있지만 무엇인지는 잘 모르겠고, UX 분야에 뛰어들고 싶지만 어떻게 시작해야 할지 막막하다면 이 책을 꼭 읽어보길 바란다.

이경민, 구글 UX 디자이너

UX 입문자가 잊지 말고 기억해야 할 UX 원리와 트렌드에 비춰 반영해야 할 실무 지식까지 이해하기 쉽게 갈무리되어 있다. UX 입문자뿐만 아니라 UX 기본기를 다시 기억하고 탄탄하게 다지고 싶은 주니어 디자이너에게도 유용한 가이드라인이 될 거라 확신한다.

이강민, 한화생명 UX 기획자

디자이너 에릭은 한국과 미국에서 다양한 분야에 걸쳐 사용자 친화적인 디자인을 세상에 선보여 왔다. 지난 몇년간의 프로젝트 리딩 경험과 강의 등의 경험을 종합한 이번 'UX 디자인 입문 A to Z' 집필을 통해 많은 이들에게 공유하게 된 것을 매우 의미 있게 생각한다. UX 개론, 리서치, 프로젝트 진행 프로세스 등을 비롯해 커리어 설계까지 UX를 처음 입문하는 주니어 디자이너부터 UX를 함께 고민해야 하는 기획자, 마케터 같은 모든 직군에게 도움 되는 내용으로 가득하다. 많은 디자이너들이 에릭의 노하우를 공유받아 사용자 친화적인 디자인을 선보이기를 기원한다.

송민승, 메타(페이스북) 수석 디자이너

한국에서 UX/프로덕트 디자인 커뮤니티, 그리고 디자인 교육과 관련된 업들을 계속 하고 있습니다. 그러다보니 어떻게 하면 '사람들에게 UX 디자인에 대한 개념을 더욱 쉽게 전달할 수 있을까?', '어떻게 하면 개념뿐만 아니라 현실의 상황들을 와 닿게 설명할 수 있을까?'에 관심이 많습니다. 이번에 에릭 님께서 집필하신 'UX 디자인 입문 A to Z'은 저의 그런 고민을 깔끔하게 해결하는 첫 단추 같은 것이었습니다.

UX 디자이너는 개인의 심미적 감각을 작업의 중심에 두지 않습니다. 그들은 사용자를 중심에 두고 가설을 세워 검증하고, 검증이 실패하면 다시 한번 새로운 가설을 세우죠. 실패를 성장의 기반으로 삼는 마인드셋을 무기로 이를 반복하여

조금씩 전진합니다. 그러한 디자이너의 모습들을 근거와 더불어 꼼꼼하게 작성해주셔서 저 또한 '내가 왜 일을 하는가'를 되새기면서 읽을 수 있었습니다. UX 디자이너가 어떤 사람들인지 궁금하신 분들에게, 그리고 내가 왜 UX 디자인을 하고 있는지 길을 찾고 있는 분들에게 꼭 추천드립니다.

김지홍, 디자인 스펙트럼 파운더 / 멋쟁이사자처럼 Head of Design

이 책은 UX 디자인이란 무엇인지, 어떻게 디자인을 하는지, 또한 어떻게 디자이너가 될 수 있는지까지 쉽게 설명해줍니다. 특히 다양한 디자인 프로세스와 방법론을 폭넓게 다룸으로써 입문자가 디자인 분야에 쉽게 익숙해질 수 있도록 도와줍니다. 디자인 기본기를 다시 다지고 싶거나, 디자인 전공이 아니지만 디자인에 대해 알고 싶으신 분들에게 추천합니다.

이다윗, (전) ProtoPie Head of Product Design

모바일 서비스의 폭발적인 증가와 함께 디자인을 전공한 학생들에게도 진로 선택의 기회가 많이 늘어나고 있습니다. UX 디자인은 다루는 범주가 넓고 다양한 경험이 중시되는 특성 때문에 학부생들이 체계적으로 해당 영역을 이해하고 실무역량을 준비하기 위해서는 쉽게 볼 수 있는 가이드북이 중요한 역할을 합니다. 최근에는 UX 디자인의 개념이나 범주, 그리고 UX 디자이너의 역할 등에 대해 상당히 표준화되어 있고, 또 구체적으로 소개하고 있는 경로가 많지만 처음 배우는 학생 입장에서는 어디에서 어떻게 출발해야 할 지 막연하기만 합니다. 이 책은 목차만 보더라도 UX 디자인 입문자들이 가장 궁금해할 만한 내용으로 짜임새 있게 구성되어 있는 것을 알 수 있습니다. 다양한 디자인 전공 배경을 가진 학생들이 UX 디자이너로 진로를 준비할 때 매우 유용한 길잡이가 될 것입니다.

최인욱, 한동대학교 콘텐츠융합디자인학부 교수

"의준님, 출판 전이지만 일부 내용 저희 팀원들과 공유해도 될까요?"

책을 다 읽고 의준님께 던진 첫 번째 질문이다. 내 경험상 기존 한국의 디자이너 분들은 Visual 측면의 기술 및 센스는 좋지만, UX 측면의 고려는 덜 하곤 했다. 아무래도 UX 디자인이라는 개념이 미국보다는 늦게 퍼지기 시작했고, 기존 포털 업계 등에서 이미 '기획자'와 'UI 디자이너'와 같이 역할이 나눠져 있는 것이 일반적이었기 때문일 것이다. 이와 관련된 책의 일부 사례를 팀원들과 나누고 토의하고 싶었다.

UX 디자인의 핵심은 U, 즉 User에게 있다. 내가 누구를 위해 디자인을 하고, 그들은 어떤 니즈를 갖고 있으며, 무엇을 불편해 하는지 등을 리서치하는 것이 디자인을 '잘' 하기 위한 필수 요소다. 이 책의 앞부분에서는 이런 내용을 다양한 사례와 함께 잘 설명하고 있다. 또한, 사용자를 잘 알기 위한 리서치의 중요성을 강조함과 더불어 '가설을 검증'하기 위한 리서치 측면도 함께 강조하고 있다는 점도 참 마음에 든다. 디자이너는 실제로 내가 디자인한 UX를 사용자가 어떻게 사용하고, 팀/조직의 목표를 달성하는 데 도움이 되었는지를 계속 확인해야 한다. 실험 결과나 사용성 테스트 등을 통해 얻은 인사이트나 피드백은 다시 더 좋은 가설을 세울 수 있게 해주고, 이런 순환이 결국 좋은 제품을 만든다고 믿는다.

이러한 점들을 쉽게 풀어서 설명해주는 이 책은 UX 디자인을 처음 접하는 분이나, 경력 계발을 고민 중인 디자이너 분들께 좋은 지침서가 될 것이라 생각한다.

서인용, 현 Dillyhub Head of Product

(전) Booking.com & 쿠팡 Product Leader

UX 디자이너라는 이름에서부터 마치 '디자이너'의 고유 영역으로 느껴지는 UX를 UX는 '전문분야'가 아닌 사람을 이해하고 교감하는 '태도'라고 알려주는 책. 미국에서 삶으로 경험한 UX의 진수를 한땀한땀 엮어, UX 디자인이 추구하는 것이 무엇인지 정의하고 쉽게 설명하려는 노력이 돋보입니다. 무엇보다 이런 태도를 가지고 있는 작가 '에릭' 님의 UX에 입문하고자 하는 후배들을 향한 애정을 느낄 수 있습니다. 책 마지막 장을 덮을 때는 다재다능하고 친절한 학교 선배가 옆에 서 있는 것을 발견하게 될 거라 생각됩니다.

권시온, 삼성전자 MX사업부 책임 디자이너

현대 UX는 iOS와 안드로이드로 대표되는 디지털 프로덕트 중심으로 성장했습니다. 전 세계 수없이 많은 테크 기업이 단순히 문제를 해결해주는 것을 넘어 만족스러운 기분이 들게 하는 멋진 UX로 사람들의 마음을 훔쳤습니다. 비즈니스에서 성공하기 위해 고객에게 집착해야 한다는 것은 이제 상식이 되었습니다.

회사에는 다양한 분야의 조직 구성원 모두가 고객의 마음을 헤아려 문제를 풀기 위해 노력합니다. 이 중에서도 UI/UX 디자이너는 고객의 경험을 구체적으로 이해하고 더 나은 경험을 하도록 돕습니다. 고객에게 집착하기 위해서는 공급자 입장이 아닌 사용자 입장에서 공감할 수 있는 능력이 필요합니다. 실제로 사용자가 사용할 제품과 구체적인 경험을 상상할 수 있는 UI/UX 디자이너는 누구보다 사용자에게 공감할 수 있는 사람들입니다.

저자는 서울, 뉴욕에서 디자이너로서 활약한 경험을 바탕으로 현업에서 고객에게 공감하고 멋진 UX를 설계하는 것에 대해 차근차근 알려줍니다. 마치 첫 직장에서 만난 사수가 성장하는 UX 디자이너가 되기 위한 지식을 친절하고 사려 깊은 문장으로 하나씩 짚어주는 것 같습니다. UX란 무엇인지, 경험을 어떻게 만드는지, 이 분야에서 어떻게 커리어를 설계할 수 있는지 알려주어 디자인 실전이라는 거대한 바다로 항해를 떠나려는 모험가를 위해 필수품으로 추천하고 싶은 책입니다.

박종민, (전) 마이리얼트립 디자인 리드

시시각각으로 새로운 제품과 서비스가 쏟아져 나오고 있는 이 시대에 UX 디자인은 그 어떤 때보다도 중요한 가치를 지니게 되었습니다. 그러나 UX 디자인 분야는 매우 폭넓고 다학제적이기 때문에 적절한 가이드를 받는 것이 쉽지 않습니다. 저자 박의준 디자이너는 한국에서와 미국에서 UX 디자이너로서의 다양한 경험과 실적을 쌓았고 이를 토대로 UX 디자인 입문을 위한 기본적이면서도 중요한 내용을 체계적으로 잘 제시하고 있습니다. 이 책을 통해 UX와 관련 이론 및 실무적인 지식과 커리어를 위한 제언, 그리고 UX 실무에 대한 여러 의문점들에 대해 하나하나씩 짚어줌으로써 입문자를 위한 종합적인 길잡이를 하는 데 있어 부족함이 없을 것입니다.

이은종, 한동대학교 콘텐츠융합디자인학부 생활경험 연구소장,
(전) 한국서비스디자인협의회 부회장

목·차

PART

01

기본 개념 및
UX/UI 디자인의
원리 이해하기

02 _ UX 디자인의 기본기를 탄탄하게 해줄 디자인 원리

03 _ UI 디자인을 잘할 수 있도록 도와주는 디자인 원리

09 _ UX 디자인 입문자가 자주 묻는 질문

10 _ UX/UI 디자인을 더 공부하기 위한 추천 자료

안녕하세요. UX 디자인하는 에릭입니다.

저는 뉴욕의 더낫 월드와이드(The Knot Worldwide, 이하 TKWW)라는 글로벌 테크 기업에서 UX(User Experience)/UI(User Interface) 디자인과 함께 유저 리서치를 수행하는 프로덕트 디자이너로 일하고 있습니다. TKWW는 웨딩과 파티에 초점을 둔 플랫폼 서비스를 만드는 곳입니다.

저는 이곳에서 마켓플레이스, 즉 누군가가 와서 자신에게 필요한 사람 또는 업체와 연결될 수 있는 서비스의 사용자 경험을 기획, 디자인하고 개선하는 일을 합니다. 예를 들면, 자녀의 생일파티를 준비하는 부모가 자신의 요구사항을 해결해줄 수 있는 엔터테이너나 파티 장소 대여업체와 연결될 수 있게 도와주는 겁니다.

그림 1 TKWW 사무실 입구와 회사에서 발표했던 모습

이 회사를 다니기 전에는 핀테크 스타트업에서 프로덕트 디자이너로 일했고, 그 전에는 서울에 있는 스마트폰 회사에서 UI 기획자로 스마트폰 앱을 기획하고 만드는 일을 했습니다.

2010년대 초중반, 저는 서울에서 UI 기획 일을 하면서 UX의 트렌드를 이끄는 곳이 미국이라는 것을 느꼈습니다. 예를 들어, 당시 제가 다니던 회사에서는 안드로이드 기반의 앱을 만들었는데, 앱을 기획하는 데 있어 안드로이드를 소유한 구글의 영향력은 굉장했습니다. 구글에서 어떤 디자인 또는 기술에 대한 정책을 바꾸면 그에 따라 회사의 UX를 변경해야만 할 때가 많았습니다. 구글의 정책을 따르지 않는다면 디자인 및 개발 비용이 추가로 투입되는 등 제약이 많았기 때문입니다. 그리고 무엇보다 구글이 세운 정책은 UX 업계의 트렌드로 자리 잡았고, 그것을 따르는 것이 소비자에게도 좋은 가치를 제공했습니다.

애플의 아이폰 역시 마찬가지였습니다. 미국에 본사를 둔 애플이 만든 UX와 디자인은 아이폰 앱 생태계에 막강한 영향력을 끼쳤습니다. 안드로이드와 아이폰이 국내 스마트폰 시장을 양분해 차지하고 있었고, 지금도 상황은 크게 바뀌지 않았습니다.

그림 2 우리가 일상적으로 쓰는 스마트폰. 대부분 미국에서 만들어진 운영체제를 기반으로 만들어진다[1].

---

1 이미지 출처: Unsplash

그래서 저는 궁금해졌습니다. 이렇게 UX 분야에 큰 영향을 미치는 미국의 기획자와 디자이너는 어떻게 일을 하고, 어떤 생각을 할까, 라고 말입니다. 그리고 자연스럽게 미국에서 일하면서 배우고 싶다는 생각이 들었습니다. 당시에 첫째를 임신하고 있던 아내와 이야기한 끝에 유학 준비를 시작했고, 2015년에 미국의 뉴욕으로 건너오게 됐습니다. 이후로 지난 6년간 공부하고 일하면서 많이 배우고 성장한 것 같습니다. 한국에서의 경험 역시 좋은 밑거름이 되어 제가 더 나은 디자이너가 되는 데 도움이 됐습니다.

한국과 미국에서 UX 디자인 일을 하며 배우고 경험한 바를 토대로 이 분야 입문자라면 최소한 이것만은 알아야 한다고 생각했던 것들을 이 책에 정리했습니다. 예를 들어, 5장 '사용자를 끌어당기는 UX는 어떤 프로세스를 통해 만들어질까?'에서는 디자인 씽킹(Design Thinking)이라는 프레임워크를 토대로 UX/UI 디자인 프로세스를 소개합니다. 이 프레임워크는 제가 미국에 와서 알게 된 개념으로, 저를 포함한 미국의 UX디자이너들이 현업에서 많이 활용합니다. 물론 한국에서도, 아니 전 세계 어느 나라에서도 UX 디자인 일을 할 때 활용할 수 있습니다.

UX 디자인에 입문하기 위해 이 책을 읽는 것은 잘한 선택이라고 말씀드리고 싶습니다. 그 이유는 인터넷 기반의 비즈니스가 주류인 요즘, 비즈니스가 성공하는 데 UX가 아주 중요해졌고, UX를 잘 이해하는 것이 선택이 아닌 필수가 되어가고 있기 때문입니다.

그림 3 여러분의 성공적인 UX 디자인 입문을 응원합니다. 하이 파이브![2]

이 책을 통해 저는 디자인을 전공하지 않은 분들, UX를 이제 막 공부하려는 분들이 쉽고 재미있게 이 분야에 입문할 수 있게 도와드리고자 합니다. UX와 UX 디자인에 대한 기본 개념부터 UX 디자인을 잘하기 위한 핵심 원리까지, 여러 해 동안 제가 이 업계에 몸담으면서 스타트업, 테크 회사, 프리랜서 등 다양한 환경에서 실무를 하며 얻은 지식과 노하우를 공유하려고 합니다. 이 책을 통해 여러분이 견고한 토대 위에서 'UX 디자인 입문'이라는 여정을 시작하는 데 도움이 되기를 바랍니다.

UX 디자인을 위한 마인드셋

UX 디자인을 소개하는 책에서 왜 뜬금없이 마인드셋을 이야기할까, 하고 의아해하는 분들이 있을 겁니다.

---

2   이미지 출처: Unsplash

하지만 제가 지금부터 말씀드리려고 하는 마인드셋은 UX 디자인에 직접적으로 도움이 된다고 생각합니다. 저 또한 UX 디자이너로서 일하면서 이 마인드셋을 알게 된 것이 큰 도움이 됐습니다. 그것은 바로 성장 마인드셋(Growth Mindset)입니다. 저 혼자 알고 있기에는 너무 아까워 독자 여러분께 소개하고자 합니다.

성장 마인드셋은 캐럴 드웩(Carol Dweck)이라는 스탠퍼드대 심리학과 교수가 ≪마인드셋≫(스몰빅라이프, 2017)이라는 책에서 소개하는 개념입니다.

이 책에서는 세상에 두 가지 유형의 사람이 있다고 이야기합니다. 하나는 성장 마인드셋을 가지고 있는 사람, 다른 하나는 고정 마인드셋을 가지고 있는 사람입니다.

성장 마인드셋 vs. **고정 마인드셋**

"도전과 실패는 성장을 위한 밑거름"   "실패는 나에게 한계가 있다는 증거"

"피드백을 받는 것은 나에게 도움이 된다."   "피드백을 듣고 싶지 않아"

"나는 배움을 통해 어디든지   "나의 능력은 정해져 있고 노력을 해도
도달할 수 있어. "   변하지 않아."

그림 4 성장 마인드셋과 고정 마인드셋

성장 마인드셋을 지닌 사람은 자신의 능력과 자질이 성장하는 데 있어 한계가 없다고 믿고 생각하는 사람입니다. 그래서 모든 상황을 성장의 기회이자 발판으로 삼습니다. 반면 고정 마인드셋을 지닌 사람은 자신이 가지고 있는 환경을 탓하고 자신의 능력에 한계가 있다고 믿는 사람입니다.

이 두 사람의 가장 큰 차이점은 실패를 경험했을 때 나옵니다. 성장 마인드셋을 지닌 사람은 실패했을 때 "실패를 통해 내가 무엇이 부족한지 알 수 있었어", "다음에 어떻게 하면 더 잘할 수 있을지 알 것 같아"라고 생각하며 부족했던 부분을 개선하고 다시 적용하면서 계속해서 성장합니다. 고정 마인드셋을 지닌 사람은 실패했을 때 "역시 나는 여기까지인가봐", "나는 더 이상 할 수 없어"라며 선을 긋고 더 이상 시도하지 않고 앞으로도 나아가지 않는다고 합니다.

본격적으로 UX 디자인에 입문하기에 앞서 이 성장 마인드셋에 대해 여러분께 말씀드리고 싶었습니다. UX라는 분야가 계속 배우고 성장하는 데 초점을 두고 있기 때문입니다. UX 분야에서는 사용자에 대해 우리가 무엇을 더 알아야 할지, 그리고 사용자에게 어떻게 하면 더 나은 경험을 제공할 수 있을지 무수히 고민하는 과정을 거치게 되는데, 그 과정에서 수많은 시행착오와 실패가 있을 수밖에 없습니다. 그런데 이런 상황을 배움과 성장의 기회로 보는 것이 아니라 좌절과 포기의 이유로 삼는다면 UX 디자인을 하면서 쉽게 번아웃이 오고 지속하기가 어려울 것입니다.

'실패를 통해 배운다'는 것은 이 책을 관통하는 핵심 주제 중 하나이기도 합니다. 뒤에서 조금 더 자세히 다루겠지만 **UX 디자인을 한 문장으로 줄여서 말한다면 '가설에 대한 설정과 가설에 대한 검증이다'**라고 말할 수 있습니다. 어떤 제품을 디자인했을 때 그것이 사용자에게 어떤 도움이 됐는지 검증하지 못했다면 그것은 아직 가설 단계에 불과합니다. 즉, 먼저는 '사용자가 겪는 A라는 문제는 B라는 해결책 또는 디자인을 통해 해결할 수 있을 거야'와 같이 가설을 세워야 합니다. 그리고 사용자가 제품을 사용하고 디자이너가 사용자로부터 피드백을 받았을 때 비로소 가설에 대한 검증을 했다고 볼 수 있으며, 검증되기 전까지는 그것이 성공할지 실패할지 누구도 장담할 수 없습니다. 즉, UX 디자인은 실패할 수 있다는 전제하에 시작된다고 볼 수 있고, 실패는 디자인하는 과정에서 굉장히 중요한 부분을 담당합니다. 여기서 말씀드리고 싶은 바는 UX 디자인을 하는 사람은 실패를 배움의 관점에서 바라봐야 한다는 겁니다. 그래서 UX 디자이너가 성장 마인드셋을 지니고 있으면 아주 좋은 시너지가 생길 수 있습니다.

UX 디자인을 한 지 10여 년이 됐지만 최근에야 친형의 추천으로 《마인드셋》이라는 책을 읽게 됐고 성장 마인드셋에 대해 알게 됐습니다. 예전에 디자인할 때를 생각해 보면 완벽하게 해야만 한다는 압박감을 갖고서 잘 못하고 실수하면 어쩌나 노심초사하고는 했습니다. 그리고 조금이라도 좌절스러운 일이 생기면 그날은 기가 죽어서 보냈습니다. 하지만 성장 마인드셋을 알고 나서는 최선을 다하는 것은 같지만 실패에 대해 조금 너그러워진 것 같습니다. 실패가 오히려 나에게 성장의 기회가 될 수 있다는 생각으로 더 즐겁고 재미있게, 더욱더 성장하면서 이 분야를 알아가고 있습니다.

독자 여러분도 성장 마인드셋을 마음속에 두고 '실패를 통해 배울 수 있다', '실패는 성장의 기회다'라는 마음가짐으로 UX 디자인에 즐거운 마음으로 입문하기를 바랍니다.

우리는 인터넷의 시대에 살고 있습니다

2020년 12월 에어비앤비(Airbnb)라는 회사가 미국 나스닥을 통해 주식 상장을 했습니다. 에어비앤비는 사람들이 인터넷으로 여분의 숙박 공간을 공유하는 플랫폼입니다. 2008년에 직접적으로 소유한 호텔 객실 하나 없이 설립된 이 회사의 주식 상장 첫날 시가총액(기업 가치)은 100조 원을 돌파했는데, 이는 호텔 업계의 소위 빅3라고 불리는 하얏트, 메리어트, 힐튼의 시가총액을 모두 합친 것보다 큰 금액이었습니다. 사람들을 연결해주는 인터넷의 힘이 얼마나 대단한 지 보여주는 좋은 예시입니다.

그림 5 숙박에 대한 사람들의 생각을 완전히 바꾼 에어비앤비. 에어비앤비의 주요 슬로건 중 하나인 "Live Anywhere(어디서든 살아보기)"가 인상적이다. [3]

UX 분야에 발을 들인 이후로 지난 10여 년간 시장에 정말 많은 변화가 일어나 는 것을 경험하고 목격했습니다. 그중 한 가지는 2000년 중·후반 아이폰이 출 시되고 이를 필두로 사람들이 스마트폰을 사용하게 되면서 일상 속에서 인터넷 을 훨씬 더 많이 사용하게 됐다는 점입니다. 더 이상 책상 앞에 앉아 데스크톱 PC를 켜지 않고도 언제 어디서든 손 안의 스마트폰으로 인터넷에 접근할 수 있 게 됐기에 당연한 결과겠지만, 이를 아주 잘 설명해주는 사례가 있어 소개하겠 습니다.

---

[3] 이미지 출처: Airbnb.com

다음 그림은 5개의 회사 로고인데, 한 가지 질문을 하겠습니다. 이들의 공통점은 무엇일까요?

그림 6 2021년 미국 시가총액을 기준으로 5위권 안팎으로 포진되어 있는 기업들[4]

이들에게는 두 가지 공통점이 있습니다. 첫 번째는 2021년 미국 시가총액을 기준으로 5위권 내에 포진돼 있는 기업이라는 점인데, 쉽게 말해 미국에서 가장 돈이 많은 기업이라는 것입니다. 세계 경제의 큰손인 미국에서도 시가총액이 가장 높은 기업이라니 이들의 영향력은 말할 것도 없겠지요.

두 번째 공통점은 이들 모두 인터넷 기반 비즈니스가 핵심인 회사라는 점입니다. 이런 회사를 테크 기업이라고 부르기도 합니다. 이들 모두 다양한 인터넷 기반 사업을 하고 있지만 대표적인 서비스만 이야기해보겠습니다. 구글(Google)은 세상의 모든 정보에 접근할 수 있게 도와주는 인터넷 검색을, 메타(Meta)는 세계의 모든 사람들을 연결하는 소셜 네트워크를, 애플(Apple)은 누구든지 앱을 통해 아이디어를 현실화할 수 있도록 앱스토어를 만들어 모바일 앱 생태계를 만들었습니다. 마이크로소프트(Microsoft)는 윈도우 운영체제를 만들어 배포하고, 아마존(Amazon)은 세상의 모든 물건을 살 수 있게 하겠다는 모토를 가지고 전자상거래 서비스를 운영하고 있습니다. 게다가 마이크로소프트와 아마존은 각각 애저(Azure)와 아마존 웹 서비스(AWS)라는 클라우

---

4 2021년 2분기 기준

드 서비스를 운영 중인 클라우드 시장의 거인들이기도 합니다. 이들은 클라우드 서비스를 통해 자신뿐만 아니라 다른 회사도 인터넷/클라우드 기반의 서비스를 만들고 비즈니스를 할 수 있게 돕고 있습니다.

정리하자면, 이 회사들은 우리나라에서도 이름만 들어도 알 만한 세계적인 회사들입니다. '시가총액'과 '인터넷 기업'이라는 공통 키워드로부터 인터넷이 미국뿐만 아니라 전 세계에 미치는 영향력이 얼마나 큰지 알 수 있는 부분입니다.

그런데 한 가지 재미있는 점은 불과 10여 년 전으로만 돌아가도 상황이 전혀 달랐다는 것입니다. 다음은 2008년도 기준 미국 시가총액 상위권을 차지한 회사입니다.

그림 7 2008년 미국 시가총액을 기준으로 1위부터 5위까지 차지한 기업[5]

엑손 모빌(Exxon Mobil)은 정유회사고, 월마트(Walmart)는 유통 및 오프라인 쇼핑으로 유명한 회사입니다. 지금은 월마트가 전자상거래 분야에서 앞에서 언급한 아마존과 경쟁하고 있는 영향력이 꽤 큰 회사지만, 2008년도 당시의 주요 사업 분야는 오프라인 쇼핑이었습니다. 제너럴 일렉트릭(GE)은 냉장고 같은 전자기기를 만드는 제조회사로 널리 알려져 있으며, 피앤지(P&G)는 생필품을 만드는 회사입니다. 이 중에서 마이크로소프트가 유일하게 테크 기업이었습니다.

---

5 2008년 2분기 기준

2020년과 2008년의 시가총액 상위 기업을 비교해보니 어떤 점이 느껴지나요? 10여 년 사이에 인터넷이 얼마나 우리의 삶에서 중요해졌고 그 영향력이 커졌는지 알 수 있습니다.

인터넷 비즈니스의 성공을 위한 UX 디자인

이처럼 인터넷이 우리 일상에서 중요해진 세상에서 인터넷 회사들이 성공하기 위해서는 어떻게 해야 할까요? 가장 중요한 것은 그들이 만드는 제품을 성공시키는 것입니다.

스타트업, 인터넷, 제품에 대한 내용을 많이 다루고 있어 제가 팔로우하고 있는 '실리콘 밸리 프로덕트 그룹(Silicon Valley Product Group; SVPG)'에서는 인터넷 회사가 제품을 성공시키기 위해서는 비즈니스, 기술, 사용자라는 세 가지 요소를 모두 만족시켜야 한다고 이야기합니다.

그림 8 제품 또는 서비스를 성공시키기 위해 고려해야 할 세 가지 핵심 요소

비영리 단체가 아닌 이상 회사는 수익을 낼 수 있어야 합니다. 이를 위해 사업 전략, 마케팅, 회계 등 수익성에 대해 고민하는 활동이 비즈니스라면, 제품을 구현

하고 실제로 누군가가 사용할 수 있게끔 만드는 것은 기술입니다. 그런데 수익을 만들어 낼 수 있겠다, 라는 비즈니스 계획이 있고, 제품을 만들 수 있는 기술력이 뒷받침된다고 하더라도 제품을 사용할 사용자가 없다면 의미가 없습니다.

이렇게 중요한 사용자에 대해 최전선에서 연구하고, 사용자의 니즈를 파악해서 제품을 사용하게 하는 사람들이 있습니다. 바로 UX 디자이너[6]입니다. UX 디자이너는 사용자가 겪는 문제가 무엇인지 발견하고, 이렇게 발견한 문제를 해결하기 위해 유저 리서치, 프로토타입 제작 등 다양한 활동을 합니다. 그리고 때로는 회사에서 비즈니스나 기술을 대변하는 사람들과 필요에 따라 격하게 토론하며 사용자를 책임지고 대변하는 역할을 합니다.

예를 들어, 회사에서 누군가가 돈이 된다는 이유로 앱 화면의 절반 이상을 광고로 채워야 한다고 가정해보겠습니다. 이때 UX 디자이너는 사용자에게 가장 중요한 문제가 무엇이고, 이 앱을 사용하는 중요한 이유가 무엇인지를 고려해서 광고로 화면을 채우는 것이 과연 도움이 될지 사용자의 관점에서 따질 것입니다. 당장은 돈이 될지 몰라도 결과적으로 사용자는 자신에게 도움이 되지 않는다고 판단하면 앱을 떠납니다. 그렇게 되면 사업에 치명적인 악영향을 미칠 수도 있기 때문에 사용자 입장에서 사용자를 대변하는 UX 디자이너의 의견은 매우 중요합니다.

다시 말하자면, 제품을 성공으로 이끄는 세 가지 핵심 요소 중 한 축을 담당하는 UX 디자인은 매우 중요합니다. 그 이유는 유저 리서치라고 하는 엄청난 무기가 있기 때문입니다.

---

6   조금 더 세부적으로 들어가면 UX/UI 디자이너, UI 디자이너, 유저 리서처라는 직군도 있는데, 이후 장에서 자세히 다루겠습니다. 지금은 통칭해서 UX 디자이너라고 부르겠습니다.

이 책에는 유저 리서치만을 다루는 장이 있습니다. 뒤에서 더 자세히 다루겠지만 유저 리서치는 사용자에 대해 이해하고 사용자의 니즈를 파악하기 위해 수행하는 모든 활동을 포함합니다. UX 디자이너는 사용자 인터뷰 등을 통해 사용자의 정성적인 피드백을 받을 수 있으며, 여러 도구를 활용해 정량적인 데이터를 얻을 수 있습니다. 다시 말하면, UX 디자이너는 사용자의 니즈에 기반한 제품을 디자인할 수 있으며, 그렇게 해서 만들어진 제품이 사용자에게 어떻게 도움이 되고 사업에는 어떻게 기여하는지 통계적으로 정확한 측정까지 할 수 있다는 것입니다.

클라우드가 보편화되고 이를 기반으로 하는 제품이 주를 이루는 요즘, 이러한 제품을 만드는 사람을 위한 제작 환경은 계속해서 진화하고 고도화되고 있습니다. 이제 더 이상 CD를 통해 소프트웨어를 설치하지 않아도 되고, 인터넷 브라우저 또는 앱으로 접속만 하면 소프트웨어를 바로 사용할 수 있습니다. 예를 들어, 사람들이 매일 같이 사용하는 유튜브를 생각해보세요. 유튜브는 CD를 통해 설치하는 일 없이 곧바로 사용할 수 있으며, 제품의 업데이트도 수시로 일어납니다. 어느 날 인터넷 브라우저로 유튜브에 들어갔는데, 새로운 기능이 소개되거나 화면 구성이 바뀐 경험을 해본 적이 있나요? 유튜브처럼 많은 인터넷 회사가 자사의 제품을 며칠 또는 몇 분마다 업데이트합니다.

사람들이 인터넷에 연결된 상태에서 제품을 사용한다는 것은 제품을 만드는 사람 입장에서는 사용자가 인터넷에 접속해서 서비스를 사용할 때 어떤 기능을 어떻게 쓰고 있는지 데이터를 통해 객관적으로 파악할 수 있다는 뜻입니다. 예를 들어, 어떤 웹사이트가 있다면 몇 명이 방문했고, 특정 기간의 제품 구매율 또는 회원 가입율 등의 중요 지표를 정확하게 파악할 수 있습니다. 즉, 앱이나 웹사이트를 사용자 니즈에 맞게끔 실험과 데이터를 통해 과학적으로 디자인하는 것이 가능해졌습니다.

예를 들어, 다음은 미국 온라인 쇼핑 업계의 거인 아마존의 제품 상세 화면입니다. 이 화면에서 가장 잘 보이는 것 중 하나는 오른쪽에 보이는 "Add to Cart(장바구니에 담기)"인데, 이 버튼의 사이즈를 조금 더 키우거나 색을 변경하는 등 디자인을 바꿨다고 가정해보겠습니다. 이러한 디자인 업데이트를 했을 때 버튼에 대한 사용자 클릭율이 어떻게 달라지는지, 그리고 그것이 사업에 어떤 영향을 가져오는지 정량적으로 측정할 수 있습니다. 구글 애널리틱스(Google Analytics)나 믹스패널(MixPanel) 등과 같이 이러한 지표를 측정할 수 있는 좋은 툴이 시장에 많이 나와 있기 때문입니다.

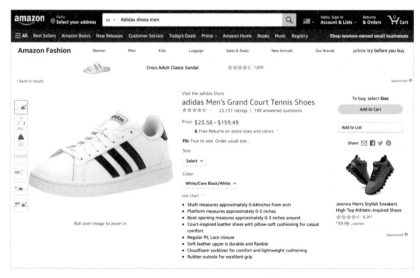

그림 9 아마존의 제품 상세 화면[7]

UX 디자인이라는 용어가 지금처럼 많이 사용되기 전인 2000년대 초중반에는 업계에서 웹디자인이라는 말을 더 많이 썼습니다. 당시에는 웹사이트를 디자인

---

7   이미지 출처: Amazon

할 때 디자인의 방향이 '예쁘다'나 '멋지다'처럼 주관적인 견해에 의해 정해질 때가 많았습니다. 디자인한 결과가 제품에 어떤 영향을 미치는지 정량적으로 파악하기가 어려웠기 때문입니다. 하지만 이제는 디자이너에게 데이터라는 강력한 도구가 생겼습니다. 데이터를 통해 어떤 디자인이 사용자에게 더 도움을 주고 효과적인지 배울 수 있고, 성장할 수 있으며, 객관성을 토대로 한 설득력을 가지고 디자인을 만들어 적용할 수 있습니다.

여기에 더불어 사용자 인터뷰와 관찰을 통해 얻은 정성적인 피드백은 사용자에 대해 더 깊게 이해할 수 있게 도와줍니다. 사용자가 제품을 왜 이렇게 사용하는지, 제품을 사용하면서 어떤 불편함을 겪는지 들어봄으로써 더 나은 제품을 설계하고 만들 수 있기 때문입니다.

거듭 강조하지만 UX는 인터넷 기반 사업의 핵심 요소라고 볼 수 있습니다. 마지막으로 UX의 중요성과 관련된 몇 가지 흥미로운 통계를 소개하며 이번 장을 마무리하겠습니다.[8]

- 사용자는 웹사이트를 방문했을 때 평균적으로 3초 이내에 사이트를 떠난다.
- 사용자가 서비스를 처음 사용할 때 갖게 되는 첫인상의 94%는 디자인과 관련된 것이다.
- 88% 이상의 사용자는 웹사이트가 사용하기 불편하면 다시 사용하지 않는다.
- 60%의 사용자들은 웹사이트를 사용할 때 자신이 원하는 정보를 찾지 못한다.
- 오직 47%의 웹사이트만이 사용자의 행동을 유도하는 메인 버튼을 적절하게 디자인하고 있으며, 3초 안에 사용자로 하여금 해당 버튼을 찾을 수 있게 해놓았다.

---

8 통계 출처: uxeria

어떤 사람이 이 책을 읽으면 좋을까?

아직 이 책을 구매하지 않았다면 이 내용을 읽고 자신이 여기에 해당하는지, 이 책이 도움이 될지 가늠해볼 수 있습니다.

1. 이제 막 UX에 관심이 생긴 사람

UX와 UX 디자인을 어딘가에서 듣고 관심이 생겼고, UX 디자이너는 무엇을 하는지 궁금해하는 분들입니다. 이 책에서는 UX란 무엇인지에 대한 본질적인 정의부터 UX 디자이너는 구체적으로 어떤 프로세스를 밟아 일하고, 어떻게 개발자나 프로덕트 매니저 같은 다른 팀원들과 협업하고 커뮤니케이션하는지를 다룹니다. 그 밖에도 디자이너로서 연봉을 올리는 법 같은 현실적인 부분까지 다뤘습니다. 그래서 이 분야를 전혀 모르는 사람도 UX라는 분야에 대해 어느 정도 이해하도록 돕고자 했습니다.

2. UX 디자인 커리어를 고민 중인 사람(비전공자 포함)

디자인 비전공자이거나 UX와 전혀 무관한 분야에 종사하고 있지만 UX/UI 디자이너로 직종을 전환하고자 고민 중인 분들입니다. 앞에서 이야기했지만 UX 분야는 인터넷과 기술이 중요해짐에 따라 점점 더 중요성과 인력풀이 커지는 분야입니다. 이는 우리나라뿐만 아니라 미국을 비롯한 세계적인 추세이기도 합니다. UX 분야의 가능성을 보고 직종 전환을 고민하는 분들도 많이 만났습니다.

그런데 디자인 비전공자에게는 몇 가지 공통적인 고민이 있었습니다. 디자인을 전공하지 않았고, 시각적인 감각이라든지 어떤 아이디어를 시각화하는 능력이 뛰어나지 않은데도 과연 이 일을 할 수 있을까에 대한 고민이었습니다. 이 책에서는 디자이너에게 어떤 핵심 역량이 필요하고, 그 역량을 키우기 위해서는 어떤 노력을 해야 하는지 알려줌으로써 비전공자도 UX/UI 디자인을 할 수 있느냐에 대한 질문에 어느 정도 답할 수 있으리라 생각합니다.

UX 디자인 업계에 뛰어들기로 결정했다면 구체적으로 어떤 계획을 짜야 짧은 시간 안에 디자이너가 되거나 취업이나 유학 등의 목표를 달성할 수 있는지 아는 것이 중요합니다. 그래서 다음 단계로 여러분이 목표 달성을 위해 어떤 활동을 하는 것이 좋을지 추천해드립니다. 궁극적으로 UX 분야에서 커리어 설계에 대한 구체적인 계획을 세울 수 있게 알려드립니다.

3. UX 기본기를 탄탄하고 빠르게 다지고 싶은 분들

UX 디자인을 잘하기 위해서는 기본기를 탄탄하게 하는 것이 중요합니다. 이것은 결국 논리와 직결되는 부분이기도 한데, 많은 디자이너가 제품을 디자인할 때 잘 못하는 부분 중 하나가 자신이 창조한 디자인의 이유를 설명하는 것입니다. UX는 그 이유에 대해 엄청나게 집중합니다. 왜 이렇게 디자인을 하는 것이 좋은지, 이것이 사용자에게 어떻게 도움이 될 수 있는지, 어떤 실험을 통해 이같은 디자인 솔루션이 나왔는지와 같은 것들입니다. 이 책에서는 이처럼 논리력을 단기간에 빠르게 키우기 위해 알아야 할 디자인 원리를 알려줍니다. 그리고 무엇보다 중요한 것으로, 기본기를 탄탄하게 하기 위해 왜 계속 공부해야 하는지 설명함으로써 독자 여러분이 기본기를 튼튼하게 다질 수 있는 방법을 알려드립니다.

4. 새로운 분야에 대해 배우고자 하는 호기심 넘치는 분들

UX 분야는 디자이너에게 끊임없이 실험하고 배우기를 요구합니다. 사용자가 원하는 바를 알아야 하고, 기술이 어떻게 변화하는지 알아야 하고, 사업과 비즈니스 모델을 이해해야 합니다. 그런 측면에서 UX 분야는 무언가를 배우기 좋아하는 사람의 적성에 잘 맞습니다. UX 분야 자체를 이 책을 통해 배울 수도 있을 겁니다. 참고로 제가 만난 개발자와 프로덕트 매니저 중에서도 저를 통해 UX 디자인을 배우고, 실제로 UX 디자이너와 협업을 더 잘하게 됐다는 분도 있었습니다.

각 장의 구성과 활용법

1장 'UX와 UX 디자인이란 무엇인가?'

1장에서는 UX, UX 디자인 UI 디자인에 대해, 그리고 UX 디자인에서 가설이란 무엇인가에 대해 소개함으로써 독자분들이 개념적인 기초 토대 위에서 공부를 시작할 수 있게 했습니다.

2장 'UX 디자인의 기본기를 탄탄하게 해줄 디자인 원리들'
3장 'UI 디자인을 잘할 수 있도록 도와주는 디자인 원리들'

2장과 3장에서는 UX/UI 디자인을 위해 왜 원리를 알아야 하는지 소개하고, 업계에서 활용되고 있는 UX 및 UI 디자인 원리들을 사례와 함께 이야기합니다. 그리고 디자이너가 성장하기 위해서 디자인 원리를 계속해서 공부하는 데 도움이 될 만한 내용을 공유합니다.

4장 '유저 리서치: UX의 핵심, 사용자 이해하기'

4장에서는 유저 리서치는 무엇이고, UX 디자인을 위해서 왜 하는 것인지, 유저 리서치의 종류와 방법, 그리고 각각의 목적에 대해 이야기합니다. 유저 리서치를 책의 앞부분에서 다루는 이유는 그만큼 UX에 있어서 핵심 알맹이이기 때문으로 UX는 결국 사용자로부터의 피드백을 확인하지 못한다면 UX의 의미가 없어진다고 볼 수 있습니다.

5장 '사용자를 끌어당기는 UX는 어떤 프로세스를 통해 만들어질까?'

5장에서는 디자인 씽킹 프레임워크를 소개하고, 이 프레임워크로 어떻게 UX 디자인 프로세스를 밟아 사용자의 문제를 해결하게 되는지 이야기하고, 특히 앞 장의 유저 리서치 기법들이 디자인 프로세스 단계에서 어떻게 적용될 수 있는지 제가 업계에서 일하면서 얻은 경험과 노하우를 토대로 알려드립니다. 또한 독자분들이 이해하기 쉽게 한 가지 사례를 들어 어떻게 디자인이 만들어지는지 이야기합니다.

6장 '고객을 사로잡는 제품은 어떻게 만들어질까?'

6장에서는 왜 디자이너가 디자인 프로세스뿐 아니라 제품 개발 프로세스를 알아야 하는지 이야기하고, 업계에서 많이 활용되는 방법론인 '린 스타트업'을 '워터폴'과 비교해서 소개합니다.

7장 'UX 관련 직업은 어떤 것이 있을까?'

UX 관련 직업은 종류가 다양합니다. 7장에서는 어떤 직업이 있고, 어떤 일을 하는지 소개합니다.

8장 'UX 커리어 로드맵 세우기'

앞에서 나온 내용을 모두 잘 읽었다면 여러분은 좋은 토대 위에서 UX 디자인 커리어를 준비할 수 있는 기초가 마련됐다고 볼 수 있습니다. 8장에서는 여러분이 본격적으로 취업에 성공하거나 또는 프리랜서가 되기 준비해야 할 행동에 대해서 알려드립니다.

9장 'UX 디자인 입문자분들이 자주 묻는 질문'

9장에서는 앞에서 다루지는 못했지만 입문자분들이 저에게 자주 하는 질문과 이에 대한 저의 답변을 정리했습니다.

10장 'UX/UI 디자인을 더 공부하기 위한 추천 자료'

UX 디자이너로 성장하기 위해 계속해서 공부하는 것은 필수입니다. 10장에서는 제가 실제로 공부하고 활용하면서 도움이 됐던 책과 디자인 원리들, 디자인 레퍼런스 자료를 엄선해서 소개합니다.

마지막으로 이 책의 활용팁을 두 가지 소개해 드립니다.

1. 요약 포인트

각 장의 마지막 부분에는 해당 장에서 다룬 내용을 요약하는 요약 포인트를 정리해뒀습니다. 책을 덮고 내용이 기억나지 않을 때, 또는 시간이 없어서 내용을 모두 읽기 어려울 때 요약 포인트를 읽으면 책에서 배운 내용을 떠올리는 데 도움이 될 것입니다.

2. 책을 읽는 순서

이 책은 UX/UX 디자인에 대한 배경 지식이 없는 상태에서 이 분야에 입문하고자 하는 분들을 위해 쓴 책입니다. 그래서 책을 읽을 때는 기본적으로 목차에 나온 순서대로 읽어 UX 디자인에 대한 기반을 차곡차곡 쌓아올리는 것을 추천드립니다. 하지만 목차를 보고 먼저 읽고 싶은 장이 있다면 해당 장을 먼저 읽는 것 또한 괜찮습니다.

Part 01

기본 개념 및
UX/UI 디자인의
원리 이해하기

01

UX와 UX 디자인이란
무엇인가?

1.1 _ UX란 무엇인가?

먼저 질문을 하나 하겠습니다. 다음 그림을 보면 여러 개의 리모컨이 있습니다. 리모컨마다 버튼이 매우 많은 것을 볼 수 있는데, 여러분은 이 같은 TV 리모컨을 어떻게 사용하나요? 주로 어떤 기능 위주로 사용하나요?

그림 1.1 버튼이 참 많은 리모컨[1]

저는 채널 변경, 음량 조절, 전원 버튼을 주로 사용하고, 그 외에는 거의 사용하지 않습니다. 즉, 이 많은 버튼 중에서 제가 잘 알지 못하는 기능이 대부분이라는 뜻입니다.

그리고 한 가지 더 질문하겠습니다. 이렇게 복잡한 리모컨을 사용하면서 어떤 버튼을 실수로 잘못 눌러본 경험이 있었나요? 그렇다면 그럴 때 어떻게 반응했나요?

아마 먼저 당황했을 것입니다. 아마 "난 기계치인가 봐"라고 반응했을 수도 있습니다. 실제로 사람들은 어떤 제품을 사용하다가 실수했을 때 본인의 부족함을 탓하는 경우가 많습니다. 사실 이 부분이 UX에서 중요한 부분입니다. UX를 이해하고 나면 사용자가 제품을 어려워하고 불편함을 느꼈을 때 그것은 사용자 탓이 아니라는 것을 알게 됩니다.

1　이미지 출처: shop08002

UX란 사용자 경험, 영어로 User Experience의 줄임말입니다. 사용자가 어떤 제품이나 서비스를 통해 경험할 수 있는 모든 것을 UX라고 할 수 있습니다.

많은 사람이 UX라는 용어가 앱이나 웹사이트 외에는 관련이 없다고 생각합니다. 하지만 UX에는 가상의 경험뿐만 아니라 물리적인 경험도 포함될 수 있습니다. 그래서 후각이나 촉감을 통해 얻는 경험 등 오감으로 할 수 있는 모든 것이 UX의 범주에 들어갈 수 있습니다.

예를 들면, 자동차를 운전할 때 핸들을 조작하는 경험, 스타벅스 같은 카페에 갔을 때 좋은 커피향을 맡은 경험, 슈퍼마켓에서 내가 찾던 식품을 쉽게 찾았던 경험과 같은 것도 UX에 포함될 수 있습니다.

그림 1.2 좋은 커피향을 경험할 수 있는 카페[2]

---

2   이미지 출처: Unsplash.com

다만 디지털 기반의 제품이나 서비스를 만드는 회사들이 주로 UX 디자이너와 프로덕트 디자이너 등의 직군을 채용하고 있고, 인력 시장도 그 업계에 크게 형성돼 있기 때문에 디지털 관련 분야에서 UX라는 용어를 더 많이 사용하기는 합니다.

하지만 UX라는 용어를 디지털에만 한정해서 사용하는 것은 아닙니다. 물리적인 버튼 조작과 같이 물리적인 경험을 디자인하는 Physical User Interface(PUI), 음성인식과 사운드 등 소리와 말을 다루는 Voice User eXperience(VUX) 또한 UX 분야에서 중요한 영역입니다.

1.2 _ UX 디자인이란 무엇인가?

앞에서 언급했듯이 UX 디자인이란 사용자 경험을 디자인하고 만드는 것이라고 볼 수 있습니다. 여기서 중요한 것은 '**사용자의 관점**'에서 제품이나 서비스를 기획하고 디자인하는 것입니다. 여기서 말하는 사용자의 관점은 이 책의 핵심 주제 중 하나입니다. 디자이너라면 본인의 직감이나 디자인 경력이 아닌, 사용자를 충분히 이해하고 고려했는가를 최우선순위로 삼아서 디자인해야 합니다. 그래서 UX 디자인을 하면 할수록 자신의 에고(ego)를 내려놓고 겸손해지는 경험을 하게 됩니다. 왜냐하면 결국은 디자이너 자신이 생각했을 때 좋은 제품이 아니라 사용자에게 좋은, 즉 사용자가 겪는 불편함을 해결하는 제품을 만드는 것이 중요하다는 사실을 알게 되기 때문입니다.

그리고 그 배경에는 가설을 세우고 가설을 검증하는 과정이 있습니다. 사용자에게 좋은 제품을 제공할 수 있는지는 사용자의 피드백을 받기 전까지는 알 수가 없습니다. 그래서 가설을 세워보고 사용자의 피드백을 통해 검증하는 것입니다.

앞에서 언급한 TV 리모컨 예시로 잠시 돌아가 보겠습니다.

그림 1.3 버튼이 참 많은 리모컨[3]

리모컨 예시를 통해 사용자가 어떤 제품을 사용하다가 불편함을 느낄 때 '난 기계치인가 봐'라고 생각하는 등 자신을 탓하는 경우가 있다고 했습니다. 하지만 UX 디자인의 관점에서 본다면 이는 사용자 탓이 아니라 디자이너 탓이라는 것을 알 수 있습니다. 디자이너가 사용자를 충분히 고려하지 않았고, 사용자가 불편하지 않게 제품을 설계하는 데 실패한 것입니다. 그래서 디자이너에게는 사용자가 불편함을 겪지 않게 경험을 설계해야 한다는 막중한 책임이 있습니다.

UX 분야의 교과서로 꼽히는 ≪도널드 노먼의 디자인과 인간심리≫(학지사, 2016)에서는 사용자가 실수를 하고 불편함을 경험하는 것에 대한 책임이 설계자에게 있다고 이야기합니다. 사용자가 제품을 사용할 때 실수하지 않도록 사용자에 대한 이해를 바탕으로 제품을 설계해야 한다는 것입니다.

---

3 이미지 출처: shop08002

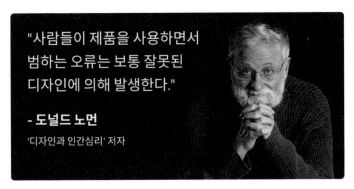

그림 1.4 UX 디자인 업계의 조상 격인 도널드 노먼. 책임감 있는 디자이너의 역할을 강조했다.[4]

그렇다면 디자이너는 어떻게 해야 좋은 UX를 만들 수 있을까요?

한 가지 질문을 하겠습니다. 디자이너는 어떤 일을 하는 사람이라고 생각하나요?

그림 1.5 눈이 호강하는 아름다운 제품들

그림 1.5에 나온 것처럼 심미적으로 아주 아름다운 제품을 만드는 사람일까요? 아니면 탁월한 자신만의 예술적 감각과 철학을 가지고 독특함을 추구하는 사람일까요? 모두 훌륭한 디자이너가 되는 데 도움이 되는 덕목이라고 생각합니다. 하지만 UX 디자인에서는 이것만으로는 충분하지 않습니다. 그렇다면 UX 디자인에서는 무엇이 중요할까요?

---

4 Tritonmag.com의 이미지를 재가공했습니다.

그림 1.6 사용자가 겪는 문제를 해결해주지 못하는 제품

그림 1.6을 보면 세 개의 제품이 있습니다. 왼쪽부터 장화, 마우스, 주전자입니다. 어떤 공통점이 보이나요? 바로 '**불편함**'입니다. 다시 말해, 사용자가 이 제품을 사용하면서 불편함을 느낄 수 있습니다. 장화는 발가락 부분이 뚫려 있어 장화를 신는 목적인 비를 막는 역할을 하지 못합니다. 마우스는 충전할 때 충전 단자를 꽂기 위해 뒤집어야 하기 때문에 충전 중에는 사용할 수가 없습니다. 주전자는 주전자 입과 손잡이가 한쪽에 몰려 있어 사용하기가 불편합니다. 즉, 제품 자체의 멋스러움이나 심미성과는 별개로 사용자가 겪는 문제점을 해결하지 못합니다.

좋은 UX 디자인이란 무엇일까요? 바로 사용자의 문제를 해결해주는 디자인입니다. 그렇다면 사용자의 문제를 해결해준다는 것은 무엇일까요? 이 책에서 계속 강조하듯이, 사용자에게 **지속적인 피드백**을 받고 사용자 관점에서 제품 및 서비스를 만들거나 개선하는 것입니다. 그리고 이 작업은 한 번의 사이클로 끝나는 것이 아니라 사용자가 만족할 때까지 반복해야 합니다. 실제로 현업에서는 이 과정을 무수히 반복합니다.

앞서 가설 설정과 검증은 이 책을 관통하는 주제 중 하나라고 했습니다. 디자인하는 사람은 가설을 세우고 그것을 검증하기 위한 실험을 무수히 반복하고, 제품을 만들어 출시하고 그에 대한 피드백을 받는 과정을 밟습니다. 사용자에게 더 나은 경험을 제공하고, 사용자의 문제를 해결하는 제품을 만들기 위해서는 이 여정을 밟아 나가야 합니다. 그래서 디자이너는 자신의 직감이나 경험만 믿어서는 안 됩니다.

1.3 _ UI 디자인은 무엇이고, UX 디자인과는 무엇이 다른가?

UI 디자인이란 무엇인가?

지금까지 UX 디자인에 대해 이야기했습니다. UX 디자인은 사용자 관점에서 그들이 겪는 문제를 해결할 수 있는 제품 또는 서비스를 디자인하는 것이라고 했습니다. 그런데 UX 디자인과 항상 함께 언급되는 용어로 UI 디자인이 있습니다. 여기서는 UI 디자인이란 무엇인지 살펴보고, UI 디자인이 UX 디자인과 어떤 차이점이 있는지도 살펴보겠습니다.

UI(User Interface) 디자인은 다음과 같이 정의할 수 있습니다.

사용자가 직접 맞닿게 되는, 즉 사용자가 마주하게 되는
제품의 시각적 영역을 디자인하는 것

사용자가 제품을 실제로 보고 만질 때 상호작용하는 것이 있습니다. 색, 텍스트, 화면의 레이아웃 구성과 같은 것들입니다.

그림 1.7 사용자가 제품을 사용할 때 맞닿는 시각적 영역인 UI [5]

---

5   이미지 출처: Unsplash.com

저는 UI 디자인을 '**시각언어의 규칙을 만드는 것**'이라고 정의하기도 합니다. 사용자가 사용하고 보게 될 제품의 외형적인 표면을 디자인하는 과정에 있어 규칙을 만들어주는 것입니다. 가령 메인 색은 어떤 색으로 할지, 타이틀 폰트의 크기를 어떻게 할지, 메인 버튼 크기는 어떻게 할지, 화면 간의 레이아웃 구성을 어떻게 할지 등을 일관성 있게 가져갈 수 있게 규칙을 만드는 겁니다.

Type	A11y Color		Spacing	
Title 1 · 44/56		Rausch #FF5A5F 3.05:1	∷	8 · tiny
Title 2 · 32/36		A11y Babu #00A699 3.03:1	☐	16 · small
Title 3 · 24/28		A11y Arches #FC642D 3.0:1	☐	24 · base
Large · 19/24		A11y Hof #484848 9.14:1	☐	48 · large
Regular · 17/22		A11y Foggy #767676 4.54:1	☐	64 · x-large
Small · 14/18				
MICRO 1 · 8/8				

그림 1.8 디자인 스타일 가이드 중 일부. 스타일 가이드는 정의된 컬러, 텍스트를 일관되게 쓰자고 약속하는 문서다.[6]

여기서 말하는 규칙이란 일관성의 다른 표현입니다. 규칙이 없다면 사용자가 어떤 앱이나 웹사이트에서 화면 간 이동을 할 때 혼란을 겪을 수 있습니다. 예를 들어, 하나의 앱에서 중요한 메인 버튼이 어떤 화면에서는 빨간색으로, 어떤 화면에서는 노란색으로 일관성이 없다면 사용자 입장에서는 중요한 버튼을 쉽

---

6   이미지 출처: 에어비엔비 디자인

게 찾기가 어려울 수 있습니다. 그래서 사용자가 제품을 사용할 때 최대한 혼란 없이 매끄러운 경험을 할 수 있게 도와주는 겁니다.

UX 디자인과 UI 디자인의 차이점은 무엇일까?

UX 디자인과 UI 디자인의 차이점을 이야기할 때 테크 업계에서는 각자의 관점이나 디자이너마다 조금씩 다르게 말할 수 있습니다. 여기서는 두루 통용되는 차이점을 말씀드리겠습니다.

앞서 'UX 디자인이란 사용자가 제품을 사용할 때 경험할 수 있는 모든 것이다'라고 했습니다. 이런 관점에서 보면 UI 디자인이 UX 디자인이라는 굉장히 큰 범주 안에 포함된다고 볼 수 있습니다. 실무적인 관점에서는 UX 디자인과 UI 디자인을 분리해서 이야기하는 경우가 많습니다. 그리고 서로 상호보완적인 관계에 있다고 봅니다. 그렇게 보는 주된 이유 중 하나는 지금까지 UX 디자이너(또는 UX 기획자)와 UI 디자이너라는 직군으로 분류해왔기 때문입니다.

이러한 분류 방식 안에서 UX 디자인 업무는 일대일 사용자 심층 인터뷰, 정량 데이터 조사 등 사용자를 깊이 이해하기 위한 유저 리서치부터, 그것을 토대로 제품의 뼈대를 만드는 유저 플로우 및 와이어프레임 제작, 사용성을 평가하는 유저 테스트까지 포괄합니다.

UI 디자인은 UX 디자인 단계에서 만들어진 뼈대 위에 시각적 완성도가 가장 높은 단계에 해당하는 대부분의 활동이 포함됩니다. 여기에는 컬러 및 폰트 정의부터 아이콘, 레이아웃, 비주얼 디자인 시스템과 같은 것이 들어갑니다.

UX에 이제 막 입문하는 사람이라면 방금 언급한 용어(와이어프레임 등)가 생소할 수 있습니다. 이에 대해서는 5장 '**사용자를 끌어당기는 UX는 어떤 프로세스로 만들어질까**'에서 다룰 예정이니 참고하기 바랍니다.

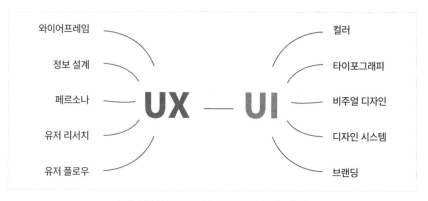

그림 1.9 UX 디자인과 UI 디자인에 포함되는 활동

참고로, 요즘은 UX 디자인과 UI 디자인 업무를 모두 수행하는 UX/UI 디자이너 또는 프로덕트 디자이너라는 직군이 생겼고, 점점 더 많은 회사들이 이 직군으로 디자이너를 채용하고 있습니다. 이처럼 통합적인 관점에서는 한 사람이 UX 디자인과 UI 디자인을 모두 맡기 때문에 어디서부터 정확히 UX이고, 어디까지가 UI라고 칼로 자르듯이 분류하기는 모호합니다. 이 같은 직군에 대해서는 7장 'UX 관련 직업은 어떤 것이 있을까?'에서 더 자세히 다룰 예정입니다.

1.4 _ 이 책에서 사용하는 UX 디자인 용어에 대해

더 진행하기에 앞서 한 가지 짚고 넘어가겠습니다. 이 책에서는 UX, UI, 유저 리서치를 모두 포함하는 개념으로 'UX 디자인'이라는 용어를 사용했습니다. 이 책에서 'UX 디자인'이라는 용어가 등장한다면 별도로 UI 디자인 등의 다른 용어를 언급하지 않는 이상 UX 및 UI 디자인, 유저 리서치를 포괄하는 의미로 이해하면 됩니다.

> "정리하자면, 공감 단계는 UX 디자인에서 선택이 아닌 필수입니다. UX 디자인을 할 때 사용자
> 가 없다면 '소 없는 찐빵'이나 마찬가지입니다. 프로젝트의 성격에 따라 정량적인 유저 리서치
> 는 하기 어렵더라도 상황에 맞게 활용 가능한 유저 리서치 기법을 써서 사용자에 대해 배우고
> 이해하는 기회로 삼아야 합니다."
>
> – 5장 '사용자를 끌어당기는 UX는 어떤 프로세스로 만들어질까?' 중에서

용어와 관련해서 업계에서는 UX, UI 디자인 및 유저 리서치를 담당하는 사람
을 통칭해서 다양한 방식으로 표기하고 있습니다. 여기엔 UX 기획자, UX/UI
디자이너, 프로덕트 디자이너 등이 있습니다. 이 책에서는 UX 디자인을 하는
사람을 통칭해서 'UX 디자이너'라는 용어를 사용했습니다. 'UX 디자인'이라는
용어를 UX, UI, 유저 리서치를 포함하는 포괄적 의미로 사용했기 때문에 그러
한 업무를 수행하는 사람을 가리켜 'UX 디자이너'라고 사용하기로 한 것입니
다. 이 점을 염두에 두고 책을 읽어나가시면 됩니다.

예외적으로 각 직업에 대해 서로 다르게 표기한 곳이 있는데, 7장 'UX 관련 직
업은 어떤 것이 있을까?'입니다. 여기서는 각 직군별로 어떤 차이점과 공통점
이 있는지 정리했습니다. 이번 장에서는 UX 기획자, UI 디자이너, 프로덕트 디
자이너 같은 UX 분야 내 세부적인 직업들을 소개했기 때문에 UX 디자이너라
고 통칭하지 않았습니다.

1.5 _ 지난 10년간 UX 디자인 분야의 변화

커져가는 UX 디자인 인력시장

UX와 UX 디자인이라는 용어 자체는 사실 꽤 오래 전인 90년대에도 존재하고 사용됐습니다. 하지만 최근 10여년 사이에 UX와 UX 디자인 분야는 굉장히 극적인 변화를 겪었습니다. 이것은 앞에서 언급한 인터넷 기업이 미국에서 차지하는 비중이 커졌다는 사실과 궤를 같이합니다. 이것은 비단 미국뿐만 아니라 한국을 포함한 전 세계적인 현상입니다.

그렇다면 지난 10여 년 사이에 어떤 흐름이 있었는지 살펴보겠습니다. 2000년 초중반으로 돌아가보겠습니다. 당시에는 디지털 카메라나 MP3 플레이어 같은 하드웨어 기반의 디지털 제품이 많았습니다. 스마트폰이 출시되기 전이어서 휴대폰의 주된 용도는 전화 통화 및 메시지 전송이었고 인터넷 기능은 매우 미약했습니다.

이랬던 테크 업계에 2007년 큰 변화가 찾아옵니다. 바로 애플에서 아이폰을 출시한 것입니다. 이를 계기로 스마트폰이 휴대폰 시장에서 대세로 자리 잡고 많은 사람이 더 이상 디지털 디바이스를 따로 구매하지 않게 됐습니다. 디지털 카메라를 사용하던 사람들은 스마트폰의 카메라 앱으로 사진을 찍기 시작했고, MP3 플레이어를 사용하던 사람들은 스마트폰으로 멜론, 스포티파이 같은 앱을 통해 음악을 듣기 시작했습니다. 디지털 제품뿐만 아니라 다이어리, 캘린더 같은 아날로그 제품 역시 스마트폰 앱으로 대체되기 시작했습니다.

이것은 디지털 화면 기반의 사용자 경험이 중요해졌다는 것을 의미합니다. 예전에는 물리적으로 이뤄지던 경험들이 스마트폰을 매개로 이뤄지게 됐습니다. 어떤 문제를 해결하고자 할 때 다른 곳으로 가는 게 아니라 스마트폰을 켜고 앱을 실행해 웹사이트로 가기 시작했습니다.

그림 1.10 디지털 카메라와 이를 대체한 스마트폰의 카메라 앱[7]

하루 24시간 들고 다니는 스마트폰으로 인터넷을 자유자재로 이용하면서 화면 기반의 경험에 익숙해졌습니다. 예를 들어, 예전에는 MP3 플레이어의 물리적인 조작 버튼을 통해 음악 재생, 이전 곡 재생, 다음 곡 재생 등을 했다면 스마트폰 시대로 넘어오면서 음악 앱의 화면에 표시된 가상 버튼을 통해 조작하는 것에 익숙해졌습니다.

그리고 이러한 변화는 UX 분야 인력시장의 성장으로 이어졌습니다. 이전에도 UX 디자인을 전문적으로 수행하는 직업이 있기는 했지만 아이폰이 등장하고 스마트폰 시대가 되면서 화면 기반의 앱, 웹사이트를 만들 수 있는 디자이너의 수요가 훨씬 커졌습니다.

저는 이 같은 변화를 몸소 경험했습니다. 대학교에서 산업디자인을 전공했는데, 제가 대학교를 졸업할 무렵인 2010년대 초에 디지털 디바이스와 관련된 산업디자인 직군이 많이 사라지는 것을 목격했고, 앱을 기획하고 만드는 UX 및 UI 디자인 직군의 수요가 늘어나는 것을 경험했습니다. 사람들의 수요 자체가 물리적인 디바이스 경험이 아닌 앱 경험으로 옮겨갔기 때문이었습니다.

---

7 이미지 출처: Deccan Herald

최근에는 코로나 팬데믹으로 사람들이 화면 기반의 제품을 사용하는 추세가 더욱 가속화되고 있습니다. 이제는 회의할 때 물리적인 장소가 아닌 줌(Zoom)[8]이나 구글 밋(Google Meet)[9]을 통해 화상 회의를 하고, 장보기를 할 때도 쿠팡이나 마켓컬리 같은 온라인 마켓을 활용하는 사람들이 크게 늘었습니다. 사람들의 일상과 온라인 기반의 사용자 경험은 떼려야 뗄 수 없는 방향으로 가고 있습니다. 그런 만큼 온라인 사용자 경험을 책임지는 디자이너의 역할은 앞으로 점점 더 중요해질 것입니다.

1.6 _ UX 디자인에서 가설이란 무엇일까?

UX 디자인은 사용자 관점에서 사용자를 이해하고 사용자가 겪는 문제를 해결하는 것이라고 했습니다. 또한 UX 디자인은 끊임없이 가설을 세우고 그 가설을 검증하는 것이라고도 했습니다. 이번에는 후자의 정의에 대해 조금 더 살펴보겠습니다.

문제를 해결하기 위해서는 사용자가 겪는 어려움이 무엇인지 알아야 하고, 이를 해결하기 위해 생각해낸 해결책이 실제로 사용자에게 효과가 있는지 알아봐야 합니다. 그런데 어떤 사용자가 어떤 문제를 겪고 있는지, 그리고 그 문제를 해결하기 위해서 어떤 방법이 효과가 있을지는 아이디어를 구현해보고 검증해보기 전까지는 알 수 없습니다. 따라서 가설은 사용자와 문제, 해결책으로 구성됩니다. 예를 들어 다음과 같은 아이디어가 떠올랐다고 가정해보겠습니다.

---

8 https://zoom.us/

9 https://meet.google.com/?pli=1

2030 직장인은 여유 시간에
십자수나 등산 등 취미생활을 다른 이들과 공유하고 싶을 것이다.
취미 공유를 위해 이들이 교류할 수 있는
커뮤니티를 만들면 도움이 되지 않을까?

여기서 타깃 사용자는 2030 직장인, 문제는 취미생활 공유, 해결책은 취미 공유 커뮤니티라고 볼 수 있습니다. 그런데 이 문장대로 아이디어를 구현해서 앱이나 웹을 만든다고 해서 많은 이들이 바로 그 제품을 사용하고, 또 이 제품을 수익화하는 데 성공하리라고 보장할 수 있을까요? 이에 대한 정답은 '알 수 없다'입니다.

정답을 알려면 제품을 출시해서 사용자로부터 피드백을 받거나 아직 제품을 출시하지 않았다면 프로토타입(시제품)을 사용자에게 보여주고 성공이나 실패 여부를 알 수 있는 어떤 시그널을 확인해야 합니다. 즉, 성공 여부를 알 수 없기 때문에 위 문장은 가설인 것이고, 검증하는 과정이 필요합니다.

정답을 알려면 제품을 출시해서 사용자로부터 피드백을 받거나 아직 제품을 출시하지 않았다면 프로토타입(시제품)을 사용자에게 보여주고 성공이나 실패 여부를 알 수 있는 어떤 시그널을 확인해야 합니다. 즉, 성공 여부를 알 수 없기 때문에 위 문장은 가설인 것이고, 검증하는 과정이 필요합니다.

> 타깃 사용자   문제

"2030 직장인은 여유 시간에 십자수나 등산 등 취미생활을 다른 이들과 공유하고 싶을 것이다. 취미 공유를 위해 이들이 교류할 수 있는 커뮤니티를 만들면 도움이 되지 않을까?"

> 해결책

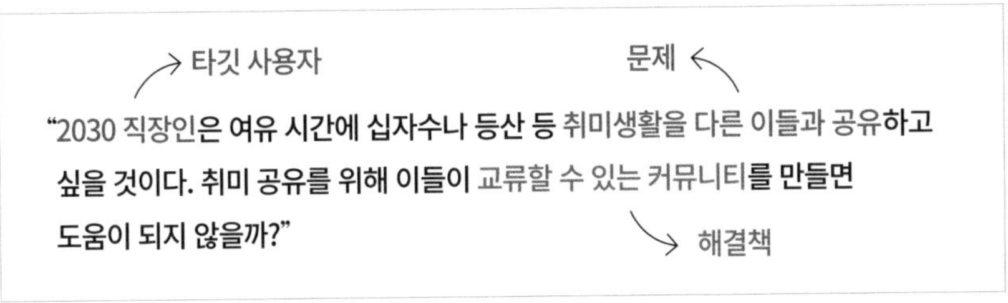

그림 1.11 가설 예시 1

그래서 가설은 계속해서 변화합니다. 검증해보니, 2030 직장인이 취미를 공유할 수 있게 도와주는 것이 커뮤니티가 아닐 수도 있습니다. 그리고 이들이 해결해야 할 우선순위가 높은 문제가 취미 공유가 아닌 다른 문제일 수 있습니다. 또한 취미 공유 커뮤니티를 가장 필요로 하는 사용자가 2030 직장인이 아닐 수도 있습니다.

숙박 공유 서비스로 유명한 에어비앤비를 예시로 설명하겠습니다. [10] 시각 디자인과 산업디자인을 전공했던 에어비앤비의 창업자 브라이언 체스키와 조 게비아는 에어비앤비를 창업하기 전 자신의 꿈을 펼치기 위해 샌프란시스코로 갔습니다. 당시 그들은 월세를 낼 여유도 없었습니다. 돈을 벌어야 했던 그들은 한 가지 아이디어를 떠올렸습니다. 자기 집의 남는 공간에 에어 매트리스를 구비해 놓고 샌프란시스코에 오는 사람들에게 개인 민박을 제공해서 돈을 버는 것이었습니다. 그들은 최소한의 수고를 들여 아주 간단한 웹사이트를 만들어 오픈했습니다. 그렇게 해서 3명의 여행자에게 연락이 왔고 각각에게 80달러를 받아 돈을 벌었습니다. 브라이언과 조는 이 경험을 통해 여행자들이 샌프란시스코의 지역민인 자신들과 교류하고 이 동네에 대해 더 잘 알 수 있게 도와줄 수 있다는 점에 보람을 느꼈습니다. 그리고 더 많은 사람이 호스트로서 이런 값진 경험을 하고 돈도 벌 수 있을 거라는 생각이 들었고, 그것이 더 큰 아이디어가 될 수 있을 거라는 생각을 했습니다. 그리고 웹사이트를 플랫폼으로 발전시켜 제품화했습니다.

이번 장에서는 가설에 대해 이야기하고 있으니 이 사례를 가설 설정과 검증의 관점에서 이야기해 볼까요?

---

10 해당 내용은 happist.com을 참고했습니다.

브라이언과 조의 사례에서 타깃 사용자는 집에 남는 공간이 있는 호스트입니다. 문제는 돈을 벌어 생활비에 보태야 한다는 것이고, 해결책은 에어 매트리스를 활용한 개인 민박입니다. 여기까지가 가설입니다.

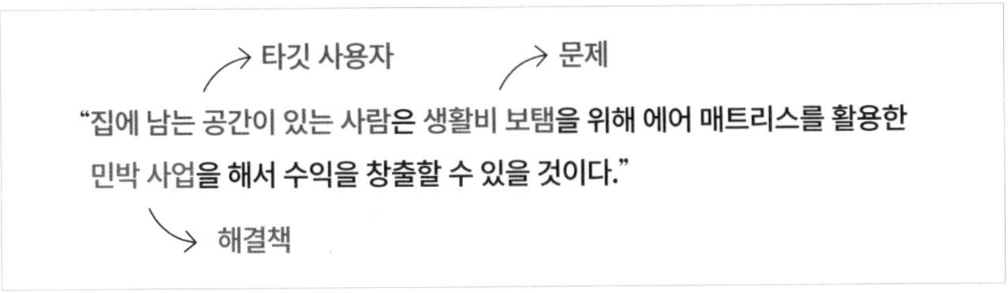

그림 1.12 가설 예시 2

그들이 웹사이트를 만들어서 실제 손님을 받는 과정은 가설을 검증하는 활동이라고 볼 수 있습니다. 검증 결과는 '효과 있음'으로 나타났습니다. 그리고 이것이 세상을 변화시킬 만한 큰 아이디어라고 생각한 것은 다시 가설이 됩니다. 실제로 이들은 이후 에어비앤비라는 정식 웹사이트를 만들고 회사를 창업했으며 끊임없이 가설을 설정하고, 실험과 검증을 반복했습니다.

에어 매트리스 아이디어가 떠올랐지만 도움이 안 될 거라고 (머릿속으로만) 판단하고 실행하지 않았다면 어땠을까요? 그것은 가설에만 머무르고 검증되지 않은 것이 됩니다. 앞에서 이야기했습니다만 2008년에 설립된 에어비앤비는 2020년에 주식 상장을 했습니다. 상장 첫날 시가총액, 즉 기업 가치가 100조 원을 돌파했는데, 이는 호텔 업계의 소위 빅3라고 불리는 하얏트, 메리어트, 힐튼의 시가총액을 모두 합친 것보다 큰 금액이었습니다. 지금은 이렇게 큰 규모의 회사가 됐지만 UX 디자인을 하는 관점에서는 이 모든 것의 시작은 가설에 대한 설정, 그리고 빠른 실행력을 바탕으로 한 가설의 검증에 있었다는 점을 눈여겨봐야 할 것 같습니다.

UX 디자인은 가설 설정과 검증이 주된 일이라는 점에서 브라이언과 조의 창업 과정과 크게 다르지 않습니다. 디자이너는 버튼을 어떤 컬러와 사이즈로 디자인할 것인가와 같은 상대적으로 작아 보이는 문제부터, 사람들의 일상을 완전히 바꿀 수 있을 제품의 콘셉트와 방향성을 어떻게 할 것이냐와 같은 큰 문제까지 해결해야 합니다.

이런 문제를 갑자기 튀어나온 아이디어로 한방에 해결할 수 있다고 생각하는 것은 리스크가 큽니다. 아이디어의 성공 여부는 실험을 통해 검증하기 전까지는 알 수 없기 때문입니다. 그래서 우리는 과학자처럼 끊임없이 실험하고 효과가 있는지를 테스트해야 하며, 이를 토대로 계속해서 더 나은 개선 방향이 무엇인지를 찾아나가야 합니다. 그래서 디자이너는 결국 가설을 설정하고 검증하는 작업을 끊임없이 반복해야 합니다.

정리하자면, UX 디자인은 가설을 설정하고 이를 검증하는 활동을 반복하는 것입니다.

1.7 _ 요약 포인트

UX란?

User Experience의 줄임말. 사용자가 제품을 사용할 때 할 수 있는 모든 경험. 디지털 경험뿐만 아니라 물리적인 경험 또한 여기에 들어갈 수 있다. 다만 디지털 경험에서 이 용어를 조금 더 많이 사용한다.

UX 디자인이란?

사용자 관점에서 사용자가 겪는 문제점을 해결해주는 제품을 디자인하는 것. 이를 위해서는 사용자에게 지속적으로 피드백을 받고 그들의 관점에서 제품을 만들거나 개선해야 한다. 이것은 가설을 세우고 제품을 디자인한 후 사용자를 통해 가설을 검증하는 것의 반복 작업이라고 볼 수 있다.

UI 디자인이란?

User Interface 디자인의 줄임말. 사용자가 직접 맞닿게 되는, 즉 사용자가 마주하게 되는 제품의 시각적 영역에 대해 디자인하는 것으로, 제품을 사용할 때 일관성을 주기 위해 시각 언어의 규칙을 만드는 것이라고 볼 수도 있다.

UX 디자인과 UI 디자인의 차이점?

UX의 의미는 사용자가 겪는 모든 사용 경험이기 때문에 UX 디자인은 UI 디자인을 포함하는 상위 개념으로 볼 수 있다. 업무를 보는 관점에서는 UX 디자인과 UI 디자인을 분리해서 이야기하는 편이다. UX 디자인이 사용자를 이해하기 위한 유저 리서치 활동과 와이어프레임 같은 제품 설계의 기반 활동을 담당한다면 UI 디자인은 시각적 완성도를 높이는 작업을 포함한다.

지난 10년간 UX 디자인 분야의 변화

스마트폰의 등장으로 사람들이 인터넷을 훨씬 더 많이 활용하게 됐다. 이로 인해 앱이나 웹사이트 같은 화면 기반의 사용자 경험이 매우 중요해졌으며, 이를 담당하는 UX 디자이너 인력시장 역시 크게 성장했다. 팬데믹의 여파로 인터넷 기반 시장은 점점 더 커지고 있어 UX 디자인의 중요도는 앞으로도 커질 것으로 예상된다.

UX 디자인에서 가설이란?

아이디어를 검증하기 전까지는 가설이라고 볼 수 있으며, 아이디어의 가설이 맞는지 아닌지는 사용자로부터 피드백을 받기 전까지는 알 수 없다. 가설의 핵심 요소로는 타깃 사용자, 문제, 해결책이 있다.

02

UX 디자인의
기본기를 탄탄하게 해줄
디자인 원리

2.1 _ 디자인 원리를 왜 알아야 할까?

UX 입문자의 입장에서 UX 디자인을 잘하기 위해 할 수 있는 일은 많습니다. 직접 기획과 디자인, 사용자 리서치를 해보면서 시행착오를 통해 배우며 성장할 수 있고, UX 관련 책을 통해 배우고 그 내용을 실천할 수 있으며, UX와 직간접적으로 관련 있는 다양한 경험을 해볼 수도 있습니다.

빠르게 평균 이상까지 도달하고 싶다면 특히 디자인 원리를 공부하고 실천해보는 것을 권장합니다. 디자인 원리를 익혀야 하는 이유는 다음과 같습니다.

첫째, 디자인을 하는 데 도움이 됩니다. 이번 장에서 다룰 디자인 원리들은 이미 UX 업계에서 많이 활용되고 있으며, 원리로서 활용된다는 것은 많은 사람들을 통해 검증됐다는 것을 의미합니다. 즉, 이 분야의 선배들이 수많은 시행착오를 거쳐서 '이렇게 해보니 실제로 도움이 되더라'라는 것이 확인된 것입니다. 입문자가 원리를 먼저 공부하고 디자인할 때 적용한다면 시행착오를 줄이고 빠른 시간 안에 원하는 수준까지 도달할 수 있을 것입니다.

둘째, 논리력을 키울 수 있습니다. UX 디자인은 팀원 또는 클라이언트와 함께 일해야 하는 경우가 많습니다. 즉, 자신이 기획하고 디자인한 것을 공유할 때 디자인의 배경과 이유를 상대방이 납득하게끔 설명할 일이 참 많습니다. 이러한 상황에서 그저 '예쁘니까 좋은 거다'와 같이 주관적인 언어로 이야기한다면 업계에서 살아남기가 어렵습니다. 이때 여러 시행착오를 통해 검증된 원리를 많이 알면 알수록 디자인을 더 논리적으로 설명할 수 있기 때문에 '왜'를 더 잘 전달할 수 있습니다.

UX 디자인과 관련해서 공부할 원리는 헤아릴 수 없이 많고, 지금도 계속 나오고 있습니다. 이번 장에서는 저에게 도움이 됐던 원리를 모아서 정리했지만 여기서 소개하는 것 외에도 알아둘 만한 원리가 많습니다. 한 가지 꼭 당부하고 싶은 말은 꾸준히 공부하는 자세를 가지라는 겁니다.

이번 장에서는 원리에 대한 소개와 더불어 각 원리가 실제로 어떻게 적용되는지 사례를 소개하겠습니다. 적용 사례를 살펴보면서 여러분이 기획을 하고 디자인할 때 적용해보시기 바랍니다. 이는 디자인 원리를 더 깊이 이해하고 자신의 것으로 만드는 데 도움이 될 것입니다.

사용자는 바쁜 사람들이다. 그들을 고민하게 만들지 말자.

질문을 하나 드리겠습니다. 인터넷에서 검색하면서 어떤 정보를 찾다가 한 웹사이트를 찾았습니다. 그런데 웹사이트에서 내가 원하는 정보를 찾을 수 없다면 얼마만에 그 사이트를 떠나는지요?

사용자는 웹사이트를 방문할 때 평균 3초 이상 머물지 않는다고 합니다[1]. 사용자가 원하는 정보를 쉽게 찾을 수 있게 웹사이트가 설계 및 디자인돼 있지 않다면 사용자는 군이 인내심을 발휘해 사이트에 머무르려고 하지 않습니다. 웹사이트에 원하는 정보가 없으면 바로 창을 닫고 다른 사이트를 검색해볼 것입니다. 이것은 웹사이트뿐만 아니라 앱 세계에서도 마찬가지입니다. 적재적소에 사용자가 원하는 정보가 없다면 불편함을 겪기 때문입니다.

그렇다면 어떻게 해야 사용자가 제품을 고민 없이 원활하게 사용하게 할 수 있을까요? 디자이너가 제품을 직관적이고 쉽게 만들기 위해 많이 고민할수록 사용자가 해야 할 고민이 줄어듭니다. 시장에서 성공하는 웹 또는 앱 기반 제품들은 결코 쉽게 디자인된 것이 아닙니다. 많은 디자인 원리를 적용하고, 사용자 테스트를 통해 검증하면서 사용자가 더 쉽게 고민없이 사용할 수 있게 만든 것입니다.

---

1   출처: Uxeria.com

많은 디자인 원리는 '사용자를 고민하게 만들지 말자'라는 목표하에 만들어졌다고 볼 수 있습니다. 이번 장에서 소개할 디자인 원리들 역시 그렇습니다. 여러분도 '사용자를 고민하게 만들지 말자'라는 말을 마음에 새기고 이번 장을 읽어 나가기를 권장합니다.

2.2 _ 일관성의 원리

첫 번째로 소개할 것은 가장 기본적이면서도 중요한 '일관성'의 원리입니다.

다음 그림을 보면 A와 B의 예시가 있습니다. A, B 모두 '이전' 버튼과 '다음' 버튼을 눌러서 페이지를 넘기는 인터페이스입니다. A와 B 중 사용자가 사용하기에 어느 것이 더 편리해 보이나요?

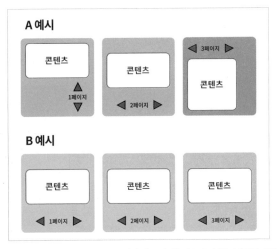

그림 2.1 이전, 다음 버튼을 눌러 페이지를 넘기는 두 가지 인터페이스 예시

사용자 입장에서는 B가 훨씬 더 사용하기에 편리하다고 볼 수 있습니다. 그 이유는 일관되지 못한 것과 일관된 것의 차이에서 나옵니다. A는 페이지를 넘길

때마다 콘텐츠의 위치나 이전/다음 버튼의 방향이나 위치가 모두 다릅니다. 배경 색도 다릅니다. 그에 반해 B는 콘텐츠의 위치가 항상 일정하게 유지되고, 이전/다음 버튼의 위치도 항상 일관된 위치에서 제공됩니다. 즉, 사용자는 B의 인터페이스를 사용하면서 페이지가 넘어갈 때 '익숙함'을 느낍니다. 익숙함을 느낀다는 것은 다음에 오는 행동에 대한 예측이 가능하다는 뜻입니다. 그렇기 때문에 혼란이 적습니다.

다시 정리하자면, B 예시는 항상 버튼의 위치와 방향이 일관되고, 콘텐츠가 표시되는 공간도 일정하기 때문에 사용자가 화면이 바뀌어도 버튼과 콘텐츠의 위치, 방향 등이 일관될 것이라고 예상할 수 있습니다.

그림 2.2 아이폰 앱의 '뒤로가기'의 공통점은 왼쪽 상단에 배치된다는 것이다. [2]

---

2 이미지 출처: 인스타그램, 에어비앤비, 넷플릭스 앱

우리가 자주 사용하는 스마트폰을 생각해보면 가장 많이 사용하는 버튼으로 '뒤로 가기'가 있습니다. 이전 화면으로 이동하는 기능인데, 아이폰 앱에서는 기본적으로 이 버튼이 좌측 상단에 위치합니다. 아이폰을 만드는 애플의 정책상 그렇게 하도록 권고하고 있는데, 이것은 일관성 측면을 매우 잘 고려한 사례라고 볼 수 있습니다. 만약 앱마다 뒤로 가기 버튼의 위치와 모양, 방향 등이 모두 다르다면 사용자 입장에서는 불편함을 겪을 수밖에 없습니다. 즉, 사용자 경험이 일관되지 않으면 사용자가 매번 적응해야 하고, 다시 학습해야 하기 때문에 혼란을 느낄 수 있습니다.

일관성의 원리란 사용자가 제품을 사용할 때 편안함과 익숙함을 느낄 수 있게 한결같은 환경을 제공하는 것입니다. 이 원리가 실무에서 어떻게 적용될 수 있는지 다음 예시를 통해 보여드리겠습니다.

첫 번째 예시는 운영체제(OS; Operating System)에 대한 예시입니다. 우리가 매일같이 사용하는 스마트폰은 두 개의 운영체제로 양분돼 있습니다. 바로 iOS와 안드로이드(Android)입니다. 두 운영체제는 전 세계에서 가장 많이 팔리는 스마트폰 운영체제입니다. 아이폰은 iOS라는 운영체제를 사용하고, 우리나라에서 가장 잘 팔리는 삼성의 갤럭시 스마트폰은 안드로이드를 사용합니다.

iOS와 안드로이드의 사용자 경험에는 각각 다른 방식으로 일관성의 원리가 적용돼 있습니다. 그중 탭 바를 살펴보겠습니다. 탭 바는 사용자가 가장 많이 사용하는 메뉴를 화면에 고정적으로 배치해서 사용자가 언제든지 쉽게 접근할 수 있게 만든 것입니다.

iOS의 탭 바   안드로이드의 탭 바

그림 2.3 메뉴 간 이동을 위해 제공되는 탭 바는 iOS에서는 화면 하단에, 안드로이드에서는 화면 상단에 제공된다는 일관성이 있다. [3]

이 탭 바에 대한 디자인 정책을 살펴보면 iOS에서는 탭 바를 되도록 화면 하단에 배치하라고 권고하고, 안드로이드에서는 화면 상단에 배치하는 것을 권고합니다. 즉, 앱을 개발하는 회사의 입장에서는 동일한 앱을 만들어 각각 iOS와 안드로이드에 출시하고 싶다면 탭 바의 위치를 iOS에서는 되도록 하단에 두고, 안드로이드에서는 상단에 두어야 한다는 의미가 됩니다.

이 문제를 사용자 입장에서 생각해보겠습니다. 아이폰 사용자라면 여러 앱을 사용할 때 탭이 주로 하단에 있었으므로 새로운 앱을 내려받아 사용할 때도 그 앱 역시 탭이 하단에 있을 것이라고 예측할 가능성이 높습니다. 그래서 앱을 실행했는데 탭이 상단에 있다면 불편하다고 느낄 수 있습니다. 그래서 디자이너는 특별한 이유가 없다면 아이폰 앱을 디자인할 때 탭을 하단에 두는 것이 좋습니다. 그래서 스마트폰 앱이나 앱의 어떤 특정 기능을 디자인할 때는 운영체제 내에서 고려해야 할 일관성 요소가 있는지 공부하고 고민해야 합니다.

---

3   이미지출처: Makerylab

이번에는 하나의 앱을 디자인할 때 일관성을 어떻게 적용할 수 있는지 설명하겠습니다. 다음 예시는 숙박 공유로 유명한 에어비앤비 앱입니다.

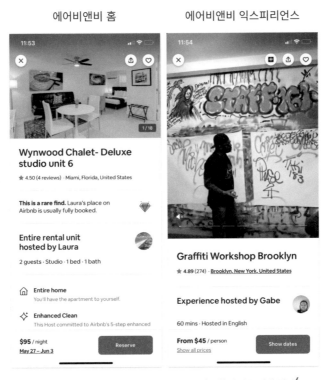

그림 2.4 에어비앤비 홈(좌측)과 익스피리언스(우측)의 상품 상세 화면[4]

두 개의 화면이 있는데, 각각 다른 기능을 제공합니다. 왼쪽은 숙박 예약을 할 수 있는 에어비앤비 홈(Home)이고, 오른쪽은 여행 목적지에서 투어, 이벤트 등을 예약할 수 있도록 도와주는 에어비앤비 익스피리언스(Experience)입니다. 각각 서로 다른 목적을 가지고 있으며, 에어비엔비 안에서도 서로 다른 타깃 사용자를 위해 존재하는 기능입니다. 하지만 사용자 입장에서는 둘 다 에어

4   이미지 출처: Airbnb

비앤비라는 하나의 앱을 통해 들어왔을 때 경험하는 것들입니다. 그래서 에어비앤비는 이 둘이 다른 기능임에도 불구하고 많은 부분에서 일관된 경험을 제공합니다. 타이틀 텍스트의 크기가 동일하고, 메인 버튼의 크기와 상하 크기가 일관됩니다. 그리고 최상단에 있는 '뒤로 가기', '공유하기', '좋아요' 아이콘의 모양과 위치도 동일합니다. 사용자가 에어비앤비 앱을 사용할 때 어떤 기능을 사용하든 정해진 규칙 안에서 사용하게 해서 편안함을 느낄 수 있게 한 사례라고 볼 수 있습니다.

지금까지 일관성을 적용했을 때 사용자가 얻을 수 있는 이익, 즉 편안함과 익숙함에 대해 이야기했습니다. 그런데 일관성은 사용자뿐만 아니라 디자이너와 개발자에게도 굉장히 큰 도움이 됩니다. 제작의 효율성을 극대화할 수 있기 때문입니다.

그림 2.5 재활용 및 재사용성이 높은 레고 블록 [5]

---

5   이미지 출차: Unsplash

레고에 비유해서 말씀드리겠습니다. 레고는 항상 같은 형태로 조립할 수 있게 만들어놨습니다. 그래서 서로 다른 레고 제품을 사더라도 그 안의 부품을 맞바꿔서 사용하면 새로운 형태의 결과물을 만들어낼 수 있습니다. 즉, 레고는 하나의 시스템 안에서 블록 쌓기처럼 만들어 놓았습니다.

이 원리를 UX 디자인에 적용하면 디자이너가 혜택을 얻을 수 있습니다. 디자인 팀이 어느 정도 규모가 있다고 가정하면 하나의 규칙을 만들어 그 규칙을 팀 내 모든 디자이너가 가져다 쓸 수 있습니다. 버튼을 예로 들면, 미리 버튼 크기에 대해서 모듈처럼 정의해놓고 팀원들이 버튼을 만들 때마다 새롭게 만들지 않고 미리 규격화되어 만들어진, 즉 규칙이 잘 적용된 버튼을 가져다 쓰기만 하면 됩니다. 그렇게 함으로써 많은 시간을 절약할 수 있습니다. 이렇게 재사용 가능하도록 디자인 요소들을 정의하는 것을 디자인 시스템(design system) 또는 디자인 패턴(design pattern)이라고 합니다.

그림 2.6 디자인 시스템 예시[6]

---

6 이미지 출처: Andrew Coyle, Figma Community

이렇게 절약한 시간은 사용자 인터뷰나 사용자 테스트 등 디자이너가 생각할 때 중요도가 높다고 생각하는 일에 활용할 수 있습니다. 개발자도 동일한 측면에서 도움을 받을 수 있습니다. 이러한 규칙을 코드에도 적용해서 재사용할 수 있는 코드로 저장할 수 있습니다. 앞에서 버튼 예시를 들었는데, 다양한 화면에서 버튼을 개발할 때 버튼의 기존 코드를 그대로 사용하는 겁니다. 화면마다 크기를 다시 정의할 필요 없이 그냥 가져다 쓰면 됩니다.

정리해보겠습니다. 일관성은 사용자에게는 편안함, 익숙함, 예측 가능함을 제공해서 고민없이 제품을 사용할 수 있게 도와줍니다. 일관되게 사용되는 요소에 대해 재사용 가능한 시스템을 만든다면 디자이너와 개발자 입장에서는 제작의 효율성을 극대화하고 시간을 절약할 수 있습니다.

2.3 _ 행동 유도성의 원리

다음 그림을 보면 어떤 건물의 출입문이 있습니다. 이 문은 당겨야 할까요, 아니면 밀어야 할까요?[7]

그림 2.7 출입구에 설치된 문. 밀어야 할지, 당겨야 할지 알기 어렵다.[7]

이 문에는 '미세요', '당기세요'와 같은 문구도 없고, 문의 모양새만 봐서는 질문의 답을 알기 어렵습니다. 다시 말하자면, 많은 사람이 이 문을 열고 닫을 때 당겨야 할지 아니면 밀어야 할지 무수히 고민했을 것입니다. 디자이너의 중요한 역할 중 하나는 사용자가 고민을 최소한으로 하고 제품을 쉽게 사용하게끔 만드는 것입니다. 그런데 이 문은 그것을 해결해주지 못했습니다. 문 손잡이 양쪽이 동일하게 생겼고, '당기세요'나 '미세요' 같은 문구도 표시돼 있지 않기 때문에 사용자 입장에서는 문을 열기에 앞서 고민하게 되고 원하지 않게 실수할 수 있습니다.

이러한 문제를 해결해줄 수 있는 디자인 원리가 행동 유도성(affordance)입니다. 행동 유도성이란 사용자가 제품을 봤을 때 직관적으로 어떻게 사용할지 알 수 있게 하는 것을 말합니다. 즉, 설명서를 보지 않고도 고민하지 않고 제품을 사용할 수 있게 하는 것이 행동 유도성입니다. 다시 돌아가서, 이 출입문 사례는 행동 유도성이 부족하다고 할 수 있습니다.

이번에는 다른 예시를 살펴보겠습니다. 다음 그림은 자동차 문을 열 때 사용하는 손잡이입니다. 이 손잡이는 당기는 방식을 사용하는데, 사용자가 손잡이 안쪽으로 손을 넣도록 설계돼 있어서 사용자가 문을 잡은 다음 자연스럽게 당기는 동작으로 이어집니다. '당기세요'라는 문구는 없지만 사용자가

그림 2.8 자동차 손잡이

쉽게 제품의 사용 방법을 알 수 있게 설계한 사례라고 볼 수 있습니다.

개인적으로는 애플의 맥북을 사용하면서 충전 단자를 노트북에 연결하는 경험에서 맥북이 좋은 행동 유도성을 가지고 있다고 생각했습니다. 다양한 노트북 제품을 사용하면서 겪었던 불편함 중 하나는 충전 단자를 기기에 꽂을 때 어느 방향으로 꽂아야 할지, 꽂더라도 정확한 위치에 맞춰서 꽂았는지, 적절한 깊이로 넣었는지 등을 고려해야 해서 실수하는 경우가 많았다는 것입니다. 방이 어둡고 충전단자를 잘 볼 수 없는 상황에서는 더욱 어려웠습니다.

맥북은 단자에 자석이 있어서 깊이나 위치 등을 크게 고민하지 않고 대충 근처에 가져가면 노트북에 달라붙기 때문에 직관적이고 편리했습니다. 또한 모양이 상하 대칭이라 꽂는 방향에 대해서도 고민하지 않아도 됩니다. 즉, 충전이라는 행동을 쉽게 할 수 있게 도와주기 때문에 좋은 행동 유도성을 가지고 있다고 볼 수 있습니다.

그림 2.9 자석으로 충전 단자를 쉽게 꽂을 수 있는 맥북 ⁹

그러면 이 행동 유도성이 디지털 사용자 경험에서는 어떻게 적용될 수 있는지 사례를 보겠습니다.

9 이미지 출처: snapnator

그림 2.10 온/오프 토글 버튼

첫 번째 예시는 토글 온/오프 버튼입니다. 전원을 켜고 *끄*거나 특정 기능을 활성화하는 데 활용되는 버튼입니다. 그림 2.10의 예시를 보면 사용자가 온과 오프를 쉽게 알 수 있게 다양한 장치를 넣어두었습니다. 먼저 좌/우 또는 상/하 방향으로 조절 장치의 상태를 변경해서 전원을 켜고 *끄*는 것은 물리적인 일상에서도 매우 익숙한 방식입니다. 가까운 예로 집안 전등의 전원이 이러한 형태의 조절 장치를 사용합니다. 즉, 그림 2.10의 디지털 토글은 사람들의 물리적 일상에서도 볼 수 있는 매우 익숙한 방식이라 어떻게 사용하면 될지 빠르게 학습할 수 있다는 것입니다. 또한 온 버튼은 초록색을 넣어 긍정의 의미를 전달하고 있고, 오프는 빨간색을 써서 부정의 의미를 전달하고 있습니다. 그래서 사용자 입장에서는 '아, 꺼져 있구나'라고 직관적으로 알 수 있게 한 예시라고 볼 수 있습니다. 이런 점을 감안할 때 토글 온/오프 예시는 좋은 행동 유도성을 가지고 있다고 볼 수 있습니다.

그림 2.11 온/오프 스위치

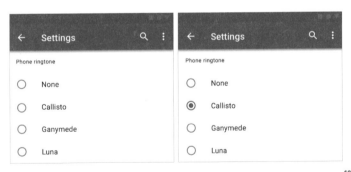

그림 2.12 기본값을 설정하지 않은 라디오 버튼(위쪽)과 설정해 놓은 라디오 버튼(오른쪽). [10]

---

10   이미지 출처: material.io

두 번째 예시는 라디오 버튼입니다. 라디오 버튼은 여러 가지 옵션이 있을 때 한 가지를 선택할 수 있게 하는 기능입니다. 그림 2.12의 예시에서는 왼쪽보다는 오른쪽 그림이 행동을 더 잘 유도하고 있습니다. 오른쪽 그림이 왼쪽 그림과 다른 점은 옵션 중 하나를 미리 선택된 상태로 사용자에게 제공했다는 점입니다.

사용자에 따라 디지털 환경이 어색한 사람이 있을 수 있습니다. 그런 경우 라디오 버튼이 무엇인지 잘 모르고 어떻게 사용해야 하는지 모를 수 있습니다. 그래서 오른쪽 그림은 두 가지 다른 상태가 있고(선택과 비선택), 그 상태를 다르게 만들어줄 수 있다는 것을 알려줍니다.

오른쪽 화면의 행동 유도성이 높다고 생각한 또 다른 이유는 다음과 같습니다. 디자이너는 때에 따라 사용자의 수고를 덜기 위해 기본값을 미리 제시하고 사용자가 원할 경우 설정값을 바꾸게 해야 할 수 있습니다. 그리고 사용자가 별다른 고민 없이 넘어가더라도 불이익을 받지 않게 적절한 기본값을 제공하는 것 또한 사용자에게는 좋은 경험이 될 수 있습니다. 그런 측면에서 기본값을 설정하는 것은 좋은 UX가 될 수 있습니다.

일상생활에서 스마트폰 알람의 음악 설정을 생각해보세요. 스마트폰에는 대부분 기본 알람음이라는 게 있습니다. 알람 시간을 설정할 때 사용자가 굳이 알람음을 선택하지 않아도 기본으로 제공되는 알람음이 나오게 하는 겁니다. 기본 알람음이 없다면 사용자는 알람 시간을 설정할 때마다 알람음을 선택해야 하는 번거로움과 마주해야 합니다.

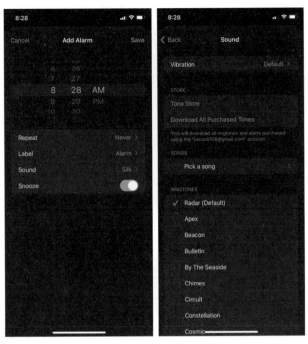

그림 2.13 기본값이 정해져 있는 알람음 예시[11]

2.4 _ 멘탈 모델과 콘셉트 모델

이번에 소개할 개념은 멘탈 모델(mental model)과 콘셉트 모델(conceptual model)입니다. 멘탈 모델이란 사용자가 제품에 대해 가지고 있는 기대치를 이야기합니다. 이것은 경험, 훈련, 지식을 통해 형성될 수 있습니다. 콘셉트 모델은 제품이 제공하는 경험이나 인터페이스를 이야기합니다. 이 두 가지는 서로 맞아떨어질 수도 있고, 상충될 수도 있습니다. 예시를 통해 조금 더 자세히 알아보겠습니다.

---

11 이미지 출처: iPhone 11

다음 그림을 보면 왼쪽은 전통적인 책이고, 오른쪽은 전자책(e-book) 디바이스입니다.

그림 2.14 종이책과 전자책[12]

전자책 디바이스가 없던 시절로 돌아간다고 가정해보겠습니다. 그 시절에 책이란 물리적인 책만을 뜻하고, 종이로 된 책 한 페이지, 한 페이지를 넘기는 데 익숙했을 것입니다. 그런데 디자이너로서 전자책 디바이스를 만들어야 한다고 해보겠습니다. 사람들이 책에 대해 가지고 있는 멘탈 모델은 종이를 한 장씩 오른쪽에서 왼쪽으로 넘겨서 읽는 것인데, 전자책 디바이스는 그렇게 페이지를 손으로 넘기는 동작을 100퍼센트 동일하게 재현해낼 수가 없습니다. 그래서 전자책 디바이스로 어떻게 하면 사용자에게 익숙한 환경을 제공할 수 있을지, 최대한 빠르게 적응할 수 있게 도와줄 수 있을지를 고민해야 할 것입니다. 그렇게 실현 가능한 부분과 한계점을 모두 고려해 디자인한 전자책 디바이스는 사용자에게는 콘셉트 모델이 됩니다. 그렇게 디자인한 제품이 사용자에게 제공하는 경험인 것입니다.

---

12 이미지 출처: interestingengineering

제품을 디자인할 때는 멘탈 모델과 콘셉트 모델을 놓고 무엇이 더 좋다, 안 좋다의 이분법적 사고를 하지 말고 두 가지를 모두 고려해서 제품을 만들어 나간다고 생각하면 좋습니다. 사용자가 가지고 있는 기대치와 회사가 가지고 있는 기술과 리소스, 한계치를 균형 있게 고려해야 합니다. 그리고 멘탈 모델, 즉 사용자가 제품에 대해 가지고 있는 기대치를 뛰어넘는 콘셉트 모델을 제안할 수 있다면 아주 이상적입니다.

이제 디지털 환경에서의 UX 예시를 통해 멘탈 모델과 콘셉트 모델을 살펴보겠습니다.

다음 그림은 아이폰 앱의 아이콘들입니다. 왼쪽은 아이폰이 출시된 초창기인 2000년대 후반의 아이콘 디자인입니다. 그리고 2010년대에 아이폰의 디자인이 대대적으로 업데이트됐는데, 오른쪽 그림은 그때를 기점으로 제공되는 아이콘 디자인의 모습입니다.

그림 2.15 iOS 6(왼쪽)와 iOS 7(오른쪽)[13]

---

13 이미지 출처: Apple

한 가지 큰 차이는 왼쪽 아이콘이 굉장히 현실적이라는 것입니다. 전반적으로 아이콘이 입체적인 느낌이 강합니다. 사진(Photos) 앱에는 실제 꽃 사진이 들어가 있고, 카메라(Camera) 앱에는 렌즈 모양을 넣어서 마치 실제 렌즈를 만질 수 있고 튀어나올 것처럼 보입니다.

이러한 차이점을 언급하는 이유는 아이폰이 막 출시된 당시에는 사람들이 지금처럼 하루 종일 스마트폰으로 인터넷을 하고 일상에서 많은 것을 스마트폰으로 해결하지는 않았기 때문입니다. 또한 디지털 스크린을 터치하는 방식보다는 물리적인 버튼을 누르는 방식이 더 흔했습니다. 디지털 카메라를 들고 다니면서 셔터를 누르면서 촬영했고, MP3 플레이어를 따로 들고 다니면서 재생, 이전/다음 곡 재생 등의 물리적인 버튼을 눌렀습니다. 캘린더 역시 물리적인 달력 또는 다이어리를 활용해 일정을 관리하는 일이 더 많았습니다.

그렇다 보니 앱의 아이콘을 디자인할 때 역시 입체적인 느낌, 실물과 같은 느낌이 최대한 많이 느껴지게 만들었던 것 같습니다. 이처럼 사실적으로 앱 아이콘이나 앱, 웹사이트를 디자인하는 것을 스큐어모피즘(Skeuomorphism) 스타일이라고 합니다.

그런데 시간이 흐르면서 사람들이 스마트폰을 일상적으로 사용하고, 스크린 기반의 사용자 경험에 많이 익숙해졌습니다. 그래서 더 이상 아이콘이 밖으로 튀어나올 것처럼 입체적으로 디자인하지 않아도 사람들이 받아들일 수 있게 됐습니다.

그림 2.16의 예시는 아이폰의 계산기 앱 디자인입니다. 왼쪽은 초창기 버전으로, 버튼이 입체적입니다. 당시는 이렇게 해야 사람들이 버튼으로 인식했던 반면, 현재는 오른쪽처럼 평평해도 사람들이 누를 수 있는 버튼이라는 사실을 예전보다 더 잘 인지하게 됐습니다.

그림 2.16 플랫(flat) 디자인 이전의 계산기 앱(왼쪽)과 플랫 디자인의 계산기 앱(오른쪽). [14]

아이폰 사례를 통해 멘탈 모델과 콘셉트 모델을 정리해보겠습니다. 사용자들이 카메라나 계산기 등에 대해 물리적인 기기를 쓰는 멘탈 모델을 갖고 있던 환경에서 애플은 아이폰이라는 콘셉트 모델을 제공할 때 멘탈 모델을 최대한 고려해서 아이콘과 앱을 입체적으로 디자인했습니다. 즉, 사람들이 무엇에 익숙한지를 고민했고, 이를 콘셉트 모델에 녹였다고 볼 수 있습니다. 그리고 시간이 흐르면서 사람들이 스마트폰을 통해 모든 것을 해결하기 시작하고 물리적인 기기를 점점 덜 사용함에 따라 조금 입체감이 떨어지는 플랫한 디자인(새로운 콘셉트 모델)을 제공해도 크게 거부감을 느끼지 않게 됐습니다.

2.5 _ 대응의 원리

그림 2.17은 디자인이 다른 두 가지 가스레인지입니다. 왼쪽은 조작 버튼이 아래에 일자로 나열돼 있고, 오른쪽은 조작 버튼이 가스불이 나오는 부분과 유사한

---

14 이미지 출처: Apple

형태로 사각형 배열을 하고 있습니다. 어떤 디자인이 사용자에게 더 편리할까요?

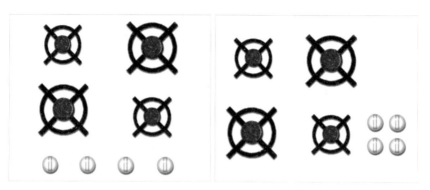

그림 2.17 다른 형태로 디자인된 가스 레인지[15]

질문의 답을 대응(mapping)의 원리를 통해 설명하겠습니다.

대응의 원리란 통제 장치(controller)를 작동할 때 나오는 인터페이스나 디스플레이 등의 결과물을 사용자가 예측 가능하게 디자인하는 것을 말합니다.

그림 2.18과 같은 자동차 핸들이 있습니다. 자동차 핸들은 왼쪽, 오른쪽으로 돌리는 방식으로 사용할 수 있습니다. 운전을 해본 사람이라면 누구나 알듯이, 핸들을 오른쪽으로 돌리면 자동차는 오른쪽으로 이동하고 왼쪽으로 돌리면 자동차는 왼쪽으로 갑니다. 즉, 사용자가 동작하는 방향에 맞춰 자동차가 가는 방향이 정해집니다.

만약 핸들을 왼쪽으로 돌렸을 때 자동차가 오른쪽으로 가게 설계됐다면 어떨까요? 아마 교통사고율이 지금보다 크게 높아질 것입니다. 사용자가 예측하지 못한 방향으로 자동차가 이동하기 때문입니다.

---

15 이미지 출처: 위키피디아

그림 2.18 자동차 핸들[16]

이런 관점에서 다시 가스 레인지 사례를 살펴보면 오른쪽 디자인은 사용자가
조작하는 버튼과 화구의 위치가 잘 대응돼 있습니다. 사용자가 조작 버튼을 눌
렀을 때 가스불이 어디에서 나올 것인지 쉽게 예측됩니다.

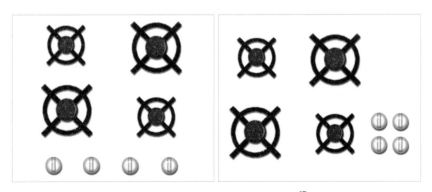

그림 2.19 다른 형태로 디자인된 가스 레인지[17]

그러면 첫 질문으로 다시 돌아가서, 이 둘 중 어떤 것이 사용자에게 더 편리한
가를 생각해 볼까요? 대응의 원리 측면에서는 분명 오른쪽 방식이 더 낫다고

---

16 이미지 출처: Unsplash
17 이미지 출처: 위키피디아

볼 수 있습니다. 하지만 종합적으로 봤을 때도 그런가에 대해서는 다른 관점에서도 생각해볼 여지가 있습니다.

앞에서 멘탈 모델을 언급했습니다. 멘탈 모델은 사용자가 느끼는 익숙함과 관련이 있습니다. 왼쪽의 가스레인지 방식이 시장에서 통용되는 대부분의 가스레인지 디자인이라고 한다면 어쩌면 사용자들은 왼쪽 디자인에 더 익숙함을 느낄 수도 있습니다. 만약 그렇다면 왼쪽 디자인이 사용자에게 더 좋은 경험이 될 수 있는 것입니다. 그래서 대응의 원리 외에도 다양한 측면을 함께 고려하고 고민하는 것이 좋습니다. 참고로 디자이너는 수학 문제처럼 하나의 정답이 정해진 문제가 아니라 이처럼 애매모호함 속에서 더 나은 방법을 찾아야 할 때가 많습니다. 그래서 끊임없이 더 나은 방향이 무엇인지를 고민해야 합니다.

대응의 원리에 관한 예시를 하나 더 살펴보겠습니다. 다음 그림은 자동차의 좌석을 눕히거나 젖힐 수 있는 좌석 컨트롤러입니다. 그런데 이 컨트롤러가 좌석의 모양과 굉장히 흡사합니다. 그래서 목 부분을 누르면 목 부분이 움직이고, 허리 부분을 누르면 좌석의 허리 부분이 움직일 거라고 쉽게 예측할 수 있습니다. 즉, 대응의 원리가 매우 잘 적용돼 있다고 볼 수 있습니다.

그림 2.20 자동차 좌석의 형태를 띤 좌석 컨트롤러 [18]

---

18 이미지 출처: mbworld

웹 사이트의 UX 사례를 한 가지 보겠습니다. 다음 그림은 '구글 포토(Google Photos)'라는 제품입니다. 저도 자주 사용하는 제품인데, 이곳에서는 사진을 업로드하고 볼 수 있습니다. 대응의 원리와 연결해서 살펴볼 부분은 다음 그림에서 오른쪽에 스크롤 바가 나타나는 영역입니다. 페이지 오른쪽을 보면 타임라인이 표시되는데, 위쪽으로 갈수록 현재와 가까운 시점의 사진들을, 아래쪽으로 갈수록 과거 시점에 해당하는 사진이 있습니다. 대응의 원리 관점에서 봤을 때 구글 포토가 잘 디자인됐다고 생각되는 것은 타임라인을 적용해 위로 갈수록 근래에 업로드한 사진이 나오고, 아래로 갈수록 과거의 사진이 나오겠구나, 라는 생각이 쉽게 들게, 즉 조작에 따른 결과를 쉽게 예측할 수 있게 디자인했다는 것입니다.

그림 2.21 구글 포토의 오른쪽에 배치된 타임라인 UI [19]

---

19 이미지 출처: Google Photos

이 타임라인이 없었다면 각 사진이 언제 찍혔는지 알기 위해 사진을 하나 하나 눌러 상세정보를 확인해야 하는 불편함이 있었을 텐데, 구글 포토가 이러한 불편함을 해결해주고 있습니다.

2.6 _ 슈퍼마켓에서 배우는 정보 설계

UX 분야를 공부하다 보면 자주 나오는 용어로 정보 설계라는 말이 있습니다. 영어로는 Information Architecture라고 하고, 줄여서 IA라고 부르기도 합니다.

정보 설계를 하는 이유는 웹사이트 또는 앱에서 제공하는 수많은 정보 가운데 사용자가 원하는 정보를 더 쉽게 찾을 수 있게 정보를 카테고리별로 잘 정리해서 궁극적으로 사용자가 자신이 원하는 바를 쉽게 성취하게 하는 데 있습니다. 비유하자면, 사람들이 목적지에 도달할 수 있게 길을 잘 만들어주는 것이라고 할 수 있습니다.

정보 설계라는 용어만 놓고 보면 꽤 어렵게 들릴 수 있지만 알고 보면 우리의 일상과 전혀 동떨어지지 않은 단순한 개념입니다. 일상에서 자주 접하는 슈퍼마켓에서의 경험을 통해 정보 설계를 설명해 보겠습니다.

슈퍼마켓에 가면 정말 많은 상품이 있습니다. 그중에서도 과일 코너, 야채 코너, 캔 음식 코너 등 다양한 음식 재료 카테고리가 있습니다. 그런데 여러 가지 제품이 기준 없이 모두 섞여 있다고 가정해보겠습니다. 캔 음식과 사과가 섞여 있고, 신선식품이 많아 보이는 코너에 갔는데 냉동식품이 있다면 찾고자 하는 제품이 어디에 있을지 쉽게 예측할 수 없어 혼란스러울 것입니다. 그래서 경험을 설계하는 사람들은 카테고리별 분류를 명확하게 해야 합니다. 숲과 나무에 비유하자면 사용자로 하여금 먼저 숲에 해당하는 상위 카테고리를 이해하기 쉽

고 명확하게 설정하고, 나무에 해당하는 하위 카테고리 또는 카테고리 내 제품
이 무엇이 있는지 쉽게 찾을 수 있게 해야 합니다. 예를 들어, 신선 식품 코너에
가면 과일 코너가 있고, 과일 코너에 가면 사과가 있음을 알게 하는 것입니다.
이것이 정보 설계입니다.

그림 2.22 슈퍼마켓의 카테고리 분류 방식[20]

슈퍼마켓의 카테고리를 정보 설계의 관점에서 정리하면 다음과 같습니다.

최상위 카테고리는 캔 음식, 신선 식품, 냉동 식품 코너와 같이 분류할 수 있습
니다. 신선 식품은 과일, 야채와 같은 하위 카테고리로 분류할 수 있고, 과일 안
에 최종 상품인 사과, 귤 같은 것이 있을 수 있습니다.

이처럼 특정 분류를 기준으로 제품을 그룹화해서 보여주면 사용자 입장에서는
일단 신선 식품 코너에 가면 왠만한 과일은 다 있다는 것을 알 수 있습니다. 정
보 설계에서는 이렇게 분류를 잘 하는 것이 중요합니다. 참고로 상품을 분류법
에 따라 분류하다 보면 명확하지 않고 애매모호한 상황을 마주하게 되는 경우
가 있습니다. 예를 들어, 토마토를 분류해야 한다고 가정해보겠습니다. 토마토
는 보는 견해에 따라 과일로 분류하기도 하고, 채소로 분류하기도 합니다. 그렇

---

20 이미지 출처: supermarketnews.com의 이미지를 재가공했습니다.

다면 어디에 넣을지 고민이 될 수 있습니다. UX 설계자는 이런 경우 사용자 테스트 또는 리서치를 통해 더 나은 분류 방식을 찾아야 합니다.

그럼 이러한 정보 설계가 디지털 영역에서는 어떻게 적용되는지 사례를 하나 살펴보겠습니다.

다음은 스니커즈로 미국의 스타트업 업계에서 각광받기 시작해서 지금은 세계적인 브랜드가 된 신발 브랜드 올버즈(allbirds)의 웹사이트[21]입니다. 이곳에서는 신발 및 옷 관련 상품을 주문할 수 있습니다.

그림 2.23 올버즈 웹사이트[22]

이곳에 들어가면 올버즈의 상품과 관련해서 왼쪽 상단의 최상단 메뉴가 다음 세 가지로 구성돼 있습니다.

- Men: 남성용 상품 모음

---

21 https://www.allbirds.com/
22 이미지 출처: Allbirds

- Women: 여성용 상품 모음

- New Arrival: 신상품 모음

올버즈는 해당 웹사이트에 들어올 사용자가 크게 두 가지 부류, 즉 남자와 여자로 나뉠 것으로 보고 여기서부터 정보 설계를 시작한 것으로 보입니다. 사용자 입장에서는 올버즈 웹사이트에 들어오면 남성용 상품, 여성용 상품으로 크게 나뉘어 있는 것을 보고 자신에게 해당하는 메뉴를 누르게 될 것입니다. 그리고 신상품은 남/여 구분과 별도로 두어 방문자들의 눈에 잘 띄게 했습니다. 마치 슈퍼마켓에 갔을 때 특별 이벤트 시식 코너가 있어서 기본 카테고리에만 관련 상품을 두는 것이 아니라 시식 코너에도 두어서 사람들에게 정보를 잘 알리고 구매를 유도하는 것과 같습니다.

이제 하위 메뉴 중 하나를 살펴보겠습니다. 남성용 상품 메뉴를 누르면 다음과 같은 하위 메뉴가 나옵니다.

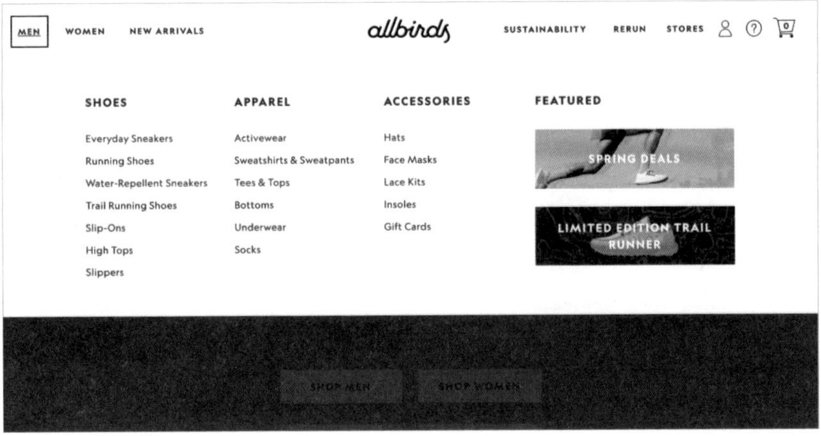

그림 2.24 올버즈 웹사이트의 메뉴[23]

---

23 이미지 출처: Allbirds

- Shoes(신발)
- Apparel(옷)
- Accessories(액세서리)
- Featured(이벤트 상품)

메뉴를 보면 올버즈의 상품 분류에 따라 위와 같이 2단계 하위 메뉴를 구성했습니다. 그리고 한 단계 더 들어가서, 즉 3단계로 메뉴가 제공되는데, Shoes에서는 러닝화, 일상 스니커즈, 샌들 등의 메뉴가 나옵니다. 이처럼 올버즈는 최상위부터 여러 단계에 걸쳐 하위 메뉴를 구성했습니다. 참고로 저는 올버즈를 신발만 판매하는 곳으로 알고 있었는데, 이 메뉴 구성을 통해 옷과 액세서리도 판매하는 곳이라는 것을 알게 됐습니다. 사용자 입장에서는 메뉴를 통해 원하는 상품을 빠르게 찾을 수도 있지만 웹사이트에 어떤 정보가 있는지, 즉 내가 무엇을 구매할 수 있는지 학습할 수 있습니다. 이에 대해서는 다음 절의 '사용자 의도'라는 개념을 통해 더 자세히 알아볼 예정입니다.

그다음 특정 메뉴를 누르면 실제 상품 리스트를 확인할 수 있습니다.

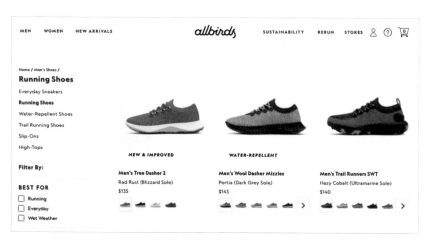

그림 2.25 남성용 상품 메뉴에서 하위 메뉴인 러닝화를 클릭했을 때 나오는 상품 리스트 [24]

---

24 이미지 출처: Allbirds

올버즈가 만약 남여 구분 없이 상품을 섞어서 보여줬다거나 남성용 메뉴의 하위 메뉴인 러닝화, 스니커즈 등이 없었다면 사용자는 많은 상품 리스트에서 자신에게 맞는 상품을 찾기 위해 더 많은 시간을 들이거나 최악의 경우 원하는 것을 아무것도 찾지 못할 수 있습니다. 사용자에게 시간은 금과 같다는 것을 고려한다면 이는 사용자의 시간을 낭비하게 만드는 것이고, 결과적으로 비즈니스에도 악영향을 미치게 될 것입니다.

정리하자면, 정보 설계란 사용자가 제품에서 무엇을 하고 얻을 수 있는지, 즉 사용자가 원하는 정보를 잘 얻을 수 있게 성격에 따라 카테고리를 잘 분류하는 것입니다. 정보 설계를 잘 하면 궁극적으로 사용자가 원하는 것을 얻을 수 있고, 사용자가 겪는 문제를 해결할 수 있으며, 이는 곧 사업의 성패와 직결됩니다.

2.7 _ 사용자 의도

정보 설계와 더불어 '사용자 의도(User Intent)'라는 개념에 대해 이야기해보겠습니다. 사용자 의도는 높고 낮음으로 분류할 수 있습니다. 사용자 의도가 높다는 것은 사용자가 어떤 제품을 사기 위해 웹사이트에 들어왔을 때 자신이 무엇을 할지 잘 알고 있고, 그 태스크를 완료하기 위해서 구체적으로 절차를 밟아나갈 수 있음을 의미합니다.

슈퍼마켓에서의 경험을 통해 설명해보겠습니다. 사과를 사고 싶다고 해봅시다. 사과 중에서도 A라는 종류의 사과를 산다는 목적이 있습니다. 그렇다면 높은 사용자 의도를 갖고 있는 것입니다. 그러면 슈퍼마켓에 가서 바로 신선 식품 코너를 찾아갈 것이고, 바로 과일 코너로 간 다음, 원하는 종류의 사과를 집어서 계산대로 향할 것입니다. 이 경우 찾고자 하는 상품이 분명하고, 구매의사가 높기 때문에 사용자 의도가 높다고 할 수 있습니다.

이와 반대로 낮은 의도를 갖고 있는 사용자는 대략적인 목표는 있지만 그것을 실행하기 위해서 구체적으로 무엇을 해야 할지 모릅니다. 달리 말하면 리서치하는 단계라고 볼 수 있습니다. 이번에도 슈퍼마켓에서의 경험을 예로 들자면, 지금 배가 고픈데 허기를 달래기 위해 무엇을 먹어야 할지 생각이 나지 않습니다. 그래서 일단 슈퍼마켓에 들어가서 무엇을 살 수 있는지 확인해보고 사야겠다고 생각합니다. 이 경우 슈퍼마켓에 들어가서 각 코너가 어떤 종류의 식재료를 파는 곳인지 살펴볼 것입니다. 신선 식품에는 수박이 있고, 캔 음식 코너에는 참치캔이 있구나, 라고 학습하게 됩니다. 배고픔을 달래기 위해 구입할 수 있는 품목이 무엇이 있는지 배우고 그것을 토대로 결정을 내리게 됩니다. 이러한 경우 사용자 의도가 낮다고 볼 수 있습니다.

앱이나 웹사이트를 만드는 디자이너는 사용자의 의도가 높은 경우와 낮은 경우를 모두 고려해서 디자인해야 합니다. 그래서 양측 사용자를 모두 만족시켜야 합니다. 개인적으로는 낮은 의도의 사용자를 더 많이 고려해서 제품 발견의 가능성을 높여야 한다고 생각합니다. 왜냐하면 낮은 의도의 사용자는 자신이 들어온 웹사이트나 앱에서 무엇을 어떻게 해야 할지 잘 모르고 헤매거나 혼란을 겪기 쉽기 때문입니다. 이런 사람들이 웹사이트나 앱에 대해 잘 학습할 수 있게 도와준다면 그들이 원하는 것을 얻게 되고, 결과적으로는 웹사이트나 앱을 만드는 회사의 성공에도 도움을 줄 수 있기 때문입니다.

사용자가 아마존과 같은 온라인 쇼핑 사이트에서 물건을 산다고 가정해 봅시다. 아마존은 유명한 서비스라서 사용자가 아마존에서 무엇을, 어떻게 살 수 있는지는 이미 어느 정도 알고 있을지도 모릅니다. 그래서 필요한 학습 정도가 그렇게 크지 않을 수 있습니다. 하지만 UX 디자인을 하는 사람은 늘 이렇게 유명한 서비스만 기획하고 디자인하지 않습니다. 신생 스타트업에 들어가서 세상에 없던 서비스를 만들어야 할 수도 있고, 대기업에 들어가더라도 혁신팀과 같은 조직에 속해 스타트업과 동일하게 대부분의 사용자가 전혀 모르는 신규 서비스를 기획하고 디자인해야 할 수도 있습니다.

이러한 경우 사용자는 해당 서비스가 무엇을 하고 무엇을 파는 곳인지 모를 수 있습니다. 이때 디자이너는 사용자가 쉽게 학습해서 원하는 것을 얻을 수 있게 도와줘야 합니다. 이 부분을 염두에 두고 디자인하기 바랍니다. 이번에도 역시 예시를 통해 설명하겠습니다.

젯닷컴(Jet.com)은 미국의 이커머스 쇼핑몰입니다. 지금은 월마트에 인수되어 존재하지 않는 웹사이트지만 젯닷컴의 예전 웹사이트가 높은 사용자 의도와 낮은 사용자 의도를 모두 아주 잘 고려했다고 생각합니다. 다음 그림은 젯닷컴의 메인 홈페이지입니다. 웹브라우저의 주소창에서 jet.com을 입력하면 나오는 화면이라고 보면 됩니다(현재는 서비스되지 않습니다).

그림 2.26 젯닷컴 홈페이지 화면[26]

---

25 이미지 출처: Jet.com

웹사이트의 최상단 영역에 Jet이라는 로고와 함께 타이틀이 표시됩니다. 참고로 웹페이지에서 최상단 부분을 가리켜 히어로(Hero) 영역이라고 부릅니다. 영웅이라는 뜻처럼 해당 페이지에서 사용자가 스크롤을 내리지 않고도 보게 되는 가장 중요하고 가장 비싼 지점이기 때문입니다.

타이틀은 "엄선한 브랜드와 생필품을 한곳에서 쇼핑하세요!(Shop curated brands and city essentials, all in one place)"라고 써 있습니다. 이 한 문장만 봐도 어떤 물건을 파는 곳인지 알 수 있습니다.

그리고 화면 상단에서는 카테고리를 보여줍니다. 생활용품, 패션, 미용, 식재료, 기타로 분류해서 보여주고 대표 사진을 보여줌으로써 낮은 의도의 사용자가 이곳이 무엇을 파는 곳인지 전반적으로 학습할 수 있게 하고 있습니다. 또한 높은 의도의 사용자는 이 카테고리 구분을 통해 자신이 원하는 제품을 빠르게 찾을 수 있습니다.

그다음에는 하위 카테고리로 추가 학습을 도와줍니다. 그림 2.26을 캡처한 시기가 여름이었는데, 그래서인지 하위 카테고리에 여름용 야외용품, 여름용 패션 상품, 여름용 미용 상품을 보여주고 있습니다. 이 또한 사용자가 이곳에서 무엇을 살 수 있겠구나, 하고 예상하게 도와줍니다.

마지막으로는 실제 판매 중인 상품을 보여줍니다. 정보 설계 관점에서 볼 때 최상단 카테고리부터 중간 카테고리를 보여준 것은 아주 잘한 부분입니다. 그리고 상세 상품 리스트를 보여줌으로써 사용자가 이 웹사이트에서 실제로 구매할 수 있고, 어떤 행동을 취할 수 있구나, 라고 예상하게 해줍니다. 사용자에 따라 이곳이 블로그처럼 정보만 제공하는 곳으로 인식할 수도 있기 때문에 이러한 상품 판매 이미지를 보여주는 것은 도움이 많이 됩니다.

슈퍼마켓에 가면 카테고리만 어떤 표지로 보여주는 것이 아니라 슈퍼마켓에 입장하자마자 열린 공간에 카테고리와 함께 실제 상품들이 잔뜩 보입니다. 이런 의미에서 슈퍼마켓은 정보 설계와 사용자 의도가 아주 잘 고려된 곳이며, UX 디자인을 하기 위해 배울 것이 참 많은 곳이기도 합니다.

2.8 _ UX 디자인 원리를 더 공부하기 위한 팁

지금까지 UX 현업에서 일할 때 활용할 수 있는 UX 디자인 원리에 대해 이야기했는데, 어떠셨나요? 제가 몇 번 언급해서 눈치 챘을 수도 있지만 UX 디자인에서는 '1+1=2'와 같은 수학 문제처럼 단 하나의 정답으로 딱 떨어지는 일이 별로 없습니다. 사용자에게 가치를 전달하기 위해 매 순간 최대한 많은 것을 고려하고 의사결정을 한다고 보는 게 맞습니다. 그리고 사용자가 겪는 여러 가지 어려움과 문제에 대해 다각도에서 생각하려면 사고의 폭을 넓혀야 합니다. 이때 UX 디자인 원리를 많이 알고 있을수록 빛을 발하게 됩니다.

여기서 소개한 UX 디자인 원리들은 업계에서 널리 알려진 것들입니다. 이 원리를 알면 앞으로 디자인을 하는 데 도움이 많이 될 것입니다. 그리고 더 중요한 것은 더 많은 원리와 사례를 공부하며 사고의 폭을 계속해서 넓혀야 한다는 것입니다. 저 역시 10년 넘게 일했지만 항상 지식과 경험의 부족을 느끼고 더 공부해야겠다는 생각을 합니다. 이 책에서 소개한 바를 발판으로 삼아 더 많은 UX 디자인 원리를 계속해서 공부하기를 권장하며, 마지막으로 제가 UX 디자인 원리를 공부하기 위해 활용한 방법을 알려드리겠습니다.

첫째, 사례 조사하기

원리를 잘 이해하기 위해서는 사례를 최대한 많이 조사해보는 것이 중요합니다. 사례를 조사한다는 게 막연하게 들릴 수도 있는데, 사실 쉽게 할 수 있습니다. 매일 쓰는 앱이나 웹사이트를 보면서 불편함을 느낀다면 왜 불편한지 생각해보고 적어보는 겁니다. 그리고 이 불편함을 해결하기 위해 무엇을 할 수 있을지 생각해보고, 가능하다면 내가 알고 있는 UX 디자인 원리를 통해 해결할 수 있는지 한 번 생각해보는 겁니다.

둘째, UX 관련 서적 읽기

UX 디자인 원리를 공부하는 가장 좋은 방법이라고 생각합니다. 저 역시 책을 통해 많은 것을 배웠고, 지금도 배우고 있습니다. 제가 추천하는 UX 디자인 원리에 대한 책을 10장 'UX/UI 디자인을 더 공부하기 위한 추천 자료'에 정리했습니다. 이 추천 도서들은 대부분 업계에서 오랫동안 교과서처럼 여겨지고 있으며 꼭 읽어볼 것을 권합니다.

셋째, 기사/칼럼과 지식 공유 웹사이트 참고하기

좋은 UX 디자인 원리에 대해 이야기하는 브런치 글이나 블로그 글을 찾아보거나 관련 웹사이트를 꾸준히 보는 것도 도움이 됩니다. 특히 저는 닐슨 노먼 그룹(http://www.nngroup.com/)을 자주 활용합니다. 닐슨 노먼 그룹은 UX 디자인 업계의 구루로 인정받는 도널드 노먼과 제이콥 닐슨이 공동으로 설립한 UX 컨설팅 회사로, 웹사이트에서 다양한 UX 디자인 원리를 소개하고 있습니다. 좋은 점은 이론뿐 아니라 적용 사례도 많이 제공하고 있어 현업에서 활용하는 데 도움이 많이 된다는 점입니다.

2.9 _ 요약 포인트

디자인 원리를 왜 알아야 할까?

디자인 업계에서 많은 시행착오를 통해 디자인을 하는 데 도움이 된다고 검증된 디자인 원리들이 있으며, 입문자 입장에서는 이 원리들을 많이 알수록 시행착오를 줄여 빠르게 실력을 키울 수 있습니다. 또한 이러한 원리들은 함께 일하는 사람들과 커뮤니케이션하는 데 효과적입니다.

일관성의 원리

사용자는 일관된 환경에서 제품을 사용할 때 혼란을 겪지 않습니다. 이를 위해 디자이너는 운영체제의 규칙을 공부해야 하고, 제품에 자체적인 규칙도 세워야 합니다.

행동 유도성의 원리

행동 유도성은 사용자가 제품을 봤을 때 직관적으로 어떻게 사용해야 할지 알게 하는 것을 말합니다. 사용자가 제품을 사용할 때 어떤 행동을 취해야 할지 고민하거나 어렵게 만들어서는 안 됩니다.

멘탈 모델과 콘셉트 모델

멘탈 모델은 사용자가 제품에 대해 가지고 있는 기존의 기대치를 말합니다. 콘셉트 모델은 제품이 제공하는 경험이나 인터페이스를 말합니다. 디자이너는 이 두 가지를 모두 고려해서 사용자에게 적합한 사용 경험이 무엇인지 고민해서 만들어야 합니다.

대응의 원리

대응의 원리는 통제장치를 작동할 때 나오는 인터페이스, 디스플레이 등의 결과를 사용자가 예측 가능하도록 디자인하는 것을 말합니다.

슈퍼마켓에서 배우는 정보 설계

슈퍼마켓에 가면 사과는 신선 식품 코너에, 참치캔은 캔 음식 코너에 진열돼 있는 것처럼, 정보 설계는 사용자가 제품을 사용할 때 수많은 정보 중에서 원하는 정보를 더 쉽게 찾을 수 있도록 정보를 카테고리별로 잘 정리해서 제공하는 것을 말합니다.

사용자 의도

사용자 의도는 무언가를 하고자 하는 생각으로, 사용자 의도가 높다는 것은 구체적으로 무엇을 할지 결정됐다는 의미로 볼 수 있습니다. 의도가 낮다는 것은 사용하고자 하는 마음은 있으나, 아직 뚜렷하게 무엇을 할지 결정되지는 않았다는 뜻입니다. 슈퍼마켓에 갈 때 '사과를 살 것이다'라는 구체적인 계획이 있다면 의도가 높다고 할 수 있고, 배는 고프지만 뭘 먹어야 할지 모르는 상태에서 '일단 슈퍼마켓에 가서 살펴보자'라고 한다면 의도가 낮다고 할 수 있습니다.

03

UI 디자인을
잘할 수 있도록 도와주는
디자인 원리

3.1 _ 디자인 비전공자도 UI 디자인을 할 수 있을까?

앞서 UI 디자인은 사용자가 직접 마주하게 되는 제품의 시각적 영역을 디자인하는 것이고, 시각 언어의 규칙을 만드는 것이라고 했습니다. 그리고 UI 디자인은 5장 '사용자를 끌어당기는 UX는 어떤 프로세스를 통해 만들어질까?'에서 다룰 디자인 씽킹의 5단계에서 아이디어 도출과 프로토타입 단계에서 해야 하는 핸드 스케치, 로우파이 프로토타입 제작, 하이파이 프로토타입 제작과 깊은 관련이 있습니다.

그중에서도 특히 하이파이 프로토타입과 개발자에게 넘기는 핸드오프는 높은 시각적 완성도와 퀄리티를 요구합니다. 그러다 보니 입문자 입장에서는 자연스럽게 다음과 같은 질문이 나올 수 있습니다.

> *"시각적인 감각이 없고 디자인 전공을 하지 않았는데,*
> *UI 디자인을 할 수 있을까요?"*

UI 디자인이 시각적 완성도가 높은 결과물을 만드는 일이라서 선천적으로 시각적인 감각이 뛰어나야 한다고 생각하는 분들이 있습니다. 제 생각은 그렇지 않습니다. 2010년대 중반을 기준으로 UI 디자인의 트렌드에 큰 변화가 있었습니다. 디자인 스타일이 장인 수준의 실력을 요구하던 스큐어모피즘에서 훨씬 단순한 요소를 추구하는 플랫 디자인으로 트렌드가 바뀐 것입니다. 이로 인해 이전처럼 장인 수준의 감각이나 실력이 없어도 UI 디자인에 진입할 수 있는 장벽이 상대적으로 낮아졌습니다.

또한 좋은 UI 디자인 템플릿이 오픈소스로 많이 공개돼 있어 구글에서 검색만 해도 쉽게 찾고 사용할 수 있습니다. 이러한 템플릿만 잘 활용해도 앱이나 웹사이트 디자인을 평균 이상으로 만들 수 있습니다.

그리고 무엇보다 UI 디자인을 빠르게 잘할 수 있는 원리가 있습니다. 시각적인 감각을 타고나지 않더라도 디자인 원리와 이론을 꾸준히 공부하고 실전에 적용 해본다면 그것을 디딤돌 삼아 빠른 시간 안에 평균 또는 그 이상의 디자이너가 될 수 있습니다. 앞에서 언급한 다양한 디자인 원리가 '원리'로 불리게 된 이유는 앞선 여러 디자이너들이 갖은 시행착오를 통해 디자인 원리들이 도움이 됐다는 것을 검증했기 때문입니다. 그래서 원리를 잘 익히면 시행착오를 최소화하고 평 균 이상의 UI, 사용자가 납득할 수 있는 UI, 좋은 UI를 만들 수 있게 됩니다.

저는 첫 사회생활을 기획자로 시작했습니다. 그러다가 프로덕트 디자이너라는 포지션을 알게 되고 직군 전환을 결심하게 됐는데요, 그 과정에서 가장 고민됐 던 부분이 UI 디자인이었습니다. 당시 저는 시각적인 감각이 부족하다고 느꼈 기 때문에 과연 직군을 전환할 수 있을까에 대한 걱정이 앞섰습니다. 그런데 위 와 같은 방법들이 있어 결과적으로 직군 전환이 가능했고, 특히 디자인 원리를 공부하는 것이 크게 도움이 됐습니다.

이번 장에서는 제가 현업에서 일하면서 도움이 됐던 원리를 소개하고, 그것들 이 어떻게 도움이 됐는지 사례와 함께 살펴보겠습니다.

3.2 _ 유사성의 원리

첫 번째로 소개하고자 하는 원리는 유사성의 원리입니다. 유사성의 원리는 게 슈탈트라고 하는 심리 이론을 통해 소개된 개념입니다. 게슈탈트 심리 이론은 20세기 초 독일과 오스트리아 심리학자들이 소개한 개념인데, 사전적 의미는 형태, 배열입니다. 사람들이 무엇을 볼 때 개별적인 요소만 보는 것이 아니라 그 안에 있는 오브젝트 사이에서 어떤 패턴, 즉 공통점을 찾으려는 경향이 있다 는 것을 이 심리 이론에서 설명했습니다. 이것은 디자인 업계에서 나온 이론은 아니지만 UI 디자인을 하는 데 크게 도움이 될 수 있습니다.

유사성의 원리는 여러 가지 오브젝트가 섞여 있을 때 사람들은 유사한 것이 없는지 패턴을 찾으려고 한다는 것입니다.

그림 3.1을 보면 몇 가지 도형이 있습니다. 네모와 동그라미가 있는데, 이것을 볼 때 여러 동그라미를 하나의 묶음으로 보고 여러 네모를 하나의 묶음으로 보는 경향이 있다는 것입니다. 왜냐하면 그 형태가 유사하기 때문입니다. 이 원리가 UI 디자인을 하는 데 어떻게 도움이 될 수 있는지 예시를 통해 살펴보겠습니다.

그림 3.1 유사한 형태의 도형들은 하나의 묶음으로 보인다.

다음은 서핏이라는 서비스로, UX 디자인, 개발, 데이터 과학 등 테크 업계와 관련된 아티클들을 큐레이션하는 곳입니다. UX 디자인과 관련해서 좋은 글을 많이 소개하고 있어 개인적으로 애용하는 곳입니다.

그림 3.2 서핏의 화면[1]

---

1   이미지 출처: Surfit.io

이 사이트의 핵심 콘텐츠는 아티클입니다. 아티클은 위와 같이 카드 형태로 보여줍니다. 그리고 오른쪽에는 채용공고 서비스도 제공하는데, 작은 카드 형태로 제공합니다. 왼쪽과 위에는 내비게이션이 있습니다. 어떤 의도를 가지고 사용자가 더 쉽게 정보에 접근할 수 있게 화면을 구성한 것처럼 보이는데, 바로 유사성의 원리와 관련해서 그룹화된 것을 알 수 있습니다. 즉, 아티클은 아티클끼리 유사한 카드 형태로 돼 있고, 채용공고는 채용공고끼리 작은 카드 형태로 이루어져 있습니다. 각 아티클에서 사용하는 폰트 크기가 동일하고, 채용공고 카드에서 사용되는 폰트끼리 동일한데, 이 같은 유사성으로 그룹화돼 있습니다.

유사성으로 그룹을 묶는 또 다른 이유 중 하나는 시각적으로 어떤 계층을 만들어주기 때문입니다. UI 디자이너가 하는 일은 결국 시각 언어의 규칙을 만드는 것인데, 사용자가 제품을 사용할 때 보게 되는 많은 정보에서 디자이너는 무엇이 가장 중요한 콘텐츠고, 무엇이 부수적인 콘텐츠인지를 따져 우선순위에 따라 시각적으로 차별화해야 합니다. 한 마디로 질서를 만들어주는 것입니다. 그래서 아티클과 채용공고를 각각 그룹으로 묶고 두 그룹의 크기를 다르게 함으로써, 즉 아티클이 시각적 우선순위에서 더 우위에 있게 해서 사용자의 눈에 더 잘 띄게 한 것입니다.

만약 채용공고가 어떤 것은 작은 카드로, 어떤 것은 아티클만큼 큰 카드로 돼 있다면 어떨까요? 그러면 사용자 입장에서는 헷갈릴 수 있을 것입니다. 이 카드가 채용공고에 대한 것인지, 아니면 아티클에 대한 것인지 직관적으로 이해되지 않을 수 있기 때문입니다.

정리하자면, 유사성의 원리는 사용자가 시각적으로 유사한 요소들을 하나의 그룹으로 묶어서 본다는 것입니다. 디자이너가 유사성의 원리를 고려해서 화면을 디자인한다면 사용자가 같은 성격의 정보들을 보고 '아, 이 정보는 이곳에 있구나'라며 쉽게 찾을 수 있습니다. 그리고 가장 중요한 정보 묶음은 눈에 잘 띄게 해서 사용자가 빠르게 찾을 수 있게 도와줄 수 있습니다.

3.3 _ 근접성의 원리

게슈탈트 이론에 들어 있는 또 다른 원리 중 근접성의 원리가 있습니다. 이 원리는 사람들은 가까이에 있는 요소끼리는 연관성이 있다고 본다는 것입니다. 다음 도형을 보면 위에 있는 여섯 개의 점은 서로 붙어 있고 아래에 있는 3개의 점은 위쪽 점들에서 떨어져 있습니다. 이때 우리는 무의식적으로 위 6개의 점을 하나의 그룹으로, 아래 3개의 점을 하나의 그룹으로 보는 경향이 있습니다.

그림 3.3 서로 가까이에 있는 위의 점 6개가 하나의 묶음으로, 아래의 점 3개가 하나의 묶음으로 보인다.

근접성의 원리를 잘 알면 시각적 계층을 쉽게 만들어 사용자에게 더 쾌적한 UI를 제공할 수 있습니다. 예를 들어, 다음 그림에서는 사람과 출신 도시 정보를 나열하고 있습니다.

Bill Steward	Bill Steward
South Carolina	South Carolina
Jacob Jones	Jacob Jones
Iowa	Iowa
Annette Black	Annette Black
Wyoming	Wyoming
Leslie Alexander	Leslie Alexander
Oklahoma	Oklahoma
Eleanor Pena	Eleanor Pena
Northa Dakota	Northa Dakota
Cody Fisher	Cody Fisher
Washington	Washington

그림 3.4 근접성의 원리가 적용되지 않았을 때
(왼쪽)와 적용됐을 때(오른쪽)의 사례

왼쪽과 오른쪽을 비교해보기 바랍니다. 왼쪽은 텍스트 간 상하 간격이 거의 모두 동일합니다. 그런데 오른쪽은 도시명을 사람 이름에 가깝게 배치하고, 도시명과 사람 이름 사이에는 더 넓게 공백을 주었습니다. 즉, 오른쪽은 관계 있는 정보끼리 근접하게 배치해서 사람과 그 사람의 출신 도시가 더 빠르게 인지될 수 있게 도와줍니다. 반면 왼쪽 예시는 출신 도시가 위에 적힌 사람에 대한 것인지, 아니면 아래에 적힌 사람에 대한 것인지 조금 헷갈립니다. 이처럼 근접성의 원리는 사용자가 빠르게 관련성 있는 정보를 발견할 수 있게 도와줍니다.

이제 실질적으로 화면 UI를 디자인할 때 이 원리가 어떻게 활용될 수 있는지 살펴보겠습니다. 다음 그림은 미국의 월마트 웹사이트입니다. 카테고리별로 대표 제품의 사진이 있고, 그 아래에 제품 카테고리가 텍스트로 적혀 있습니다.

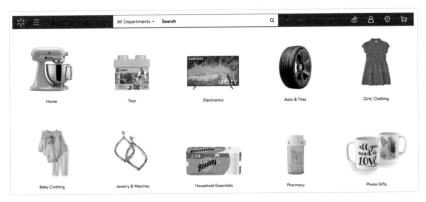

그림 3.5 월마트의 상품 카테고리 화면[2]

---

2   이미지 출처: Walmart

여기서 그림과 관련 텍스트를 가까이 붙여 놓았다는 점에 주목해야 합니다. 반면 근접성의 원리가 잘 적용되지 않은 경우에는 어떻게 보이는지 테스트해 보겠습니다. 그림 7.5의 화면을 임의로 다음과 같이 약간 수정했습니다.

그림 3.6 월마트의 상품 카테고리 화면을 근접성의 원리가 적용되지 않은 상태로 재구성 [3]

텍스트와 텍스트 아래의 이미지를 이전보다 가까이 붙여 놓았습니다. 이렇게 하니 텍스트가 위에 있는 이미지에 대한 것인지, 아래에 있는 이미지에 대한 것인지 빠르게 이해되지 않습니다.

근접성의 원리는 매우 상식적인 영역이라고 생각할 수 있지만 실무에서 신경 쓰지 않으면 쉽게 놓치는 경우가 많습니다. 기본이 탄탄해야 하는 만큼 근접성의 원리를 잘 지켜서 사용자가 더 쉽게 정보를 인지하고 이해하게 하는 것이 중요합니다.

---

[3] 이미지 출처: Walmart

3.4 _ 3초 룰과 스캔 용이성

사용자는 웹사이트에 방문했을 때 평균적으로 약 3초 안에 해당 웹사이트에 대한 첫인상을 형성한다고 합니다. 이 말은 곧 사용자는 3초만에 사이트에 머물면서 어떤 행동을 취할지, 아니면 페이지를 떠날지 결정한다는 의미입니다.

디자이너는 사용자가 어떤 페이지에 방문했을 때 아주 짧은 시간 동안 머문다는 점, 자신에게 필요한 정보를 빠르고 쉽게 얻지 못하면 바로 떠난다는 점을 고려해서 화면을 디자인해야 합니다. 이때 고려해야 할 것이 스캔 용이성입니다. 사용자가 화면에서 3초만 머문다는 것은 화면 내 내용을 자세히 읽지 않고 '스캔'하는 정도로 빠르게 파악한다는 것으로 이해할 수 있습니다. 그래서 디자이너는 사용자가 스캔을 더 쉽게 할 수 있게, 즉 '스캔 용이성'을 고민하면서 인터페이스를 디자인해야 합니다.

스캔이 쉽다는 것은 사용자에게 중요한 정보가 눈에 잘 들어온다는 것을 의미합니다. 화면 내 다른 요소 대비 중요한 정보가 눈에 더 잘 들어온다는 것은 중요한 정보가 시각적으로 도드라져 보인다는 것인데, 이를 위해 디자이너는 해당 정보의 크기를 다른 요소보다 더 크게 하거나 차별화된 색을 사용하거나 사용자의 읽는 흐름 속에서 자연스럽게 발견되게 해야 합니다.

예시를 하나 살펴보겠습니다. 다음 페이지의 그림 3.7은 제가 인프런[4]에서 운영 중인 피그마 UI 디자인 강의 페이지입니다.

화면에 많은 텍스트 정보가 있지만 모든 텍스트가 잘 보이는 것은 아닙니다. 주로 제목 텍스트와 가격 정보와 같이 사용자에게 가장 중요한 정보가 큰 폰트 크기로 적용돼 있고 잘 보입니다. 또한 '수강 신청' 버튼은 초록색으로 돼 있어 특별히 눈에 잘 띕니다.

---

[4] https://www.inflearn.com/

그림 3.7 인프런의 피그마 UI 디자인 강의의 상세 페이지 [5]

이처럼 특정 정보를 시각적으로 더 두드러지게 표현하는 것을 '시각적 계층(visual hierarchy)을 적용한다'라고 이야기합니다. 시각적 계층을 적용하면 사용자가 핵심 정보 위주로 빠르게 캐치해서 3초 내에 페이지에서 내가 무엇을 얻을 수 있을지 알 수 있게 도와줍니다. 그리고 페이지가 자기에게 도움이 될 것이라고 판단하면 3초를 넘어 더 많은 시간을 할애해서 추가 정보를 확인할 것이고, 다음 행동(앞의 예시에서는 수강신청)을 취할 것입니다.

스캔 용이성은 상식적인 것처럼 들릴 수 있지만 디자이너가 화면을 디자인할 때 종종 놓칠 수 있는 부분이기에 항상 염두에 두어야 하는 원리입니다. 그리고 스캔 용이성과 더불어 일관성까지 함께 고려한다면 더 시너지를 낼 수 있습니다. 예를 들어, 한 웹사이트에서 어떤 화면을 보든 주요 정보, 가령 메인 제목 텍스트의 폰트 크기가 동일하다면 사용자 입장에서는 더 쉽게 주요 정보가 어디에 있는지 파악할 수 있습니다.

---

5 이미지 출처: 인프런

3.5 _ CTA(Call-To-Action)의 중요성

CTA란 Call-To-Action, 즉 어떤 행동을 유도하는 요소를 의미합니다. 이번에는 CTA의 개념을 이해하고 이를 바탕으로 UI 디자인을 더 효과적으로 할 수 있는 방법을 이야기해보겠습니다.

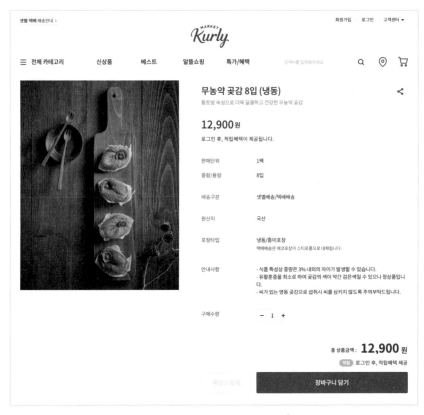

그림 3.8 마켓컬리의 상품 상세 페이지[6]

---

6   이미지 출처: 마켓컬리

CTA는 사용자가 다음 단계로 가는 행동을 할 수 있도록 제공되는 버튼이나 링크를 말합니다. 앞 페이지의 예시를 보면, 오른쪽 아래에 버튼이 있습니다. '장바구니 담기'는 배경색을 뚜렷하게 적용해 보여주고 있는데 CTA의 범주에 들어갈 수 있습니다.

디자이너는 화면을 설계하고 디자인할 때 크게 두 가지를 고려해야 합니다. 첫 번째는 사용자의 학습이고, 두 번째는 사용자의 행동입니다. 사용자가 어떤 페이지에 들어왔을 때 제일 먼저 하는 것은 해당 페이지에 대한 정보를 습득하는 것입니다. 앞의 마켓컬리 사례에서 사용자는 이미지와 제품 정보를 통해 내가 구매를 고민하고 있는 제품이 어떤 특성이 있는지 학습합니다.

사용자가 자신이 원하는 정보를 얻고 장바구니 담기와 같은 의사결정을 하기로 마음먹었을 때 사용자가 무엇을 해야 하는지 명확하게 알려주어야 합니다. 그런 의미에서 CTA는 학습과 행동 중 행동에 대한 부분을 책임지는 핵심적인 요소라고 할 수 있습니다. 사용자가 어떤 행동을 취하고 싶더라도 CTA 버튼이 화면에서 잘 보이지 않거나 CTA에서 제공되는 문구가 모호하고 명확하지 않다면 사용자는 다음 단계로 넘어가기 어려울 수 있습니다.

그리고 CTA 안에서도 중요도에 따라 메인 CTA와 부수적인 CTA 등으로 나눌 수 있습니다. 즉, 핵심 행동과 부수적인 행동이 있을 수 있습니다. 이때 핵심적인 행동은 더 명확하고 쉽게 할 수 있게 메인 CTA를 쓰고, 그 외의 CTA는 시각적으로 조금 약하게 표현해야 합니다. 이때 사용자의 심리도 고려할 필요가 있습니다. 사용자 입장에서 화면상에 CTA가 여러 개가 있는데, 모두 메인 CTA라면 눈을 어디에 두어야 할지 모를 수도 있습니다. 더 많은 사용자가 하게 되는 행동이 무엇인지 사전에 파악해서 이런 것은 눈에 잘 띄게 만들 필요가 있습니다.

이를 슈퍼마켓에 비유해서 설명해 보겠습니다. 슈퍼마켓에서 필요한 물건을 모두 카트에 넣고 나서 물건을 계산하기 위해서는 계산대로 가는 것이 일반적입니다. 필요에 따라 고객센터나 멤버십 안내센터와 같은 곳을 찾아가기도 하지만 필요한 물건을 모두 카트에 넣은 사람에게 계산대가 아닌 고객센터나 멤버십 센터만 눈에 보인다면 고객 입장에서는 계산대를 찾느라 고생해야 합니다. 여기서 계산대가 메인 CTA라고 볼 수 있습니다.

그래서 UI 디자인을 할 때는 사용자가 처한 환경이나 습득한 정보 등을 고려해서 그들에게 현재 가장 필요한 행동은 무엇인지를 판단해서 CTA가 여러 개 있을 경우 시각적인 계층을 만들어 표현하는 것이 효과적입니다.

CTA는 화면에서 아주 중요한 요소이기 때문에 디자이너는 많은 테스트를 거쳐야 합니다. 실무에서는 CTA만을 대상으로 여러 번에 걸쳐 A/B 테스트를 하기도 합니다. CTA 버튼의 크기를 변경해볼 수도 있고, 위치를 변경하거나 문구를 조정해보면서 화면 전환이 가장 잘 되는 옵션을 테스트합니다. 제가 일했던 회사에서는 CTA만 가지고 A/B 테스트를 꽤 많이 했는데, 그 비율이 전체 테스트 중 20퍼센트 이상이었습니다.

정리하자면, CTA는 사용자가 자신이 원하는 것을 이루게 하는 데 중요한 열쇠라고 볼 수 있습니다. 디자이너는 CTA를 명확하고 찾기 쉽게 해서 사용자가 원하는 바를 성취할 수 있게 도와줘야 합니다.

3.6 _ 디자인 시스템 이해하기

어떤 앱이나 웹사이트를 디자인하면 보통 많은 화면을 디자인하게 됩니다. 적게는 수십 개에서 많게는 수천, 수만 개 이상의 화면을 디자인하기도 합니다. 그런데 사용자가 보는 화면이 아무리 많아도 사용자는 여전히 그것을 하나의 제품으로 인식한다는 사실을 잊어서는 안 됩니다. 즉, 사용자가 앱을 열었는데 화면마다 사용하는 방식이 천차만별이고 화면을 이동할 때마다 마치 다른 앱을 연 것처럼 느껴서는 안 된다는 것입니다.

이 같은 혼란을 줄이기 위해서는 일관성이 필요한데, 이 일관성을 위해 만드는 것이 디자인 시스템입니다. 디자인 시스템은 재사용 가능한 구성 요소와 패턴을 사용해서 커져가는 제품의 디자인을 관리하기 위한 표준을 의미합니다. 디자인 시스템은 제품의 규모가 커져서 디자인해야 할 화면이 많아지더라도 시각 요소의 일관성을 유지하는 데 도움이 됩니다.

디자인 시스템은 재사용이 필요한 요소들을 컴포넌트로 정의해서 언제든지 복사 및 붙여넣기로 사용할 수 있게 해줍니다. 이렇게 요소가 재사용되면 여러 화면에 일관성을 부여합니다. 예를 들어, 화면의 메인 제목에 사용되는 텍스트를 'Heading 1'이라고 지정하고 어떤 화면이든 제목에 대해서는 이 스타일을 사용한다면 사용자는 일관성을 느끼고 화면 내에서 제공하는 정보를 더 빠르게 인식할 것입니다. 사용자는 시간을 아끼기 위해 화면 내 모든 콘텐츠를 정독하기보다는 스캔하는 경향이 있어 메인 텍스트를 먼저 찾을 수 있는데, 이때 모든 화면이 메인 텍스트에 큼직하고 동일한 폰트를 사용한다면 사용자가 자신이 원하는 바를 쉽게 찾는 데 도움이 됩니다. 반면, 화면마다 메인 텍스트의 크기가 제각각이라면 사용자는 매번 페이지의 제목이 무엇인지, 즉 페이지가 무엇에 대한 것인지 알아내기 위해 시간을 추가로 할애해야 할 것입니다. UI 디자인은 시각 요소에 대한 규칙을 정의해주는 것이라고 했습니다. 그렇기 때문에 디자인 시스템을 만든다는 것은 시각 요소에 규칙을 정해주는 아주 강력한 접근법이라고 볼 수 있습니다.

디자인 시스템에서 최소 단위는 텍스트와 색입니다. 제품(앱 또는 웹사이트)에서 사용할 텍스트의 종류와 색에 제한을 두어 정의된 것 외에는 되도록 사용하지 않는다는 약속을 하는 것입니다.

그림 3.9 타이포그래피 시스템과 컬러 시스템. 정해진 폰트와 색상을 사용하겠다는 약속으로 볼 수 있다.

위와 같이 정의된 텍스트와 색을 통해 디자이너는 많은 것을 만들 수 있습니다. 이렇게 조합해서 만들어지는 것을 컴포넌트라고 합니다. 그중 대표적인 것이 버튼입니다. 정의된 색을 도형에 입히고 그 위에 텍스트를 넣으면 보편적으로 활용되는 버튼을 만들 수 있습니다. 버튼은 사용자가 어떤 행동을 취하도록 만드는 요소로 UX/UI 디자인에서는 중요한 디자인 요소 중 하나입니다.

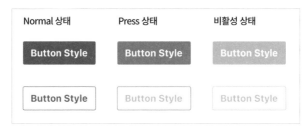

그림 3.10 컬러와 폰트 시스템 안에서 만들어진 버튼 디자인

그 밖에 아이콘과 사진 등의 다양하고 재사용 가능한 컴포넌트를 만들어 활용할 수 있습니다.

그림 3.11 주어진 디자인 시스템의 요소를 활용해서 만든 카드 디자인

이처럼 재사용 가능한 요소를 만들고 실제로 재사용해서 화면을 디자인하면 사용자가 어떤 화면으로 이동하더라도 같은 제품을 사용하고 있다는 편안함을 느낄 수 있습니다. 예를 들어, 화면을 이동할 때 나타나는 버튼이 일관적이라면 사용자는 어떤 행동을 취하려고 할 때 어떤 요소를 찾아야 할지 빠르게 인지하고 행동에 옮길 수 있습니다. 즉, 사용자는 시간을 절약할 수 있으며 이것은 사용자에게 큰 가치를 제공하는 것이므로 궁극적으로 비즈니스의 성공에도 큰 도움이 됩니다.

디자인 시스템은 사용자의 시간만 절약하는 것이 아닙니다. 재사용 가능한 디자인은 디자이너의 시간 역시 절약해줍니다. 화면을 새로 만들 때 디자인 시스템이 없다면 화면 내 모든 요소를 다시 만들어야 합니다. 하지만 디자인 시스템이 있고, 재사용 가능한 것이 있다면 바로 복사해서 붙여넣는 식으로 사용할 수 있으므로 시간이 몇 배 이상 절약됩니다.

예전에 어떤 회사에서 일할 때 디자인 시스템이 없어서 새로운 기능을 추가하거나 화면을 만들어야 할 때 처음부터 모든 것을 다시 디자인해야 했습니다. 문제는 이미 존재하는 다른 화면들이 일관성이 없어 참고할 만한 것이 없었다는 것인데, 그래서 디자인 시스템을 만들자고 제안해서 만들었습니다. 그 이후로 기존 대비 작업 시간을 두 배 가량 절약할 수 있었습니다. 그렇게 절약한 시간은 사용자 리서치나 경쟁사 리서치 등 다른 중요한 업무에 이용할 수 있었습니다.

디자인 시스템은 개발자의 작업 시간도 절약해줍니다. 디자이너가 가장 가깝게 일하는 동료 직군 중 하나는 개발자입니다. 자신이 설계하고 디자인한 것을 실제로 구현해주는 동료이기 때문에 커뮤니케이션할 일이 많습니다. 그중에서도 특히 제품의 외적인 부분, 시각적인 부분을 구현하는 프런트엔드 엔지니어와 협업할 일이 많은데, 이때 디자인 시스템이 있다면 프런트엔드 개발자가 이를 구현해서 개발할 때 재사용하게 할 수 있습니다. 즉, 디자이너와 마찬가지로 복사/붙여넣기를 통해 빠르게 개발할 수 있습니다.

바로 앞에서 언급한 회사에서 디자인 시스템을 제안하고 만들기로 했을 때도 동료 개발팀에서 이를 양팔 벌려 지지해주었고, 개발팀장은 저에게 디자인 시스템 전담 개발자를 붙여주었습니다. 제가 만드는 디자인 시스템을 구현하는 담당자였던 것입니다. 이렇게 저를 지지해준 이유는 디자인 시스템이 개발자의 시간을 절약하고 업무를 효율적으로 할 수 있게 해준다는 사실을 알고 있었기 때문입니다.

제품의 규모가 커지다 보면 팀 내 디자이너가 늘어나게 됩니다. 규모가 큰 테크 기업에서는 하나의 제품을 만드는 디자인 팀원만 수백 명에서 수천 명이 됩니다. 사용자 입장에서는 하나의 제품을 사용하는 것이기에 일관된 경험을 하는 것이 중요한데, 이렇게 디자이너가 늘어나면 일관된 디자인을 하기가 쉽지 않습니다. 이럴 때 중요한 것이 잘 정리된 디자인 시스템입니다. 팀 규모가 커지더라도 문서화가 잘 돼 있다면 디자이너들은 쉽게 디자인 시스템 내 텍스트, 색상, 컴포넌트를 재사용할 수 있고, 이는 엄청난 시간 절약으로 이어집니다. 그리고 궁극적으로 사용자에게 좋은 경험을 제공할 수 있습니다.

3.7 _ UI 디자인 능력을 키우기 위한 팁

UI 디자인을 빠르게 잘 하기 위한 원리 몇 가지를 살펴봤습니다. 디자인 원리에 대한 공부는 이것이 끝이 아니라 시작이라고 말씀드리고 싶습니다. 현업에서 쓰이는 많은 원리가 끊임없이 새로 만들어지고 공유됩니다. 중요한 것은 계속해서 배우고 적용하고자 하는 마인드입니다. 저 역시 아티클이나 책을 읽으면서 지금도 계속해서 새로운 것을 배우고 현업에 적용해보면서 능력을 향상시키고 성장하는 중입니다.

디자인 원리를 공부하는 데 도움이 될 만한 책과 웹사이트 목록을 10장 'UX/UI 디자인을 더 공부하기 위한 추천 자료'에 정리해뒀으니 참고하기 바랍니다.

원리에 대한 공부와 더불어 UI 디자인 능력을 향상시키기 위해서는 트렌드 연구와 실전 연습을 병행해야 합니다. 아무리 이론적으로 많은 것을 알고 있다고 해도 실제로 적용해보는 것이 중요하기 때문입니다.

특히 UX/UI 디자인에 입문하는 사람이라면 빠르게 실력을 향상시키는 방법으로 다른 개인이나 회사의 디자인을 보고 따라해볼 것을 권합니다. 완성된 디자인은 다양한 시행착오를 거쳐 나온 결과물이기 때문에 배울 점이 많습니다. 예를 들어, 에어비앤비, 핀터레스트 같은 앱을 공부한다고 가정해보겠습니다. 이 두 앱 모두 업계에서 상당히 잘 만들었다고 인정받는 앱들입니다. 그들은 많은 사용자 테스트를 거쳤을 것이고, 보편적으로 업계에서 활용되는 디자인 원리를 잘 적용했을 것입니다. 이 앱들을 보고 배우고 따라해보면서 어떤 부분이 배울 만한지 파악할 수도 있습니다.

더 시너지가 나는 방법은 디자인 원리를 이론으로 공부하고 그에 입각해서 다른 앱이나 디자인을 평가해보는 것입니다. 잘된 점은 어떤 것이 있는지, 개선할 점은 무엇인지에 대해서 말이죠. 그렇게 되면 공부한 UI디자인 원리를 내 것으로 만들 수 있고 UI 디자인에 대한 안목을 키울 수 있습니다.

3.8 _ 요약 포인트

지금까지 살펴본 UI디자인 원리의 요점을 정리해보겠습니다.

디자인 비전공자도 UI디자인을 할 수 있을까?

UI디자인은 시각적 완성도가 높은 화면을 만드는 것입니다. 그래서 시각적 감각이 탁월하거나 천부적으로 타고난 사람만 가능하다고 생각할 수 있지만 그렇지 않습니다. 플랫 디자인이 나와 디자인 평준화가 이루어지고 있습니다. 오픈소스 템플릿이 있어 잘 만들어진 디자인을 쉽게 구해서 참고할 수 있습니다. 그리고 무엇보다 중요한 것은 UI 디자인을 빠르게 잘할 수 있도록 도와주는 디자인 원리가 있다는 것입니다. 디자인 원리는 앞선 선배 디자이너들이 여러 시행착오를 통해 도움이 되는 것이라고 검증받았기 때문에 원리인 것입니다. 그래서 이 원리들을 잘 활용하면 디자인 비전공자도 UI 디자인에 입문하고 실력을 키울 수 있습니다.

유사성의 원리

사용자는 유사한 요소들을 하나의 묶음으로 생각하는 경향이 있습니다. 디자이너는 이를 고려해서 유사한 성격을 가진 요소들은 시각적으로도 유사하게 만들어 사용자가 해당 요소의 성격을 쉽게 파악할 수 있게 도와줄 수 있습니다.

근접성의 원리

사용자는 가까이에 있는 요소들을 하나의 묶음으로 생각하는 경향이 있습니다. 디자이너는 이를 활용해서 하나의 그룹으로 묶여 있는 정보를 사용자가 하나의 그룹으로서 쉽게 인지할 수 있도록 도와줄 수 있습니다.

3초 룰과 스캔 용이성

사용자가 웹사이트를 처음 방문할 때 첫인상이 형성되는 데는 평균적으로 3초가 걸립니다. 그래서 짧은 시간 안에 사용자가 화면 내 주요 정보를 쉽게 파악할 수 있는 방법에 대해 디자이너는 늘 고민해야 합니다. 이를 위해 디자이너는 화면이 쉽게 스캔될 수 있도록 화면 내 요소들에 대해 시각적 계층을 적용해 가장 중요한 정보 위주로 사용자의 눈에 띌 수 있게 해야 합니다.

CTA의 중요성

CTA는 Call-To-Action의 약자로, 사용자로 하여금 어떤 행동을 취할 수 있도록 하는 버튼이나 링크 등을 말합니다. CTA를 잘 디자인하지 못한다면 사용자는 다음 단계로 어떤 행동을 해야 할지 모르며, 이는 궁극적으로 비즈니스에 악영향을 미칩니다. 디자이너는 CTA의 디자인, 문구 등에 대해 많은 테스트를 거쳐 좋은 솔루션을 찾아낼 수 있습니다.

디자인 시스템

디자인 시스템은 사용자에게 일관된 시각적 언어와 경험을 제공하기 위해 만듭니다. 디자인 시스템이 있다면 사용자는 더욱 편안하게 제품을 사용할 수 있으며, 디자이너와 개발자는 재사용 가능한 요소들을 만들어 훨씬 더 효율적으로 업무를 수행할 수 있습니다.

Part 02

사용자의 문제를
해결하는 UX는
어떻게 만들어지는가?

04

유저 리서치:
UX의 핵심,
사용자 이해하기

4.1 _ 유저 리서치란 무엇인가?

UX 디자인에 입문하면 유저 리서치(user research)라는 말을 많이 듣게 됩니다. 그 이유는 유저 리서치가 UX 디자인의 핵심 중의 핵심이기 때문입니다. 그렇다면 유저 리서치란 무엇일까요?

2장에서 UX 디자인이란 무엇인지에 대해 이야기했습니다. UX 디자인을 요약해서 말하면, 사용자가 겪는 문제를 사용자 관점에서 해결하는 것입니다. 여기서 '사용자 관점'에 주목해 봅시다. 디자이너가 아무리 멋지고 예쁜 제품을 설계하고 사용자에게 가장 좋은 경험이 될 것이라고 생각하더라도 사용자로부터 의견을 들어보지 않거나 객관적인 데이터로 검증하지 않는다면 사용자가 겪는 문제를 해결했다고 할 수 없습니다. 문제를 정말로 해결하고 싶다면 사용자에게 어떤 형태로든 피드백을 받아야 합니다. 이러한 사용자의 피드백을 받기 위해 할 수 있는 모든 활동이 바로 유저 리서치입니다.

유저 리서치는 (사용자가 겪는 문제를 해결하기 위해)
사용자의 피드백을 듣기 위한 모든 활동

그럼 지금부터 유저 리서치의 필요성과 장점, 수행 방법 및 시기 등을 알아보겠습니다.

4.2 _ 왜 유저 리서치를 할까? – 유저 리서치의 장점

사용자를 이해하고 사용자가 어떤 니즈를 가지고 있는지 파악하며, 궁극적으로 사용자가 겪고 있는 문제를 해결하기 위해 사용자의 피드백을 얻는 모든 활동은 유저 리서치에 들어갑니다. 따라서 유저 리서치는 사용자 통계와 같은 정량적인 데이터를 수집하기 위한 활동이 될 수도 있고, 1:1 인터뷰를 통해 얻는 사용자 의견과 같이 정성적인 데이터를 수집하는 활동이 될 수도 있습니다. 그렇다면 이런 활동에는 어떤 장점이 있고 구체적으로 무엇을 얻을 수 있을까요?

첫째, 사용자의 행태(behavior)와 사용자가 그렇게 행동하는 이유를 파악할 수 있다.

사용자에 대한 정량적인 데이터를 살펴보거나 사용자가 하는 행동을 관찰하면 그들이 특정 문제와 관련해서 무엇을 하는지, 즉 행태를 파악할 수 있습니다. 행태는 사용자가 실제로 하는 행동의 결과이기 때문에 객관적인 팩트라고 할 수 있습니다. 즉, 사용자가 무엇(what)을 하는지 파악할 수 있는 귀중한 자료입니다. 이와 더불어 인터뷰를 통해 사용자에게 해당 행태에 대해 물어본다면 사용자가 그러한 행동을 왜(why) 하는지 더 깊게 이해할 수 있습니다.

둘째, 가설을 검증할 수 있다.

거듭 말하지만, UX 디자인은 가설을 설정하고 검증하는 것입니다. 유저 리서치는 궁극적으로 가설을 사실과 데이터로 변환하는 과정의 중심에 있습니다. 디자이너가 제품의 프로토타입(시제품)을 만들었을 때 이것이 사용자에게 실제로 도움을 줄 수 있을지 유저 리서치를 통해 알 수 있습니다. 사용자에게 제품을 사용해보게 하고 관찰하거나 출시된 제품에 대한 사용자들의 사용 데이터를 추출해서 사용자들이 어떻게 사용하는지, 디자이너가 세운 가설대로 또는 그와 반대로 사용하는지를 알 수 있습니다. 가설이 맞다고 확인된다면 해당 방향으로 더 발전시킬 수 있고, 가설이 틀리다고 증명된다면 처음으로 돌아와서 가설을 다시 설정하고 그에 맞춰 제품을 설계하고 테스트합니다.

셋째, 실패의 리스크를 줄이고 비용을 절감할 수 있다.

유저 리서치는 제품의 실패에 따르는 리스크를 줄이고 성공 가능성을 높일 수 있습니다.

UX 디자인의 교과서 중 하나로 불리는 ≪사용자를 생각하게 하지 마!≫(인사이트, 2014)의 저자 스티브 크룩은 프로젝트 초기 단계에 사용자 1명과 진행하는 테스트는 후반부에 사용자 50명과 진행하는 것보다 낫다고 이야기합니다. 즉, 유저 리서치를 프로젝트 초기부터 시행한다면 사용자에 대한 이해를 바탕으로 제품을 설계할 수 있고, 프로토타입으로 제품의 디자인이 사용자에게 실제로 도움이 되는지, 그렇다면 어떻게 도움이 되는지를 '일찍' 알 수 있습니다. 여기서 '일찍'이란 제품이 출시되기 이전일 수도 있고, 개발자들이 개발에 착수하기 전일 수도 있습니다. 개발에는 많은 시간과 비용이 드는데, 개발 이전에 가설을 검증할 수 있다면 많은 비용을 절감할 수 있습니다.

저는 예전에 유저 리서치에 대한 개념이 없던 한 회사에서 일한 적이 있는데, 그곳에서는 디자인이 완료되면 바로 개발 단계로 들어가는 것이 일반적이었습니다. 이때 한 가지 문제는 출시된 이후에 치명적인 문제가 발생하거나 어떤 기능이 사용자에게 도움이 되지 않는다는 것을 발견하면 이를 고치는 데 많은 비용이 든다는 점이었습니다.

그래서 한 번은 어떤 기능을 출시할 계획을 세운 상태에서 개발 단계에 들어가기 이전에 사용자에게 프로토타입을 써보게 하고 관찰하는 활동(사용성 테스트)을 해보자고 제안했습니다. 결국 팀원들의 동의를 얻어 사용성 테스트를 했고 사용자로부터 피드백을 얻은 결과 치명적인 문제가 발견됐습니다. 문제는 해당 기능이 필요없고 제품을 사용하는 데 오히려 방해가 된다는 것이었습니다. 이후 내부적으로 회의를 하고 기획과 디자인 방향을 수정해서 사용자에게 더 도움이 되는 방향으로 프로젝트를 진행할 수 있었습니다. 만약 그때 사용성 테스트를 하지 않았다면 개발자 5명 이상이 사용자에게 그다지 도움이 되지 않는 것을 만드느라 꼬박 3~4개월을 허비했을 것입니다. 이 경험은 저와 팀원들이 유저 리서치의 위력을 확인할 수 있는 귀중한 경험이었습니다.

다시 말하자면, 유저 리서치는 실패에 대한 리스크를 줄여줍니다. 그리고 여기서 리스크란 많은 비용을 의미할 수 있습니다.

넷째, 디자인의 근거를 제공하고 이해관계자의 동의와 승인을 이끌어낸다.

제품을 만들 때 디자이너는 혼자 일하지 않습니다. 클라이언트를 위해 일할 수도 있고, 회사에 속해서 프로덕트 매니저나 개발자 등 여러 이해관계자와 함께 일할 수도 있습니다. 그럴 때 디자이너로서 제품을 왜 이렇게 디자인했는지 잘 커뮤니케이션하는 것은 너무나 중요합니다. 유저 리서치는 '왜', 즉 어떤 제품이나 기능이 사용자에게 어떻게 도움이 되는지에 관해 이해관계자를 설득하거나 커뮤니케이션하는 데 아주 유용하게 활용될 수 있습니다. 디자이너만의 생각으로 디자인한 것이 아니라 실제 사용자를 통해 얻은 객관적인 데이터를 토대로 하기 때문입니다.

다섯째, 새로운 기회를 포착할 수 있다.

유저 리서치는 새로운 기회와 문제점을 파악하는 데 도움을 줄 수 있습니다. 궁극적으로 우리가 디자인하는 이유는 비즈니스의 성공을 위해서입니다. 비즈니스가 성공하지 못한다면 회사가 유지되기 어렵고 내가 디자이너로서 갖고 있는 일자리 역시 보장하기 어렵습니다. 그래서 우리는 비즈니스의 성공을 위해 UX 디자인을 하고 제품을 만드는 겁니다. 제품을 잘 만들기 위해서는 결국 사용자에 대한 깊이 있는 이해가 필요합니다. 사용자를 이해하다 보면 사용자에게 불편한 점을 발견하게 되고, 니즈를 파악하게 됩니다. 유저 리서치를 하다 보면 처음에 집중했던 주제 외에도 사용자의 다양한 면을 관찰할 수 있기 때문에 새로운 기회로 이어지는 인사이트를 얻을 수도 있습니다. 그래서 유저 리서치를 할 때는 가설에 대한 검증뿐만 아니라 사용자의 다양한 생각과 행동을 관찰하려는 열린 사고가 중요합니다.

4.3 _ 유저 리서치의 종류와 목적

유저 리서치의 종류는 다양하고, 활동과 방법도 제각각입니다. 그런데 다음과 같은 분류법을 통해 어느 정도 각각의 목적을 설명할 수 있습니다. 유저 리서치의 각 방법을 설명하기에 앞서 어떤 기준에 따라 유저 리서치를 분류할 수 있는지 알아보겠습니다.

분류 방식 1. 정성 조사와 정량 조사

첫 번째 분류 방식은 정성 조사(Qualitative Research)와 정량 조사(Quantitative Research)입니다.

먼저 정성조사는 사용자의 생각이나 인사이트 같은 피드백을 얻기 위해 수행하는 조사 활동입니다. 대표적으로 1:1 심층 인터뷰와 사용성 테스트가 여기에 속합니다. 예를 들어, 제품을 사용하면서 어떤 불편함을 겪었는지, 왜 사용하지 않는지 등을 들어보고 싶다면 정성조사를 할 수 있습니다. 정성조사는 일반적으로 타깃으로 삼은 사용자를 리크루팅해서 소규모로 진행하는데, 여기서 나온 의견은 모든 사용자를 대표하지는 않을 수 있습니다. 다만 사용자로부터 깊이 있는 인사이트를 얻고 경향성을 파악하거나 개선점 등에 대한 중요한 시그널을 파악하는 용도라고 보면 됩니다.

정량 조사는 조사를 통해 자료를 수치화하고 통계 자료를 통해 어떤 결과를 일반화하는 것입니다. 예를 들어, 사용자에게 A, B, C라는 선택지를 주고 선호도를 조사한다고 해보겠습니다. 조사 결과, 사용자들이 B를 가장 많이 선택했다면 통계적 수치에 기반해서 객관적으로 사용자는 B를 가장 선호한다고 결론 내릴 수 있습니다. 정량 조사에서는 통계 수치를 바탕으로 데이터를 얻고 일반화하므로 양적으로 많은 데이터를 수집하는 것이 좋습니다.

정성 조사와 정량조사는 상호 보완적이기 때문에 함께 진행하면 서로 시너지를 낼 수 있습니다. 예를 들어, 정성 조사 결과를 기반으로 개선안 A, B, C를 만들었다면, 이를 가지고 정량 조사를 통해 객관적으로 어떤 것이 선호도가 높은지 파악할 수 있습니다. 사용자들이 일반적으로 C안을 선호한다고 하면 다시 정성 조사를 활용해 왜 C안을 좋아하는지 더 깊이 있게 파악하기 위해 C안에 대한 사용성 테스트를 진행하는 등의 방식으로 답을 찾아 나갈 수 있습니다.

정리하자면 정성 조사를 통해서는 주관적이지만 사용자의 생각, 의견과 같은 깊이가 있는 인사이트를 얻을 수 있고, 정량 조사를 통해서는 사용자에 대한 객관적인 데이터를 얻을 수 있습니다. 각각의 특징이 다른 만큼 정성 조사와 정량 조사는 상호보완적인 관계입니다. UX 디자이너가 정성 조사와 정량 조사를 함께 활용하면 사용자에 대해 효과적이고 다각도로 이해하고, 이를 바탕으로 제품을 개선해 나갈 수 있습니다.

분류 방식 2. '무엇을 생각하는가?'와 '무엇을 하는가?'

다음은 어떤 의도를 가지고 있는가와 무엇을 하는가에 따른 분류입니다. 어떤 의도를 가지고 있는가는 사용자가 무엇을 원하고 생각하며 느끼는가를 조사하는 것입니다. 무엇을 하는가는 사용자가 하는 행동에 대해 이해하는 것입니다. 이 둘은 상호보완적입니다. 무엇을 원하고 생각하는지를 안다고 해도 사용자가 자신이 생각한 대로 행동하는지는 알 수 없습니다. 그리고 사용자가 어떤 행동을 하는 것을 관찰한다면 왜 그렇게 행동하는지, 그 이면에 어떤 생각을 하는지 알아야 합니다. 그래서 어떤 의도를 가지고 있는가와 무엇을 하는가를 함께 살펴본다면 사용자에 대해 포괄적으로 이해할 수 있습니다.

예를 들어, 구글 애널리틱스를 활용해 어떤 웹사이트에 몇 명의 사용자가 들어왔고, 어떤 페이지에서 몇 초간 머물렀으며, 상품 구매와 관련된 페이지가 있다면 몇 퍼센트의 방문자가 실제 상품구매로 이어졌는지 등을 객관적으로 파악할 수 있습니다. 이것은 사용자가 '무엇을 하는지' 알려줍니다. 하지만 이것이 '왜'에 대한 답을 주지는 못합니다. 왜 상품을 구매하지 않았는지, 왜 오래 머무르지 않았는지가 궁금하다면 인터뷰 등을 통해 '무엇을 생각하는지' 들어보고 사용자에 대해 더 깊게 이해할 수 있습니다.

이제 실제 조사 방법을 살펴볼 텐데, 이 방법들은 정성 조사와 정량 조사, 어떤 의도를 가지고 있는가와 무엇을 하는가에 따라 다음과 같이 4분면으로 나누어 설명할 수 있습니다. 이제 하나씩 살펴보겠습니다.

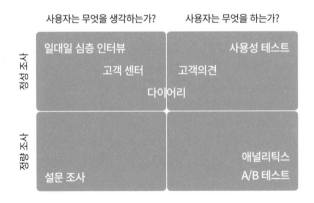

4.3.1 사용자의 생각과 의도를 파악하는 유저 리서치 기법들

먼저 사용자가 무엇을 생각하는지 파악하기 위해 수행하는 유저 리서치 기법을 살펴보겠습니다. 여기서 설명할 기법은 일대일 심층 인터뷰와 설문 조사인데, 각각 정성조사와 정량조사로 분류할 수 있습니다.

일대일 심층 인터뷰 – 왜 일대일 심층 인터뷰인가?

일대일 심층 인터뷰(1:1 In-Depth Interview)는 연구자가 어떤 주제에 대해 깊이 있게 이해하기 위해 한 명의 사용자에게 질문하고 대답을 듣는 조사 방식입니다. 인터뷰를 통해 웹사이트, 앱, 제품 등에 대한 사용자의 생각을 들어볼 수 있고, 이를 통해 연구자는 인사이트를 얻을 수 있습니다. 즉, 사용자가 일상에서 어떤 행동을 하는 데 있어 어려움을 겪고 있는지, 특정 제품을 왜 사용하는지, 제품을 사용할 때 어떤 불편함이 있는지, 어떤 개선 아이디어가 있는지 들어볼 수 있습니다. 이 방법은 보통 신규 제품 또는 기능을 만들기 전에 진행하는 것이 좋습니다.

일대일 심층 인터뷰는 보통 5~7명 정도의 사용자와 하는 것을 권장합니다. 그리고 이 정도의 인원을 모집하기가 어렵다면 1명이라도 인터뷰를 하는 것이 안하는 것보다 훨씬 낫습니다.

그림 4.1 사용자의 생각과 인사이트를 확인하는 일대일 심층 인터뷰[1]

연구자는 일대일 심층 인터뷰를 통해 사용자가 겪는 문제가 무엇인지 알 수 있고, 타깃으로 삼은 사용자의 특징이 무엇인지 알 수 있습니다. 일대일 심층 인터뷰의 장점은 다음과 같습니다.

첫째, 한 사람을 집중적으로 인터뷰하는 만큼 사용자가 대중 앞에서는 이야기하기 어려운 개인적인 이야기를 들을 수 있다.

예전에 식당 광고 플랫폼과 관련된 프로젝트를 진행한 적이 있습니다. 이때 식당 주인이 자신의 식당을 홍보하는 데 있어 어떤 어려움을 겪는지 파악하기 위해 일대일 심층 인터뷰를 진행했습니다. 매달 얼마 정도의 예산으로 어떤 광고 활동을 하고 있으며, 어떤 광고 플랫폼(예: 구글 맵, 옐프 등)을 사용하고 있는지, 해당 플랫폼을 사용하는 데 어떤 불편함이 있는지 등을 들어볼 수 있었습니다. 이 같은 내용은 포커스 그룹 인터뷰[2]처럼 여러 사람이 참여하는 곳에서 말하기에는 민감한 내용일 수 있으므로 일대일 심층 인터뷰를 통해 도출하는 편이 적절합니다.

---

1 이미지 출처: Unsplash
2 특정 사용자 집단을 모시고 정해진 주제에 대해 인터뷰를 하는 방법. 한 명의 메인 진행자가 질문을 하면 여러 명의 참가자가 이에 대해 답변하고 필요시 서로의 생각을 나누고 토론을 할 수도 있다.

둘째, 사용자에 대해 상세하고 심층적으로 이해할 수 있다.

일대일 심층 인터뷰를 통해 한 사람이 어떤 행동을 하는지 들어보고, 이 행동을 왜 하는지 계속해서 심층적으로 추가 질문을 할 수 있습니다. 즉, 일대일 심층 인터뷰는 한 사람에게 충분한 시간을 할애하므로 추가 질문을 통해 사용자를 더 깊이 있게 이해할 수 있습니다. 예를 들어, 음식 배달 서비스를 사용하는 사용자의 생각을 들어본다고 해봅시다. 최근에 배달 서비스를 이용했던 경험을 이야기해달라고 했을 때 사용자에 따라 답이 모두 다를 수 있습니다. 이 경우 어떤 서비스를 사용했는지, 왜 그 서비스를 사용했는지 더 구체적으로 물어볼 수 있습니다.

일대일 심층 인터뷰에서 나온 사용자의 생각과 의견을 통해 깊은 인사이트를 얻을 수 있지만 참여자의 수가 그리 많지 않으므로 일반화하거나 정량화하기는 어렵습니다. 그래서 설문 또는 애널리틱스와 같은 정량조사를 병행해서 일대일 심층 인터뷰를 통해 만든 가설을 수치상으로 검증하면 훨씬 더 큰 시너지를 낼 수 있습니다.

인터뷰 전에 준비해야 하는 '인터뷰 가이드'

일대일 심층 인터뷰를 잘 하기 위해서는 스크립트(대본)를 정리한 가이드 문서를 미리 만들어두는 것이 좋습니다. 가이드 문서에는 인터뷰의 목적을 비롯해 사용자에게 어떤 질문을 해야 할지 정리해 둡니다. 이러한 가이드 문서가 있으면 먼저 인터뷰의 목적을 정확하게 짚고 넘어갈 수 있습니다.

일대일 심층 인터뷰 계획서

프로젝트 기간:

제목:

참여한 팀원: (인터뷰 진행자, 노트 작성자 등)

프로젝트 배경: (인터뷰를 진행하게 된 이유와 프로젝트 개요에 대해서 이해관계자들이 쉽게 알 수 있도록 한두 문장으로 요약)

프로젝트 목표: (인터뷰를 통해 배우고자 하는 부분)

가설: (인터뷰를 통해 검증하고자 하는 부분)

인터뷰 참여자: (인터뷰 참여자는 몇 명이고, 어떤 성격의 참여자들을 리크루팅했는지 요약)

대본: (본격적으로 인터뷰를 할 때 이야기할 내용을 대본으로 정리)

　프로젝트 소개

　질문

　1.
　2.
　3.
　4.
　5.
　·
　·

　마무리 멘트

그림 4.2 인터뷰를 위한 가이드 문서 템플릿 예시

인터뷰는 보통 한 명의 진행자를 통해 진행되지만 인터뷰 결과를 분석하고 보고하고 보고받는 인원까지 고려하면 많은 이해관계자가 얽혀 있는 경우가 많습니다. 인터뷰 가이드는 해당 인터뷰를 왜 하는지와 무엇을 달성하고자 하는지에 관해 내부적으로 커뮤니케이션하는 데 큰 도움이 됩니다. 또한 인터뷰 진행자가 '왜' 인터뷰를 하는지, 인터뷰 목적과 목표를 이해하고 질문할 수 있기 때문에 제품을 개선하거나 문제를 발견하기 위해 사용자에게 어떤 질문을 하는 것이 좋은지 알 수 있습니다. 또한 인터뷰 진행자가 바뀌더라도 인터뷰 가이드가 있으면 일관되게 질문하고 그에 대한 응답을 얻을 수 있습니다.

일대일 심층 인터뷰는 언제 하는 것이 좋을까?

일대일 심층 인터뷰는 보통 프로젝트가 시작되는 초기 단계에 진행합니다. 아직 사용자에 대한 이해가 부족하고 사용자를 완전하게 정의하지 못한 경우라면 제품을 설계할 때 어떤 타깃 사용자를 고려해서 제품을 만들지 알아야 합니다. 이때 일대일 심층 인터뷰는 타깃 사용자를 정의할 수 있게 도와줍니다. 일대일 심층 인터뷰를 통해 타깃 사용자에 대한 정의서라고 볼 수 있는 페르소나(persona)를 제작할 수도 있습니다. 사용자에 대한 정의가 되어 있는 상태라고 하더라도 사용자가 겪는 문제가 무엇인지 알고자 할 경우에도 일대일 심층 인터뷰를 진행할 수 있습니다.

질문은 어떻게 하는 게 좋을까?

일대일 심층 인터뷰는 프로젝트 초반에 진행하는 경우가 많습니다. 여기서 중요한 것은 가능성을 열어 두는 것입니다. '우리가 발견하지 못한 사용자의 더 중요한 문제가 있을 것이다.'라고 가능성을 열어 두는 것입니다. 그래서 질문지를 만들 때는 사용자에게 열린 자세로 다음 사항을 고려해서 만드는 것이 좋습니다.

첫째, 사용자의 배경 이해하기

인터뷰를 시작하는 단계에서 사용자의 배경에 대해 질문하는 것은 더 풍부한 인사이트를 얻는 데 도움이 됩니다. 예를 들어, 배달 앱에 대한 사용자 인터뷰를 한다면 연령대가 어떤지, 어디에 살고 있는지, 어떤 일을 하는지, 어떤 경우에 음식을 배달시키는지 등과 같은 기본 인적/배경적 사항에 대한 질문을 할 수 있습니다. 이런 질문은 본격적으로 질문에 대한 답을 들을 때 답변을 더 깊이 이해할 수 있게 도와줍니다.

둘째, 육하원칙(언제, 어디서, 누가, 어떻게, 왜, 무엇을)을 활용해서 열린 질문을 할 것

열린 질문의 반대는 닫힌 질문입니다. 먼저 다음 예시를 살펴보겠습니다.

- **닫힌 질문 예시:** "당신은 음식 배달 앱으로 A나 B 둘 중에 무엇을 사용하나요?"
- **열린 질문 예시:** "당신은 음식 배달을 시킬 때 무엇을 사용하나요?"

닫힌 질문의 응답은 A 또는 B, 아니면 '사용하지 않는다' 정도가 될 것입니다. 하지만 열린 질문에 대한 응답은 사용자에 따라 다양할 것입니다. 특정 앱이 될 수도 있고, 그 외 질문자가 생각하지 못한 방법이 나올 수도 있습니다.

닫힌 질문은 질문자의 생각 범주 안에서만 답을 얻을 수 있지만 열린 질문은 질문자가 생각하지 못한 범주까지 알 수 있습니다. 따라서 질문자는 답변의 범주를 제한하지 않기 위해 열린 질문 위주로 인터뷰를 구성하는 것이 좋습니다.

닫힌 질문과 함께 또 한 가지 피해야 할 질문은 유도 질문입니다. 예를 들어 사용자가 음식 배달을 위해 A앱을 사용한다고 대답했다고 해봅시다. 이때 "왜 A앱을 즐겨 사용하시나요?"라고 묻는다면 사용자는 '즐긴다'라고 말하지 않았는데 마치 그렇게 말한 것처럼 유도하고 있는 것입니다. 그럴 때는 "왜 A앱을 사용하시나요?"처럼 최대한 객관성을 유지하면서 질문해야 합니다. UX 디자이너는 자신이 원하는 바가 아닌, 사용자가 원하는 해결책을 찾는 사람입니다. 유도 질문을 하게 되면 UX 디자이너가 원하는 방향으로 이끌게 되고, 정작 사용자가 원하는 바를 들을 수 없기 때문에 지양해야 합니다.

셋째, 사용자가 생각하는 일반적인 프로세스가 아닌 실제 경험 물어보기

인터뷰할 때 좋은 질문 중 하나는 정해진 토픽과 관련해서 사용자가 어떻게 행동하는지 실제 경험을 들어보는 것입니다. 이러한 사용자 인사이트는 '사용자는 그렇게 할 것이다'라고 예상하는 것이 아니라 '사용자는 실제로 이렇게 한다'라는 팩트가 되기 때문에 인터뷰가 끝난 후 제품을 만들거나 개선할 때 참고하기에 좋습니다.

예를 들어, 음식 배달이라는 토픽과 관련해서 사용자의 행태와 사용자가 겪는 문제를 발견하고자 한다고 가정해봅시다. 이때 "배달음식을 주문한다고 하면 어떤 프로세스를 밟으시겠어요?"라고 물어보는 것은 사용자의 상상 또는 생각을 물어보는 것이기 때문에 실제로 사용자가 그렇게 할 것이라는 보장이 없습니다. 즉, 사용자는 실제 경험에 기반한 것이 아니라 피상적으로 또는 약간의 상상을 보태서 이야기하게 될 수 있습니다. 우리는 사용자에게 실제로 도움이 되는 제품 및 서비스를 만들어야 하기 때문에 사실에 최대한 집중하는 것이 좋습니다. 그래서 질문할 때는 다음과 같이 구체적인 경험을 물어보는 것이 좋습니다.

- "마지막으로 배달음식을 시켰을 때가 언제였나요?"

- "그때 음식을 어떻게 주문했는지 알려주시겠어요? 어떤 프로세스를 밟으셨는지 알려주시겠어요?"

넷째, 후속 질문하기

앞에서 이야기한 가이드 문서에는 사용자에게 물어보고자 하는 질문을 사전에 준비해서 적어두어야 합니다. 하지만 좋은 인터뷰 결과를 얻기 위해서는 사전에 준비한 질문에 국한하지 말고 필요시 사전 질문과 연결된 후속 질문을 하는 것이 중요합니다. 일대일 심층 인터뷰는 사용자의 생각과 행태, 행태에 대한 생각을 최대한 이해하는 것입니다. 그러기 위해서는 사용자 응답의 이면에 어떤 이유가 있는지, 관련해서 더 도움이 될 만한 맥락이 있는지 이해하려고 노력해야 하는데, 그것이 후속 질문입니다. 예를 들면 다음과 같습니다.

- **사전 질문:** "음식 배달을 시킬 때 어떤 앱을 사용하시나요?"
- **후속 질문:** "음식 배달을 시킬 때 A라는 앱을 사용한다고 하셨습니다. A라는 앱을 언제부터 사용하셨는지 알려주시겠어요?"
- **후속 질문:** "A를 사용하는 이유를 알려주시겠어요?"

설문 조사(Survey) – 왜 설문 조사인가?

설문 조사는 사용자들에게 질문을 보내서 그들의 경험을 배우고 피드백을 모으는 유저 리서치 기법입니다. 설문 조사는 사용자에 대한 정량적인 데이터를 얻을 수 있는 기법 중 하나입니다. 설문 조사를 활용하면 아이디어, 문제, 사용자의 특성, 행동 등에 대해 수량화된 데이터를 얻을 수 있습니다. 그래서 설문 조사를 통해 나온 결과는 다른 유저 리서치 기법에서 나온 결과를 보조하는 역할을 할 수 있습니다. 즉, 일대일 심층 인터뷰나 뒤에서 이야기할 사용성 테스트와 함께 활용할 때 그 효과를 극대화할 수 있습니다.

설문 조사를 통해 정성적인 데이터를 얻을 수도 있습니다. 사용자에게 코멘트나 제안 등을 질문함으로써 수량화하기는 어렵지만 의미 있는 답변을 얻을 수도 있습니다. 예를 들어, 특정 기능에 대해 어려운 정도에 대해 1~5(1: 쉽다, 5: 어렵다) 중 하나를 선택해달라고 해서 정량적인 데이터를 얻으면서 코멘트 형태로 "어렵다면 어떤 부분이 어렵습니까?"와 같이 조금 더 구체적인 질문을 던질 수 있습니다.

그림 4.3 객관식과 주관식 질문을 모두 할 수 있는 설문 조사

설문 조사의 샘플 크기에 대해서는 통계학자 또는 전문가에 따라 의견이 다양하지만 보통 최소 100명은 돼야 한다고 이야기합니다. 하지만 100명이 아니라 20명, 30명이더라도 설문 조사를 하는 편이 하지 않는 것보다 훨씬 좋습니다. 어찌 됐든 사용자로부터 피드백을 들어볼 수 있고, 약간이라도 사용자들의 반응 패턴을 확인해볼 수 있기 때문입니다.

TIP 설문 조사를 하는 방법

1. 인터셉트 설문 조사: 제품 사용 중 설문 조사하기

사용자는 앱이나 웹사이트 등 제품을 사용하면서 많은 화면을 경험합니다. 특정 화면에서 제품을 사용하는 시점에 설문 조사를 하는 것을 인터셉트 설문 조사라고 합니다. 해당 화면에서 사용자가 경험하는 것에 대한 의견, 생각, 어려움 등을 확인해볼 수 있습니다.

인터셉트 설문 조사에 사용되는 대표적인 툴은 퀄러루(Qualaroo)입니다. 퀄러루를 사용하면 다음과 같이 특정 화면에서 설문 조사 요청 팝업이 생깁니다.

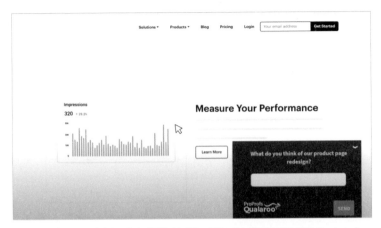

그림 4.4 퀄러루를 웹사이트에서 사용한 인터셉트 설문 조사 예시(이미지 출처: Qualaroo)

인터셉트 설문 조사 시 사용자는 어떤 배경을 가지고 있는지, 어떤 이유로 해당 앱의 해당 기능을 사용하고 있는지, 기능을 사용하면서 불편한 경험이 없는지 등을 물어볼 수 있습니다.

2. 이메일/SNS 설문 조사

이메일이나 SNS 서비스 등을 통해 설문 조사를 할 수 있습니다. 이때는 인터셉트 방식과 비교해서 조금 더 포괄적인 주제에 대해 질문할 수 있습니다. 이미 회원이 있는 제품인 경우, 회원들에게 이메일을 보내서 설문 조사에 대한 응답을 요청할 수 있습니다. 회원이 없다면 SNS 등을 통해 특정 사용자군이 모여 있는 그룹이나 카페 등에서 설문 조사를 진행할 수 있습니다.

회사 소속이 아닌 개인 또는 학생이더라도 꼭 운영 비용이 있어야만 설문 조사를 할 수 있는 것은 아닙니다. 방법을 찾는다면 저비용 또는 무료로 설문 조사를 할 수 있는 방법이 있습니다. 제가 학생일 때 UX 프로젝트 과제를 위해 설문 조사를 한 적이 있습니다. 당시 블로그, 인터넷 커뮤니티 등을 검색해서 제가 답변을 얻고자 하는 사람들이 많은 커뮤니티를 찾았고 거기에 설문을 돌렸습니다. 제가 학생임을 밝히자 커뮤니티 회원들이 넓은 이해심으로 참여해 주셨습니다.

이메일/SNS 설문 조사를 할 때는 타입폼(Typeform) [3]이나 구글 설문지 (Google Forms) [4]를 사용해 설문 조사 양식을 만들 수 있으며, 간단한 URL을 생성하고 이메일이나 커뮤니티 등에 공유해서 진행할 수 있습니다.

4.3.2 사용자의 행태를 파악하는 유저 리서치 기법들

이번에는 사용자가 무엇을 하는지 알기 위해서 진행하는 유저 리서치 기법들을 살펴보겠습니다. 여기서는 대표적인 기법으로 사용성 테스트와 A/B 테스트, 애널리틱스를 설명드릴 텐데 각각 다음과 같이 정성조사와 정량조사로 분류할 수 있습니다.

사용자는 무엇을 하는가?

정성 조사 | 사용성 테스트

정량 조사 | A/B 테스트 애널리틱스

사용성 테스트 – 왜 사용성 테스트인가?

UX 디자인이 가설을 설정하고 그것을 검증하는 과정이라고 했을 때 사용성 테스트(Usability Test)는 가설을 '검증'하기 위해 진행하는 기법이라고 볼 수 있습니다. 즉, 사용성 테스트를 하기 위해서는 가설이 준비돼 있어야 합니다. 이

---

3   www.typeform.com
4   www.google.com/forms/about/

전 단원에서 언급했지만 이 가설에 포함돼야 할 것은 사용자, 문제, 해결책입니다. 사용성 테스트는 사용자가 겪는 문제를 해결하기 위해 나온 해결책이 실제로 효과가 있는지를 검증하는 아주 효과적인 방법입니다.

그림 4.5 사용성 테스트를 할 때의 모습 예시. 사용자의 제품 사용 장면을 기록해두면 나중에 분석할 때 유용하게 활용할 수 있습니다. [5]

사용성 테스트는 사용자를 초대해서 프로토타입을 보여주거나 실제 제품을 써보게 한 뒤 어떠한 태스크를 수행하면서 그들의 행동을 관찰하고 생각을 들어보는 방식으로 진행됩니다. 이를 통해 제품 또는 서비스에 대한 UX 및 UI, 기능 등을 평가하고 기대한 만큼 잘 만들어졌는지, 개선할 점은 없을지 보는 것입니다.

사용성 테스트는 대표적인 정성적인 리서치 기법입니다. 즉, 양보다는 질적인 결과가 중요하며 보통 한 번에 한 명씩 테스트를 진행합니다. 참여자 수는 5명 내외면 괜찮다고 할 수 있습니다.

5　이미지 출처: Unsplash

사전에 준비해야 하는 '진행 가이드'

일대일 심층 인터뷰와 마찬가지로 사용성 테스트도 사용자가 수행해야 할 태스크 및 스크립트를 잘 정리한 가이드 문서를 사전에 만들어두는 것이 큰 도움이 됩니다.

사용성 테스트 계획서

프로젝트 기간:

제목:

참여한 팀원: (테스트 진행자, 노트 작성자 등)

프로젝트 배경: (테스트를 진행하게 된 이유와 프로젝트 개요에 대해서 이해관계자들이 쉽게 알 수 있도록 한두 문장으로 요약)

프로젝트 목표: (테스트를 통해 배우고자 하는 부분을 기술)

가설: (테스트를 통해 검증하고자 하는 사항을 기술)

테스트 참여자: (인터뷰 참여자는 몇 명이고, 어떤 성격의 참여자들을 리크루팅했는지 요약)

대본: (본격적으로 테스트를 할 때 질문할 내용을 대본으로 정리)

   프로젝트 소개

   마인드셋 설정 (예시. 당신이 OOO의 상황이라고 가정해주세요.)

   질문 및 태스크

   1.
   2.
   3.
   4.
   5.
   ·
   ·

   마무리 멘트

그림 4.6 사용성 테스트를 위한 가이드 문서 템플릿 예시

가이드 문서에는 사용성 테스트의 목적과 사용자가 시간순으로 어떤 태스크를 수행해야 하는지, 태스크 수행에 대한 관찰 결과에 따라 어떤 질문을 해야 할지가 정리돼 있어야 합니다.

사용성 테스트는 일대일 심층 인터뷰와 비교할 때 준비해야 할 부분이 더 있습니다. 먼저 사용자에게 써보게 할 프로토타입 또는 제품을 준비해야 합니다. 사용자가 프로토타입이나 제품을 어떻게 사용하는지 잘 관찰하기 위해서는 영상으로 기록해두는 것이 도움이 되는데, 이를 위해 영상녹화 장비가 필요할 수 있습니다. 이러한 준비물이 많은 까닭에 사용성 테스트를 하는 현장에는 메인 진행자 외에 도움 진행자 및 관찰자가 추가로 들어가야 할 수 있습니다. 가이드 문서에는 이러한 준비사항에 대해서도 정리해야 합니다.

사용성 테스트는 언제 하는 것이 좋을까?

사용성 테스트는 언제든지 할 수 있습니다. 프로젝트가 시작되는 초기 단계에 할 수도 있고 중반에 할 수도 있으며, 후기 단계에 할 수도 있습니다. 사용성 테스트는 제품 또는 아이디어, 프로토타입에 대한 사용자 피드백을 얻는 것입니다. 이미 존재하는 제품이 있다면 잘 작동되는 부분과 그렇지 않은 부분이 있는지 확인할 수 있으며, 종이 스케치나 같이 아직 완성도가 낮은 단계의 시제품도 사용자에게 보여주어 피드백을 얻을 수 있습니다. 또한 비주얼과 완성도 측면에서 실제 제품과 흡사한 화면을 디자인해서 사용자가 써보게 할 수 있습니다. 결론적으로 사용성 테스트는 언제든지 할 수 있습니다.

질문과 태스크 수행은 어떻게 하는 게 좋을까?

사용성 테스트에서 중요한 것은 사용자의 자연스러운 수행 결과를 관찰하고 그들의 생각을 들어보는 것입니다. 즉, 어떤 특정 결과나 대답을 유도하지 않는 것이 중요한데, 이를 위해 어떤 점을 고려해야 하는지 살펴보겠습니다.

첫째, 사용자의 배경 이해하기

일대일 심층 인터뷰와 마찬가지로 테스트를 시작하기 전 사용자의 배경에 대한 질문(연령대, 사는 곳, 토픽과 관련해서 현재 사용하는 앱 등)을 하는 것은 더 풍부한 인사이트를 얻을 수 있게 도와줍니다. 배경에 대해 아는 것은 태스크 수행 결과와 질문에 대한 답변을 다각도로 이해하는 데 도움을 주고 어떤 후속 질문을 해야 할지 생각하는 데도 도움이 됩니다.

둘째, 태스크와 질문의 흐름을 자연스럽게 구성하기

자연스러운 결과를 이끌어내기 위해서는 사용자가 실제 일상생활에서 앱이나 웹사이트를 사용할 때와 최대한 유사한 환경을 만드는 것이 중요합니다. 첫 태스크에 들어가기 전에는 사용자에게 "당신이 OO의 상황에서 어떤 목적을 위해 OO앱을 열었다고 가정하십시오."와 같은 이야기를 해주어 사용자가 자연스럽게 태스크에 임할 수 있게 도와줄 수 있습니다. 또한 테스트를 시작하기 전, 사용자에게 본 태스크는 잘하고 못함을 가리는 것이 아니라 제품에 대한 피드백을 얻기 위함이니 실수하더라도 걱정하지 않아도 되며 최대한 있는 그대로 사용해 보기를 바란다고 이야기해서 사용자가 긴장이 조금 더 완화된 상태에서 태스크에 임하게 하는 것이 도움이 됩니다.

또한 사용자에게 요청하는 태스크와 질문도 실제 앱을 사용하는 것과 같이 자연스러운 흐름 속에서 제공돼야 합니다. 예를 들어, 사용자가 쇼핑 앱을 사용한다면 '검색 → 제품 확인 → 구매'와 같은 흐름이 있습니다. 그런데 사용성 테스트에서는 구매 태스크를 먼저 시키고, 검색 태스크를 나중에 시킨다면 부자연스러운 흐름이 될 수 있습니다.

셋째, 한 번에 하나씩 수행하게 하기

사용자 입장에서 사용성 테스트를 한다는 것은 어찌 됐든 인위적인 상황에서 프로토타입이나 제품을 사용해야 하는 것입니다. 즉, 실제 일상적인 상황이 아닌 만큼 긴장할 수 있습니다. 따라서 태스크는 한 번에 하나씩 수행하게 하는 것이 좋습니다. 너무 많은 것을 한 번에 수행하게 하거나 여러 가지 질문을 한 번에 쏟아내면 사용자는 더 긴장할 수밖에 없고 좋은 답변을 이끌어내기 어려울 수 있습니다.

넷째, 육하원칙(언제, 어디서, 누가, 어떻게, 왜, 무엇을)을 활용해서 열린 질문하기

각 태스크를 수행하게 한 후 사용자에게 여러 후속 질문을 해서 생각을 들어볼 수 있습니다. 왜 그렇게 사용했는지, 사용하면서 어떤 생각이 들었는지, 어떤 점이 어려웠는지와 같은 질문을 할 수 있는데, 여기서 닫힌 질문이 아닌 열린 질문을 해야 합니다. 피해야 할 것은 특정 행동이나 답변을 유도해서는 안 된다는 것입니다.

[태스크를 요청할 경우]

- 닫힌 질문 예시: "(제품 상세화면에서) 해당 화면에서 우측 하단에 있는 구매 버튼을 눌러주세요."
- 열린 질문 예시: "(제품 상세화면에서) 해당 화면에서 구매를 하신다면 어떻게 하시겠어요? 말씀하신 후 그대로 수행해주세요."

[질문을 할 경우]

- 닫힌 질문 예시: "앱 화면에서 OO를 하셨는데 OO 때문에 그러신거죠?"
- 열린 질문 예시: "앱 화면에서 OO를 하셨는데 왜 그렇게 하셨는지 말씀해주실 수 있을까요?"

다시 한 번 말씀드리지만 닫힌 질문은 질문자의 생각 범주 안에서만 인사이트를 얻을 수 있습니다. 하지만 열린 질문은 질문자가 생각하지 못했던 범위까지 넓혀서 사고를 확장하게 도와줄 수 있습니다.

TIP 비대면 환경에서는 어떻게 사용성 테스트를 할 수 있을까?

물론 대면으로 사용자를 모셔 놓고 제품/프로토타입을 써보게 하는 것이 가장 좋겠지만 경우에 따라 그렇게 하는 것이 어려울 수 있습니다. 그럴 경우 영상통화 소프트웨어를 통해 사용성 테스트를 진행하는 것을 추천합니다. 비대면 사용성 테스트만의 장점도 있는데, 장소의 제약을 받지 않아 물리적으로 멀리 있는 사용자를 인터뷰하고 테스트할 수 있다는 점입니다.

저는 미국의 전 지역에 걸쳐 사용자가 있는 제품을 개선하기 위해 UX/UI 디자인 업데이트를 진행한 적이 있습니다. 프로토타입을 만들고 그에 대한 피드백을 얻기 위해 비대면 사용성 테스트를 진행했는데, 사용자가 특정 지역에만 있는 것이 아니라서 여러 지역의 사용자를 리크루팅할 수 있었고 다양한 수행 결과를 관찰하고 피드백을 얻을 수 있었습니다.

그림 4.7 비대면 영상통화를 활용한 사용성 테스트 모습 예시. Google Meet, Zoom 등 영상통화 툴을 활용해 진행할 수 있다.

비대면 환경에서는 Google Meet이나 Zoom 등의 소프트웨어로 영상통화를 하면서 '화면 공유' 기능을 이용해 프로토타입을 보면서 진행할 수 있습니다. 이들 툴의 좋은 점은 녹화 기능이 있어서 테스트 후 진행 모습을 다시 보거나 팀원들에게 공유할 수 있다는 것입니다(유료회원인 경우에 한함). 사용자에게 프로토타입이나 제품을 써보게 하려면 URL을 생성해서 전달한 후 화면을 공유하게 한 후 태스크를 수행하게 할 수 있습니다. 최근 많은 디자이너가 사용하는 피그마[6]는 프로토타입을 만들고 URL을 쉽게 생성할 수 있게 만들어져 있어 이러한 사용성 테스트를 훨씬 더 쉽게 할 수 있는 환경이 돼가고 있습니다.

A/B 테스트 – 왜 A/B 테스트인가?

이미 제품이나 서비스가 제공되는 상태에서 어떤 기능을 개선하고자 하고, 개선안 역시 이미 만들어 놓았다고 가정해보겠습니다. 그런데 개선안을 전면적으로 적용했을 때 과연 효과가 있을지 확신이 서지 않을 수 있습니다. 어쩌면 기존보다 효과가 더 없을 수도 있습니다. 그럴 때 진행하는 것이 A/B 테스트입니다.

A/B 테스트는 기존안(A)과 개선안(B)을 동시에 사용자가 사용할 수 있는 환경을 만들어 어떤 안이 더 효과가 있는지 측정하는 것입니다. A/B 테스트는 기본적으로 정량 조사를 합니다. A안과 B안 중 실제로 어떤 것이 더 구매율을 높이거나 화면 전환율이 높은지 등 어떤 지표를 통계적으로 측정해서 객관적으로 효과를 비교합니다. 이 '객관성'이 A/B 테스트를 하는 이유입니다.

예를 들어, 특정 제품의 구매 상세 페이지에 '구매하기' 버튼이 있다고 가정해봅시다. 해당 버튼의 색을 변경하면 사람들이 해당 버튼을 더 쉽게 찾을 수 있을 거라는 생각이 들었습니다. 그런데 다른 팀원은 기존안이 더 효과가 좋을 것이라고 생각합니다. 이럴 때 A/B 테스트를 진행해서 어떤 안이 더 효과가 좋은지 측정해서 효과가 더 좋은 방향으로 최종 결정을 하는 것입니다.

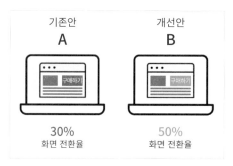

그림 2.8 어느 아이디어가 더 성과가 좋은지 확인할 수 있는 A/B 테스트

참고로 A/B 테스트는 경우에 따라 테스트하고자 하는 개선안이 1개가 아니라 2개나 3개가 될 수도 있습니다. 이것 역시 함께 테스트할 수 있으며, 그럴 때는 A/B/C/D 테스트가 될 수도 있습니다.

A/B 테스트는 UX 디자인은 물론, 제품 개발에 있어서 굉장히 강력한 도구 중 하나라고 생각합니다. 그 이유는 제품과 UX의 개선을 디자이너 또는 팀원의 개인적인 취향이나 사내의 정치적인 요소에 영향을 받지 않고 철저하게 사용자 중심으로 바라볼 수 있게 해주기 때문입니다.

예를 하나 더 들어보겠습니다. 어느 회사의 주니어 UX 디자이너가 있습니다. 그런데 어느 날 팀장과 논쟁이 붙었습니다. 디자이너는 회사의 주요 버튼을 빨간색으로 해야 한다고 생각하는데, 팀장은 초록색으로 해야 한다고 생각합니다. 양립할 수 없는 두 의견이 충돌하게 된 것입니다. 이 회사가 만약 사용자 데이터를 수집하지 않거나 중요하게 생각하지 않는다면 이러한 상황에서는 팀 내 위계질서나 누가 말을 더 잘하느냐와 같은 것에 의해 의사결정이 이루어질 것입니다. 어쨌든 디자이너보다 팀장이 직급이 높으니 직급에 의해 결국 팀장의 의견을 따라야 할 수도 있습니다.

그런데 A/B 테스트를 할 수 있는 회사라면 이야기가 달라집니다. UX 디자이너가 이 상황에서 팀장에게 이렇게 이야기합니다. "팀장님, 빨간색과 초록색 중 버튼 색으로 어떤 것을 사용했을 때 사용자가 더 쉽게 찾고 반응할지 알 수 없습니다. 즉, 어떤 것이 더 높은 전환율을 이끌어내는지 테스트하지 않고는 알 수 없습니다. 두 가지 색을 놓고 A/B 테스트를 수행한 다음 의사결정을 하는 것은 어떨까요?" 그렇게 말하고 테스트를 수행한 후 두 가지 버전 중 성과가 더 높은 버전으로 선택하면 되는 것입니다. 가장 중요한 것은 결국 사용자이며, A/B 테스트는 사용자에 온전히 집중할 수 있게 해줍니다.

A/B 테스트를 하기 위해서는 코딩이 꼭 필요할까?

A/B 테스트는 테스트하고자 하는 기능의 복잡도에 따라 코딩이 필요할 수 있는데, 그럴 경우 개발자의 협력이 필요할 수 있습니다. 개선안이 단순 색상 변경이나 화면 내 요소의 위치 변경, 카피라이팅 테스트 정도라면 코딩 없이 진행할 수도 있는데, 이때 업계에서 많이 활용하는 것은 구글 옵티마이즈(Google Optimize)[6]입니다.

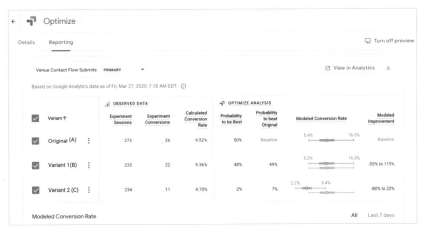

그림 4.9 **구글 옵티마이즈의 A/B/C 테스트 분석 결과 화면** [7]

---

6   https://optimize.google.com/
7   이미지 출처: Google Optimize

구글 옵티마이즈 툴을 사용하는 것이 부담된다면 A안과 B안을 놓고 사용성 테스트를 해보거나 설문 조사를 하는 것도 방법이 될 수 있습니다. 이 경우 정량 조사라고 하기에는 표본의 숫자가 너무 적을 수 있지만 그래도 테스트를 하지 않는 것보다는 낫습니다.

A/B 테스트 시 주의할 점

A/B 테스트는 많은 경우 팀원과의 협업을 통해 진행되며, 테스트 결과 역시 팀원 및 이해관계자들과 공유해야 합니다. 저는 주로 A/B 테스트를 준비할 때 함께 일하는 프로덕트 매니저나 마케터와 논의합니다. 그리고 결괏값은 더 많은 팀 내 이해관계자들에게 공유합니다. 그래서 최대한 결괏값이 객관성을 띨 수 있게 테스트를 설계해야 하며, 이때 다음과 같은 사항을 고려하면 좋습니다.

1. 한 번에 하나씩 테스트하기

기존안을 개선하기 위해서 고민하다 보면 여러 아이디어가 나올 수 있습니다. 예를 들어, 화면 전환율을 높이기 위해 메인 버튼을 테스트한다고 가정해보겠습니다. 개선안으로 해당 버튼의 색상을 변경할 수도 있고 위치를 변경할 수도 있습니다. A/B 테스트를 실시할 때는 색상과 위치를 동시에 변경한 안을 B로 설정하기보다는 색상만 변경하거나 위치만 변경한 안을 B로 설정해야 합니다. 두 가지를 동시에 적용할 경우 테스트 결괏값이 색상에 영향을 받은 것인지, 위치에 영향을 받은 것일지 알 수 없기 때문입니다.

따라서 A/B 테스트를 할 때는 한 번에 하나의 가설을 세우고 이를 검증하기 위한 하나의 변경/개선 안을 테스트해야 합니다.

2. 명확한 성공 지표 설정하기

여러분이 200미터 달리기 선수라고 가정해보겠습니다. 200미터를 다양한 방법으로 달렸을 때 어떤 방법이 효과적인지 A안, B안 등으로 알아볼 수 있을 것입니다. 그리고 효과 여부를 확인하기 위해서는 초시계로 시간을 잰 결과를 봐야 할 것입니다. 여기서 '200미터 달리기 시간 기록'은 성공지표라고 할 수 있습니다.

그림 3.10 늘 기록을 재면서 연습하고 시합하는 달리기 선수들[8]

A/B 테스트를 할 때는 이처럼 명확한 성공 지표를 설정해야 합니다. 예를 들어, 메인 버튼 디자인을 변경한다면 버튼 클릭률이 성공지표가 될 것입니다.

그런데 경우에 따라 다양한 지표를 측정할 수 있습니다. 그럴 때는 어떤 것을 제1 성공지표로 삼을지 정해야 합니다. 예를 들어, 온라인 쇼핑과 관련한 제품 상세화면이 있고, 거기서 특정 정보의 위치를 바꾸었다고 가정해보겠습

8 이미지 출처: Unsplash

니다. 그러면 지표가 화면 체류시간, 바운스율[9], 구매 버튼 클릭률 등 다양할 수 있는데, 그중 어떤 것을 제1 성공지표로 삼을지 정해야 하는 것입니다.

애널리틱스

애널리틱스는 사용자가 제품을 어떻게 사용하는지 사용자 활동을 추적해서 통계 데이터를 얻는 툴입니다. 대표적인 툴로 구글 애널리틱스, 믹스패널이 있습니다.

애널리틱스에서는 어떤 화면에 몇 명의 방문자가 들어왔으며(트래픽) 어떤 경로를 통해 다른 화면으로 몇 명이 이동했는지(화면전환율) 등을 확인할 수 있습니다. 이러한 애널리틱스를 활용하면 데이터를 얻고 가설을 객관적으로 검증할 수 있습니다. 즉, 정확한 수치를 통해 확인할 수 있습니다.

디자이너가 꼭 구글 애널리틱스 전문가가 돼야 한다고 생각하지는 않습니다. 하지만 애널리틱스를 통해 얻은 데이터를 분석할 줄 아는 능력은 필요할 수 있습니다. 한 회사에서 함께 일했던 프로덕트 매니저와 데이터 분석가가 있었는데, 둘 다 구글 애널리틱스 전문가라서 어떤 디자인을 개선했을 때 그 효과를 수치로 검증하기 위해 데이터를 구해달라고 요청하곤 했습니다. 그렇게 얻은 데이터를 분석해보고, 디자인 업데이트가 효과가 있는지 판단하는 데 활용했습니다.

---

9 앱이나 웹사이트를 사용하다가 사용을 멈추지 않고 화면을 닫는 비율

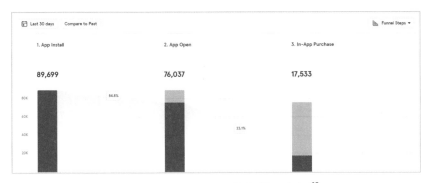

그림 3.11 애널리틱스의 화면 전환에 대한 분석 화면[10]

4.3.3 그 밖의 유저 리서치 기법

앞서 이야기한 것 외에도 다양한 유저 리서치 기법이 있습니다. 그리고 다시 말
씀드리지만 사용자의 문제를 해결하기 위해 사용자에 대해 배우고 연구하는 것
이라면 어떤 활동이든 유저 리서치가 될 수 있기 때문에 어떤 상황에서 무조건
이 방법만 써야 한다는 법은 없습니다. 유저 리서치 기법은 많이 알면 알수록
좋으며, 몇 가지 추가 기법을 소개합니다.

고객센터의 고객 피드백

이미 출시된 제품이나 서비스라면 이를 사용하는 사용자가 있을 것입니다. 그
리고 사용자 수가 어느 정도 많아지면 고객에 대한 불만이나 요청사항에 대응
하기 위한 고객 상담을 전담하는 직원을 고용하고 이를 팀으로 만드는 경우가
많습니다. 이러한 고객센터가 있을 경우 고객센터에 들어오는 상담 내용 중 제
품의 개선에 도움이 되는 내용이 많습니다. 그래서 디자이너는 고객센터에 들
어오는 내용을 수집해서 이를 토대로 UX 디자인 프로세스를 밟아 나갈 수 있

---

10 이미지 출처: Mixpanel

습니다. 명백한 에러의 경우에는 바로 디자인을 업데이트하기도 하고, 조금 더 심층적인 접근이 필요한 경우에는 추가적인 리서치를 수행하거나 브레인 스토밍을 거쳐서 제품을 개선해 나갈 수 있습니다.

고객센터 팀과 UX 디자이너는 많이 소통할수록 이득이 큽니다. 제 경험을 비추어보면, 저는 고객센터 팀이 있을 경우 정기적으로 해당 팀원을 만나거나 이메일을 통해 고객 피드백을 전달받아서 이를 제품의 UX를 개선하는 데 참고합니다. 그리고 UX 디자인 프로세스를 밟을 때 특정 단계에서는 고객센터 팀원을 초대해서 그들의 의견이 제품에 반영될 수 있게 하기도 합니다. 예를 들면, 아이디어를 브레인스토밍할 때 개발자, 마케터, PM뿐만 아니라 고객센터 직원도 초대해서 함께 스케치하는 경우도 종종 있습니다. 고객센터 직원은 고객의 피드백을 토대로 한 아이디어를 공유하기 때문에 더 나은 제품을 만들어가는 데 좋은 아이디어를 낼 수 있습니다.

고객센터가 없다고 해도 고객의 의견을 들을 수 있는 창구가 없는 것은 아닙니다. 앱이라면 애플 앱스토어나 안드로이드 앱스토어에 앱에 대한 별점 및 리뷰를 사용자가 달 수 있습니다. 여기에 올라오는 피드백 중에는 UX와 직간접적으로 연결된 사항도 있을 수 있으므로 참고하기를 권장합니다.

다이어리 기법

다이어리 기법은 시간이 경과함에 따라 특정 연구 주제에 대해 사용자가 자신이 하는 행동, 활동, 생각, 느낌 등을 기록해서 정성적인 데이터를 수집하는 유저 리서치 기법입니다. 다이어리는 며칠에서 몇 주, 또는 몇 개월에 걸쳐 사용자의 기록으로부터 정보를 수집할 수 있습니다. 이렇게 수집한 데이터는 사용자 행태 및 생각을 토대로 사용자를 깊이 이해할 수 있게 도와주며, 결과적으로 제품을 출시하거나 개선하는 데 도움이 됩니다.

그림 4.12 일상을 기록하게 해서 사용자의 생각과 행동을 파악하는 다이어리[11]

다이어리 리서치를 시작하기 위해서는 먼저 계획을 세워야 합니다. 어떤 사용자에게 기록을 요청할 것인지, 연구 주제는 무엇인지, 어떤 순간에 기록하게 할 것인지, 기간은 어떻게 할지 등을 정해야 합니다. 예를 들어, 자신이 직접 요리하는 사용자에게 요리를 어떻게 준비해서 만들고 먹는지 연구한다고 가정해보겠습니다. 이 경우 사용자에게 특정 기간(예: 3일 동안 끼니마다) 요리 준비부터 요리 시작, 식사까지의 순간을 기록하게 하는 것으로 계획을 잡을 수 있습니다.

계획이 모두 세워졌다면 사용자와 사전 미팅을 갖고, 어떤 도구로 어떻게 기록할 것인지를 알려주고, 앞서 정리한 계획서를 공유합니다. 그러면 이를 토대로 사용자는 기록을 시작하면 됩니다.

---

11 이미지 출처: Unsplash

기록이 모두 끝났다면 연구자는 사용자로부터 전달받은 기록을 모두 모아서 이를 평가하고, 필요시 사용자와 후속 인터뷰를 통해 몇 가지 기록 내용에 대해 논의할 수도 있습니다. 마지막으로 데이터를 분석해서 그것을 토대로 무엇을 할지(예: 제품에 적용 등) 결정합니다.

다이어리 기법은 다른 앞선 리서치 기법과 비교할 때 연구 기간이 더 길고 노력이 많이 들 수 있습니다. 하지만 사용자의 실제 행동에 기반한 자료를 얻을 수 있어 사용자를 깊이 이해하고 앞으로의 제품 방향을 설정하는 데 효과적입니다. 또한 다이어리는 어떤 특정 행동을 하기 전후에 어떤 행동과 생각을 했는지 알 수 있기 때문에 맥락적 이해를 얻을 수 있다는 장점이 있습니다.

4.3.4 페르소나는 무엇이고, 왜 사용하는 걸까?

페르소나란 무엇인가?

페르소나(persona)는 타깃 사용자층을 설명하고 이를 팀원과 함께 공유하기 위해 만든 가상의 인물을 말합니다. 페르소나를 만드는 이유는 디자이너와 조직, 회사가 명확하게 타깃으로 삼고자 하는 사용자에 대해 함께 공감하고 그것을 토대로 제품과 사용자를 향한 메시지를 만들기 위해서입니다. 페르소나는 다음 그림 예시와 같이 실제 있을 법한 한 인물에 대한 이름, 사진, 특징, 겪고 있는 문제 등을 포함하고 있습니다.

그림 4.13 **페르소나의 예시**

페르소나는 왜 사용할까?

페르소나를 왜 사용해야 하는지, 페르소나의 장점을 들어 설명해보겠습니다.

첫째, 선택과 집중을 도와준다.

모두를 위한 디자인은 누구를 위한 디자인도 되지 못한다는 말이 있습니다.
이것은 '작게 시작하라'라는 말과 궤를 같이한다고 생각합니다. 지금은 거대
해진 회사도 스타트업 시절에는 작게 시작했습니다. 정해진 리소스가 많지
않기 때문에 빠르게 출시하고 가장 중요하다고 생각하는 가설을 검증해 나
가야 합니다.

여기서 중요한 것은 타깃 사용자를 명확하게 잡아야 한다는 것입니다. 그런
데 이 사용자를 '모두'라고 잡는다면 충족시켜야 할 사람들이 끝이 없다는 것
을 의미하며, 리소스가 무한정 필요해집니다. 그래서 모두가 아닌 특정 사용
자층을 겨냥해서 제품을 설계하고 만들고 테스트해야 하는 것입니다.

스타트업이 아닌 어느 정도 규모가 있는 회사도 마찬가지입니다. 규모가 크더라도 제품별로, 기능별로, 아이디어를 단위를 쪼갤 수 있으며, 타깃 사용자를 세밀하게 정의하고 빠르게 가설을 검증해나가는 것이 효과적일 수 있습니다. 페르소나가 있으면 타깃층을 명확하게 정의하고, 이들에게 집중하는 데 도움이 됩니다.

사례를 통해 살펴보겠습니다. 지금은 전 세계에 걸쳐 수많은 사용자를 확보한 페이스북 역시 초창기에는 아주 세분화된 특정 사용자층을 고려해서 제품을 만들었습니다. 바로 미국의 하버드 대학교에 다니는 대학생들이었습니다. 페이스북 창업자인 마크 저커버그는 대학생들이 서로 연결되고 정보를 공유하고자 하는 니즈를 포착하고 페이스북의 전신을 만들었고, 그것이 폭발적인 반응을 얻으면서 아이비리그 대학들을 비롯한 더 큰 커뮤니티로 퍼져 나갔습니다.

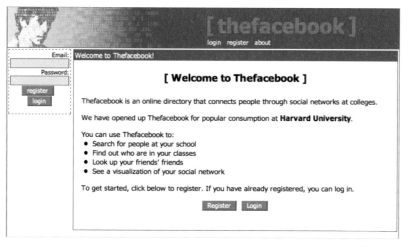

그림 4.14 페이스북의 초기 모습. 하버드 대학생을 위한 제품이었던 페이스북의 초기 모습[12]

---

12 이미지 출처: businessinsider

둘째, 우리가 어떤 문제를 해결하고 있는지에 대해 팀원들과 문제의식을 공유할 수 있다.

페르소나가 있으면 사용자에 대해 팀원끼리 효과적으로 커뮤니케이션할 수 있습니다. 페르소나는 사용자군이 아닌 특정 가상인물이지만 실제 존재하는 사람처럼 묘사합니다. 그렇게 하면 사용자 타깃층의 범위를 넓히려는 것을 자제하고 해당 페르소나를 위한 맞춤형 솔루션을 내놓는 데 초점을 맞추고 이에 대해 팀원들과 발맞추어 앞으로 나갈 수 있습니다. 또한 페르소나는 인격체와 같은 느낌이 있기 때문에 팀원들이 더 쉽게 공감할 수 있습니다.

페르소나는 모든 팀원이 활용할 수 있습니다. 디자이너는 페르소나를 토대로 제품의 정보를 설계하고 시각화하는 작업을 할 수 있고, 마케터는 고객 메시지를 만들 때 페르소나를 고려해 만들 수 있습니다. 즉, 페르소나는 디자이너뿐 아니라 팀원 모두가 활용할 수 있으며, 따라서 페르소나를 만들고 나면 팀원들과 공유해야 합니다. 회사 팀원 외에 협력업체와 일을 할 때도 페르소나를 공유하면 제품이 누구를 위해 만든 것인지 쉽게 커뮤니케이션할 수 있습니다. 바꿔 말하면 페르소나를 제작하는 것 역시 디자이너 혼자 만드는 게 아니라 다른 팀의 팀원들과 함께 만들어나갈 수도 있다는 것을 의미합니다.

저는 한 프로젝트를 시작하면서 페르소나가 없어서 마케터, PM, 개발자 등 팀원들을 모아 함께 페르소나를 만든 적이 있습니다. 두 차례의 아이디어 회의를 거쳐 이미 보유하고 있던 사용자 데이터와 팀원들의 의견을 모아 페르소나를 만들었고, 이렇게 만들어진 페르소나는 프로젝트를 진행하면서 UX/UI 뿐 아니라 브랜딩, 마케팅, 영업 업무에서 다양한 용도로 활용됐습니다. 그리고 어떤 기능에 대해 토의할 때도 기능 탑재의 적합성 여부를 페르소나를 기준으로 판단했습니다.

페르소나는 어느 시점에 만들어야 할까?

페르소나를 만들려면 어느 정도의 사용자 데이터가 축적돼야 하는지, 또는 출시된 제품이 있을 때에만 페르소나를 만들 수 있는지 물어보는 분들이 있습니다. 여기에 대해 저는 꼭 그렇지는 않다고 말씀드립니다. 페르소나는 사용자에 대한 이해가 있든 없든 언제든지 만들 수 있습니다. 제품이 이미 있고 해당 제품을 사용하는 특정 사용자군이 있다면 이를 토대로 만들 수도 있겠지만 제품이 없다고 해도 페르소나를 만들 수 있습니다.

페르소나는 가상의 인물이므로 일단 만들어놓고 이를 가설을 검증하는 데 활용할 수 있습니다. 가설에는 타깃 사용자, 문제, 해결책이 포함된다고 했습니다. 그렇다는 것은 가설을 검증하다 보면 타깃 사용자를 수정해야 할 수 있으며, 페르소나 역시 수정해야 할 수 있음을 의미합니다. 그래서 페르소나는 한 번 만들면 끝이 아니라 계속해서 개선하고 업데이트하는 경우도 많습니다.

4.4 _ 요약 포인트

지금까지 유저 리서치란 무엇인지 살펴보고 어떤 기법이 있는지 알아봤습니다. 이번 장의 요점을 정리해보겠습니다.

유저 리서치란?

사용자가 겪는 문제를 해결하기 위해서는 사용자를 이해해야 하고, 사용자를 통해 가설을 검증해야 합니다. 이를 위해 일대일 심층 인터뷰, AB 테스트, 사용성 테스트 등 다양한 활동을 할 수 있습니다. 사용자를 더 잘 이해하기 위한 활동이라면 어떤 것이든 유저 리서치에 포함됩니다.

유저 리서치의 장점은 무엇인가?

유저 리서치를 하면 무엇보다도 사용자가 무엇을 하고, 그것을 왜 하는지 깊이 이해할 수 있습니다. 그리고 이것은 궁극적으로 사업의 성공으로 이어질 수 있습니다. 제품을 출시하기 전 또는 프로젝트 초기 단계에 진행해서 개발 및 출시 이전에 빠르게 가설을 검증할 수 있기에 실패에 대한 리스크를 줄일 수 있습니다. 이것은 개발 비용과 같은 리소스와 예산을 우선순위가 높은 곳에 투입할 수 있음을 의미합니다.

유저 리서치의 종류와 목적

유저 리서치는 정성 조사와 정량 조사에 따라 분류할 수 있으며, '사용자는 무엇을 생각하는가?'와 '사용자는 무엇을 하는가?'라는 두 질문에 따라 분류할 수도 있습니다. '사용자는 무엇을 생각하는가?'를 조사한다는 것은 사용자가 어떤 특성을 가지고 있고, 어떤 문제를 겪고 있으며, 이를 해결하기 위해 무엇을 하고 있는지 등 사용자의 생각과 의견을 집중적으로 들어보는 것을 말합니다. 대표적으로는 일대일 심층 인터뷰와 설문 조사가 있습니다.

'사용자는 무엇을 하는가?'로 분류할 수 있는 유저 리서치 기법에는 사용성 테스트, 애널리틱스, A/B 테스트가 있으며, 사용자가 하는 행동은 무엇인지 관찰하고 객관적인 데이터를 확인하는 것에 집중합니다.

페르소나란 무엇이고 왜 사용할까?

어떤 아이디어가 효과가 있는지 확인하기 위해서는 가설을 세워야 하며, 이를 검증해야 합니다. 여기서 가설은 타깃 사용자와 문제, 해결책으로 구성돼 있으며, 페르소나는 타깃 사용자를 정의하는 데 사용됩니다. 페르소나는 타깃 사용자층을 정의하고 팀원들과 함께 공유하기 위해 만드는 가상 인물로,

해당 인물의 이름, 특성, 경험, 겪고 있는 주요 문제 등이 페르소나 프로필에 기재될 수 있습니다. 페르소나는 팀원이 집중해야 할 타깃 사용자층이 누구인지 공감하는 데 효과적입니다. 페르소나는 프로젝트가 진행됨에 따라 업데이트될 수 있습니다.

05

사용자를 끌어당기는
UX는 어떤 프로세스를 통해
만들어질까?

5.1 _ 디자인 씽킹을 통해 이해하는 UX 디자인 프로세스

아래에 두 개의 앱 화면이 있습니다. 하나는 스포티파이라는 음악 스트리밍 앱이고, 다른 하나는 에어비앤비 앱입니다. 두 앱 모두 전 세계적으로 사용자가 많은 인기 앱입니다.

그림 5.1 스포티파이와 에어비앤비 앱[1]

여기서 질문을 하나 드리겠습니다. 이 화면들은 어떤 과정을 거쳐서 나오게 됐을까요? 디자이너가 피그마나 스케치[2] 같은 UI 디자인 툴을 열고 단숨에 그렸을까요?

대부분의 UX 디자인 프로젝트는 이러한 화면이 나오기까지 많은 과정과 고민을 거칩니다. 즉, 끊임없이 가설을 설정하고 그 가설이 맞는지 검증하기 위해 계속해서 실험한 결과로 그림 5.1의 화면을 보게 됩니다. 어쩌면 우리가 보는

---

1   이미지 출처: Spotify, Airbnb

2   https://www.sketch.com/

화면 중에는 사용자에게 더 나은 서비스를 제공하기 위해 실험 과정에 있는 화면도 있을 것입니다.

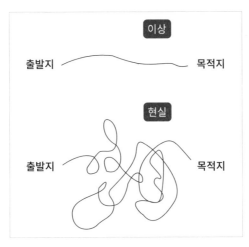

그림 5.2 UX 디자인에서 목표에 도달하는 이상적인 모습(위)과 현실의 모습(아래)

이상적으로는 단번에 문제를 발견하고 멋진 제품이 나왔으면 좋겠지만 현실에서는 갖은 시행착오를 거치게 됩니다. 즉, UX 디자이너는 앱 화면 하나를 만드는 데도 사용자들에게 더 나은 경험을 제공하기 위해 디자인 프로세스를 밟습니다. 이러한 디자인 프로세스를 설명하는 다양한 방법론 중 많은 디자이너로부터 인정받고 활용되고 있는 것이 있는데, 바로 **디자인 씽킹(Design Thinking)**입니다. 우리말로는 '디자인 사고', 또는 '디자인적으로 생각하다' 정도로 이해할 수 있습니다.

UX 디자이너들이 일할 때에는 다양한 방법을 활용하고, 어떤 정해진 하나의 방법은 없습니다. 그런데 이처럼 다양한 방법도 디자인 씽킹에서 제시하는 디자인 프로세스의 범주에서 크게 벗어나지는 않습니다. **디자인 씽킹이란 어떤 문제를 해결하기 위해 제품 사용자를 가장 중심에 두고 혁신을 이루어 내고자 하는 방법론입니다.**

이와 대치되는 개념으로는 기술 중심 또는 솔루션 중심 접근법이 있습니다. 예를 들어, A라는 회사가 어떤 최신 기술을 가지고 있다고 가정해보겠습니다. 그러면 그 기술을 활용해서 사람들이 사용할 만한 무언가를 만들어보자는 것이 기술/솔루션 중심 접근법입니다. 반도체 제작과 같이 최첨단 기술이 핵심이 되는 사업에서는 그 방법이 맞을 수 있겠지만 비즈니스의 성공 여부에 사용자가 중요한 역할을 하는 소프트웨어 산업에서는 이 접근법이 실제 성공까지 이어지는 데는 적합하지 않을 수 있습니다. 해당 기술이 아무리 대단하더라도 사용자가 원하는 것이 아니면 소용없기 때문입니다.

디자인 씽킹에는 '디자인'이라는 단어가 들어 있어서 얼핏 듣기에 디자이너만 활용하는 방법이라고 생각할 수 있습니다. 하지만 디자인 씽킹은 회사의 비즈니스 혁신을 위해 디자이너뿐 아니라 여러 이해관계자가 오너십을 가지고 다양한 업무에 적용할 수 있습니다. UX뿐만 아니라 다양한 문제를 풀어나가는 데 활용될 수 있는데, 예를 들어 영업 팀의 업무 프로세스를 개선해야 한다고 가정해보겠습니다. 이 경우 디자인 씽킹을 적용해서 사용자를 영업사원으로 설정하고, 영업사원이 업무에서 겪는 문제가 무엇인지 발견하고, 그에 대한 해결책을 찾아나갈 수 있을 것입니다. 이런 식으로 앱이나 웹사이트의 UX를 제작하는 것과는 무관하지만 디자인 씽킹의 방법론을 적용했다고 볼 수 있습니다.

참고로 규모가 작은 스타트업부터 애플, 마이크로소프트 같은 세계적인 테크기업, 펩시나 나이키 같은 소비재 기업까지 다양한 곳에서 디자인 씽킹이 회사의 혁신을 위해 활용되고 있는 것으로 알려져 있습니다. 여기서 말하는 혁신은 단순히 웹이나 앱의 UX만 말하는 것이 아니라 오프라인 쇼핑 경험부터 소비재 제품 기획까지 고객이 경험할 수 있는 모든 영역을 아우릅니다.

이 책에서는 디자인 씽킹이 UX 디자인에 어떻게 적용될 수 있는지 집중적으로 다뤄보겠습니다. 사용자를 문제 해결 과정의 핵심에 두는 디자인 씽킹에서 말하는 다섯 가지 단계가 있습니다. 이에 대해 간단하게 살펴본 후 각 단계에 대해 더 깊이 설명하겠습니다.

디자인 씽킹의 5단계

그림 5.3 디자인 씽킹의 5단계

디자인 씽킹은 공감(Empathize) – 정의(Define) – 아이디어 도출(Ideate) – 프로토타입(Prototype) – 테스트(Test)의 5단계로 돼 있습니다. 첫 번째인 공감은 사용자의 생각, 행동과 사용자가 느끼는 불편함, 기쁨, 어려움과 같은 감정을 이해하고 이를 디자이너 및 팀원이 공감하고 내재화하는 단계입니다. 공감 단계에서 사용자의 피드백이나 의견을 토대로 사용자가 겪는 여러 가지 문제를 발견하게 됩니다. 그중 핵심 문제를 정의하고 그것에 집중하자고 이야기하는 것이 정의 단계입니다. 정의 단계에서 우리가 집중해야 할 타깃 사용자가 누구인지도 정의해야 합니다. 세 번째 아이디어 도출은 앞에서 정의한 타깃 사용자가 겪는 문제를 어떻게 해결할 것인가에 대해 여러 아이디어를 발산하는 시간이며, 네 번째 프로토타입 단계는 이렇게 나온 아이디어를 발전시키고 고도화해서 사용자에게 테스트할 프로토타입(우리말로는 시제품)을 만듭니다. 마지막 테스트 단계에서는 프로토타입을 사용자에게 보여주거나 써보게 해서 개선할 점은 없는지, 제품이 실제로 사용자의 문제를 해결해주는지를 확인합니다.

문제 찾기와 문제 해결, 발산과 수렴의 관점으로 이해하는 디자인 씽킹

UX 디자인은 문제를 발견해서 해결하는 것입니다. 디자인 씽킹에서 공감과 정의는 문제를 발견하는 과정이며, 아이디어 도출과 프로토타입, 테스트는 문제에 대한 해결책을 찾는 과정이라고 볼 수 있습니다.

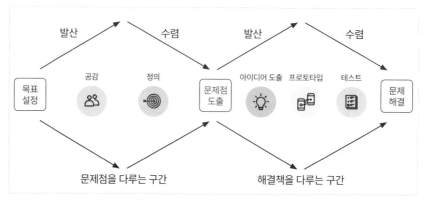

그림 5.4 발산과 수렴의 관점에서 이해하는 디자인 씽킹

디자인 씽킹의 5단계를 발산과 수렴의 관점에서 이야기할 수도 있습니다. 여기서 발산은 최대한 많은 정보를 수집한다는 뜻이고, 수렴은 그렇게 수집된 여러 가지 정보를 선택과 집중을 통해 하나로 모으고 정리한다는 뜻입니다. 이런 관점에서 볼 때 프로젝트의 목표를 세운 후 사용자에 대해 최대한 많은 정보를 수집하는 공감 단계는 발산의 시간이라고 할 수 있습니다. 공감 단계에서는 사용자가 겪는 여러 가지 문제점을 발견할 수 있습니다. 그런데 실무에서 이 모든 문제를 한 번에 해결하기에는 디자인 및 개발 인력을 투입하는 데 한계가 있습니다. 그래서 우선순위가 높은 문제부터 먼저 해결해야 합니다. 이러한 과정은 수렴의 관점에서 이해할 수 있습니다.

아이디어 도출 단계에서는 집중하기로 한 문제를 해결하기 위해 다양한 관점을 가진 여러 사람들이 최대한 많은 아이디어를 생각해내는 것이 중요합니다. 하지만 그렇게 나온 아이디어를 모두 제품에 적용할 수는 없습니다. 앞서 이야기한 문제점 정의와 마찬가지로 아이디어 역시 모든 것을 적용하기에는 인력 리소스의 한계도 있고 모든 아이디어가 사용자에게 효과가 있을지는 알 수 없습니다. 그래서 사용자에게 더 도움이 될 것으로 생각되는 아이디어를 우선순위로 두어 추려내는 과정을 거치고 프로토타입으로 발전시키게 됩니다.

프로토타입 과정 역시 여러 개의 시안을 만들어보다가 테스트해볼 시제품을 추려내는 과정을 거칩니다. 테스트 단계에서는 실제로 사용자 피드백을 받고 개선 또는 방향성 전환 등의 과정을 거쳐 추려진 아이디어가 출시될 수도 있고 다음으로 테스트할 아이디어를 정하기도 합니다. 그래서 이 과정 역시 발산과 수렴으로 이해할 수 있습니다.

이어서 디자인 씽킹의 각 단계를 실무에서 어떻게 활용하고, 어떤 활동을 할 수 있는지 사례와 함께 설명하겠습니다.

5.2 _ 공감 단계

개인적으로 디자인 씽킹의 5단계 중 가장 중요한 단계가 공감 단계라고 생각합니다. 거듭 강조하지만, UX 디자인은 사용자가 겪는 문제를 해결하는 것입니다. 여기서 중요한 것은 디자이너는 자신을 위해, 또는 자기만의 생각을 가지고 디자인하는 것이 아니라 사용자를 위해 디자인한다는 것입니다. 즉, 사용자를 깊이 이해해야 그들이 겪는 문제가 무엇인지 발견할 수 있으며, 그렇게 발견한 문제가 UX 디자인 프로세스를 밟는 핵심 열쇠라고 볼 수 있습니다.

어떤 프로젝트든 시작할 때는 목표를 세웁니다. 웹사이트의 회원 가입율을 높인다거나 상품 구매율을 높이는 등의 기존 경험을 개선하는 것이 목표가 될 수도 있고, 새로운 제품을 출시해서 어떤 새로운 가치를 만들겠다는 것과 같은 목표를 세울 수도 있습니다.

한편 실무에서 목표를 설정할 때는 비즈니스, UX, 기술 역량 등을 모두 고려해서 결정합니다. UX 디자이너는 회사에서 혼자 일하는 것이 아니라 프로덕트 매니저, 개발자, 마케터, CEO 등과 협업하고 제품을 개선해 나가야 하기 때문에 목표를 혼자 설정하기보다는 협업하는 타 부서와 여러 사항을 고려해서 함께 진행 가능한 범위를 따져보고 결정하게 됩니다.

가상의 사례 신발 쇼핑 앱

신발을 판매하는 가상의 온라인 쇼핑 앱이 있다고 해봅시다. 그림 5.5의 화면은 쇼핑 앱의 제품 상세 페이지입니다.

그림 5.5 제품 상세 페이지

그럼 다음과 같이 상세 페이지에서의 상품 구매율을 높이는 것을 목표로 삼을 수 있습니다.

"현재 우리 앱의 제품 상세 페이지로 유입되는 사람 수는 하루 평균 10,000명인데, 그 중 실제로 구매까지 이어지는 사람은 200명(상품 구매율: 2%) 정도다. 이번 분기에 제품 상세 페이지를 개선해서 상품 구매율을 현재 대비 50% 늘려보자. 즉, 상품 구매율을 2%에서 3%로 만들어보자."

목표를 설정하고 나면 공감 단계로 들어가는데, 여기서 하는 주된 활동은 유저 리서치입니다. 앞서 말씀드렸듯이 유저 리서치에는 사용자를 이해하기 위해 할 수 있는 모든 활동이 포함됩니다. 사용자에게 어떤 니즈가 있는지, 어떤 특성을 가지고 있는지 등 가능한 한 많은 부분을 알아내고자 노력하는 겁니다.

예시로 든 신발 쇼핑 앱의 경우에는 유저 리서치를 통해 사용자가 신발을 살 때 무엇을 생각하고 어떤 활동을 하는지, 어떤 앱을 활용하는지, 우리 앱을 사용하는 데 있어서는 어떤 불편함이 있는지, 사용하지 않는다면 왜 그런지 등 사용자에 대해 전방위적으로 이해할 수 있습니다.

공감 단계에서 할 수 있는 유저 리서치 활동

사용자 데모그래픽 조사

데모그래픽(demographics) 조사에서는 우리 제품을 사용하는 사람들이 어떤 사람인지, 연령대는 어떻고, 어느 지역에 주로 사는지, 어떤 성별의 사용자가 많은지 등을 알아봅니다.

모두를 위한 제품은 누구를 위한 제품도 되지 못한다는 말이 있습니다. 즉, 성공적인 제품을 만들기 위해서는 타깃 사용자를 명확하게 정의해야 합니다. 일상에서 흔히 접할 수 있는 과자를 예로 들면, 연령층에 따라 과자의 포장지 디자인이 다른 것을 볼 수 있습니다. 아이들이 먹는 과자에는 뽀로로나 타요처럼 아이들이 좋아하는 캐릭터를 넣는 등 어른이 먹는 과자와 차별화된 것을 볼 수 있습니다. 이는 철저하게 타깃 사용자를 공략하기 위한 것이며, 그러기 위해 타깃 사용자가 누구인지를 잘 알아야 합니다.

그런 의미에서 데모그래픽 조사는 우리가 타깃으로 삼아야 할 사용자가 누구인지에 대해 알 수 있게 도와줍니다. 만약 출시한 제품이 이미 있다면 구글 애널리틱스 같은 툴을 활용해 주된 사용자 층은 어느 지역에 있는지, 연령대는 어떻게 되는지 등 어떤 배경을 가진 사람들인지 통계 데이터를 얻을 수 있습니다. 또한 제품 사용자들에게 설문 조사 이메일을 보내서 사용자에 대해 알아볼 수도 있습니다.

데모그래픽 조사를 통해 얻은 데이터는 타깃 사용자의 페르소나를 정의하는 데도 활용할 수 있습니다.

일대일 심층 인터뷰

제품을 기획하려면 가장 먼저 사용자가 어떤 사람인지, 어떻게 살고 있는지, 어떤 니즈가 있는지, 기획하고자 하는 제품과 관련해서 어떤 문제를 겪고 있는지 등 본질적인 영역을 이해해야 합니다. 이러한 사용자의 생각과 의도를 알아볼 수 있는 가장 대표적인 활동이 일대일 심층 인터뷰라고 했습니다.

일대일 심층 인터뷰에서는 사용자는 어떤 사람이며, 주어진 토픽에 대해 어떤 생각을 갖고 있고 어떤 활동을 하고 있는지, 불편한 점은 무엇이고 그것을 해소하기 위해 어떤 제품을 사용하는지, 또는 어떤 행동(활동)을 하는지 등을 물어봅니다.

> **가상의 사례** 신발 쇼핑 앱
>
> 앞의 사례에서 우리는 신발 앱의 제품 상세 페이지를 개선해야 하는 상황입니다. 그렇다면 앱을 사용하고 있거나 사용할 주된 타깃 사용자가 누구인지를 먼저 확인해서 그들을 섭외해야 합니다. 참고로 타깃 사용자에 대한 정보가 부족하다면 앞서 이야기한 데모그래픽 조사를 통해 보충할 수 있습니다.
>
> 여기서 개선하려는 것은 신발 쇼핑 앱입니다. 사용자가 신발을 구매하는 것을 도와주는 앱이므로 사용자가 신발을 구매할 때 어떤 생각과 행동을 하는지 최대한 이해하고 그것을 바탕으로 인사이트를 도출해야 합니다. 신발을 어떤 상황에서, 왜 구매하는지, 구매를 결

정했다면 구매하기까지 어떤 과정을 거치는지, 구매하면서 겪는 어려움에는 어떤 것이 있는지, 그러한 어려움을 해결하기 위해 어떤 활동을 하는지 물어볼 수 있습니다. 이를 통해 사용자에 대해 더 깊이 이해하게 되면 정의 단계에서 핵심 문제를 정의하는 데 큰 도움이 됩니다.

앞에서도 언급했듯이 인터뷰를 하기 위해서는 대본을 만드는 것이 중요합니다. 인터뷰를 구체적으로 계획하지 않고 막무가내로 질문하면 인터뷰하는 사람에 따라 내용이 달라질 수 있고 대화가 중구난방으로 흘러갈 수 있기 때문입니다.

사용성 테스트

앞서 사용성 테스트는 사용자에게 기존 제품 또는 프로토타입을 사용해보게 하고, 그 모습을 관찰하고 질문하면서 사용자로부터 피드백을 얻는 조사 기법이라고 했습니다. 사용성 테스트를 하면 사용자가 제품의 어떤 부분을 잘 이해하지 못하는지, 또는 사용하기 어려워하는지 등을 알 수 있습니다. 이를 토대로 무엇을 개선해야 할지 문제점을 정의할 수 있습니다.

가상의 사례 **신발 쇼핑 앱**

사용자에게 신발 쇼핑 앱의 현재 상세 페이지를 보여주고 써보게 한 다음 관찰한다면 그 페이지에서 개선해야 할 것이 무엇인지 알 수 있습니다. 상세 페이지에서 제공하는 각 텍스트 및 이미지를 쉽게 이해했는지, 원하는 정보를 빠르게 찾았는지, 불편한 점은 어떤 것이 있고, 왜 불편함을 느꼈는지 등을 물어볼 수 있습니다. 일대일 심층 인터뷰와 마찬가지로 사용성 테스트는 대본을 준비해서 각 사용자에게 통일된 질문과 태스크 수행 요청을 해야 합니다.

애널리틱스 조사

정량적인 데이터를 주로 추출해주는 소프트웨어를 활용해서 사용자가 수치 측면에서 무엇을 어떻게 하고 있는지 알아봅니다. 제품으로의 사용자 유입량, 화면별 전환율 같은 것이 여기에 포함되며, 특정 화면에서 전환율이 낮다면 좀 더 면밀히 조사해서 개선 기회를 포착할 수 있습니다.

가상의 사례 신발 쇼핑 앱

신발 쇼핑 앱의 경우 제품 상세 페이지라는 구체적인 화면을 개선해야 하는 상황입니다. 이 경우, 제품 상세 페이지로 들어오는 사용자들이 어떤 경로를 통해 들어오는지를 수치를 통해 알 수 있습니다. 사용자가 주로 어떤 화면을 통해 상세 페이지로 유입됐는지 안다면 어떤 사전 정보 및 의도를 갖고 이 페이지에 왔는지 알 수 있어서 사용자에게 필요한 주된 정보가 무엇인지 유추해 볼 수 있으며, 이를 토대로 개선 아이디어를 내볼 수도 있습니다.

또한 상세 페이지에서 어떤 버튼이나 콘텐츠를 주로 클릭하는지를 추적해볼 수도 있는데, 이러한 정보는 사용자에게 어느 영역을 더 잘 보이게 할지, 사용자가 많이 소비하는 정보는 무엇인지 알 수 있게 해줍니다.

TIP 세상에 없는 제품을 기획해야 한다면 어떻게 공감 단계를 밟아야 할까?

예시로 든 신발 쇼핑 앱의 '제품 상세 페이지 개선'은 이미 출시되고 사용 중인 제품을 개선하는 경우에 해당합니다. 하지만 UX 디자이너는 0에서 1을 만들어야 하는, 즉 시장에 없는 앱이나 웹사이트를 기획하고 디자인해야 할 때도 많습니다. 포트폴리오를 만들기 위해 학생 또는 UX 디자인 입문자가 개인적으로 UX 프로젝트를 진행하는 경우도 이런 경우에 해당할 수 있는데, 이 경우에도 목표 또는 토픽을 설정하고 공감 단계의 활동을 수행해야 합니다. 다만 기존 제품이 존재하지 않으므로 애널리틱스를 통한 데이터를 얻기는 어려우며 타깃 사용자에 대한 정보 역시 없을 가능성이 높습니다. 그래서 타깃 사용자를 정의하기 위한 사용자 인터뷰 조사가 아주 중요한 역할을 합니다.

예를 들어, 타깃 사용자를 바쁜 주부로 정하고, 바쁜 주부가 어떻게 하면 더 쉽게 가족의 식사 메뉴 아이디어를 낼 수 있을까, 라는 주제를 선정했다고 가정해보겠습니다. (사실, 가족을 위해 식사 준비를 자주 하는 제가 개인적으로 해결해보고 싶은 주제이기도 합니다.) 그다음에는 공감 단계로 넘어가서 여러 주부를 만나보고 식사를 어떻게 해결하고 있는지, 식사 준비를 위해 쇼핑 단계부터 요리까지 어떤 과정을 밟는지, 어려움은 없는지, 메뉴 아이디어는 어떻게 얻는지 등을 물어볼 수 있습니다. 필요하다면 논문이나 기사에서 가족 식사 형태의 변화와 관련된 내용이 있는지 찾아보고, 이를 통해 인사이트를 얻을 수 있는지 확인하는 것도 좋은 방법이 될 수 있습니다.

정리하자면, 공감 단계는 UX 디자인에서 선택이 아닌 필수입니다. UX 디자인을 할 때 사용자가 없다면 팥소 없는 찐빵이나 마찬가지입니다. 프로젝트의 성격에 따라 정량적인 유저 리서치는 하기 어렵더라도 상황에 맞게 활용 가능한 유저 리서치 기법을 써서 사용자에 대해 배우고 이해하는 기회로 삼아야 합니다.

5.3 _ 정의 단계

저는 UX 디자인 일을 하면서 면접을 보고 지원자들의 포트폴리오를 검토할 때 다음과 같은 기준을 가지고 임합니다. 바로 지원자가 사용자와 문제를 정의하기 위해 노력을 기울였는지, 그렇다면 어떤 활동을 했는지입니다. 그런데 많은 지원자가 시각적으로 아주 멋진 디자인 결과물을 보여주면서도 그 결과물이 왜 나왔는지, 즉 어떤 사용자가 겪는 어떤 문제를 해결하기 위한 디자인이며, 문제는 어떤 과정을 통해 정의됐는지를 정확하게 설명하지 못하는 경우가 많았습니다.

현업에서 일하면서 느낀 것은 멋진 디자인 결과물을 만드는 것보다 좋은 문제를 찾는 것이 훨씬 더 어렵다는 것이었습니다. 문제가 제대로 정의되지 않으면 아무리 멋지고 예쁜 완성품도 사용자에게는 의미가 없습니다.

그런 이유로 문제를 찾기 위한 활동과 문제 정의 과정이 생략된 포트폴리오를 보면 지원자가 이렇게 말하고 있다고 여겨집니다.

"저는 시각적으로 멋진 결과물을 만들 수 있습니다.
감사합니다. 끝."

저는 함께 일할 사람, 함께 문제를 찾고 해결책을 고민할 사람을 뽑아야 합니다. 그런데 이런 지원자는 문제 정의의 중요성을 인식하지 못하고 있고 그와 관련한 경험이 없다고 판단되어 다음 단계인 면접 시험에 부르기 어렵습니다. 이렇게 중요한 문제 정의가 지금부터 이야기할 정의 단계에서 이루어집니다.

디자인 씽킹의 정의 단계에서는 앞서 공감 단계에서 수집한 사용자에 대한 데이터를 토대로 문제와 사용자에 대해 정의합니다. 이 단계에서는 사용자가 겪고 있는 여러 가지 불편함이나 문제점을 검토합니다. 그러한 문제는 굉장히 많을 수 있습니다. 그럼 여기서 한 가지 질문을 드리겠습니다. 이러한 문제를 한번에 모두 해결할 수 있을까요?

그렇지 않습니다. 한 번에 모든 문제의 해결책을 개발하고 검증하기에는 시간과 인력 자원의 한계가 있습니다. 또한 모든 문제가 중요하지는 않을 수 있습니다. 문제를 해결했을 때 기대되는 효과와 사용자에게 전달할 수 있는 가치가 다를 수 있기 때문입니다. 그래서 앞서 발견한 많은 데이터를 좁혀 나가면서 집중해야 할 문제가 무엇인지 정의해야 합니다.

UX 디자이너에게는 개발자나 프로덕트 매니저처럼 협업하는 사람들이 있습니다. 그래서 그들과 함께 논의하거나 투표해서 집중할 문제를 뽑을 수 있습니다. 포트폴리오 등을 만들기 위해 개인적으로 UX 프로젝트를 진행할 때도 마찬가지입니다. 디자이너 역시 한 번에 모든 문제를 해결하기 위한 모든 프로토타입을 만들 수는 없기 때문에 문제의 우선순위를 정해야 합니다.

문제를 추려낸다는 것은 공감 단계에서 발견하기는 했지만 뽑히지 못하는 문제도 많다는 것을 의미합니다. 그렇다고 해서 이 문제들이 버려진다는 뜻은 아닙니다. 우선순위를 정해서 나중에 시간이 있을 때 그러한 문제를 다룰 수 있습니다. UX 디자인은 결국 가설 설정과 검증이라고 했는데, 이 말은 곧 하나의 가설을 설정해서 하나씩 테스트해본다는 것을 의미합니다. 또한 추려낸 문제가 해결책을 통해 검증 과정을 거쳤을 때 그렇게 중요한 문제가 아니라고 판명될 수도 있습니다. 그러면 정의 단계로 돌아와서 그다음으로 집중할 문제를 뽑을 수 있습니다.

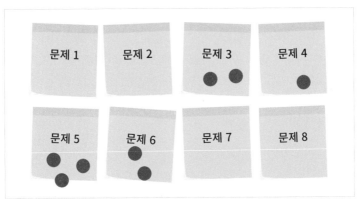

그림 5.6 문제점을 포스트잇으로 나열하고 팀원들과 투표를 통해 집중할 문제에 대한 우선순위를 정할 수 있다.

정의 단계에서 정의하는 것은 문제 외에도 한 가지가 더 있습니다. 바로 타깃 사용자입니다. 어떤 제품을 기획할 때는 타깃으로 삼는 사용자가 누구인지를 명확하게 해야 합니다. 이미 존재하는 제품을 개선해야 하는 상황이고, 뚜렷한 타깃 사용자가 있는 경우에는 정의 단계에서 문제 정의만 하고 넘어갈 수 있습니다. (그런 경우라고 하더라도 타깃 사용자에 대해 다시 한 번 짚고 넘어가는 것은 언제나 좋습니다. 필요하다면 수정할 수도 있습니다.) 새로운 앱을 만든다면 정의 단계를 통해 타깃 사용자에 대해 정리하는 시간을 마련하기를 권장합니다. 참고로 꼭 스타트업이 아니라 자리가 잡힌 규모 있는 회사에서도 신규 앱을 만드는 경우는 많습니다.

타깃 사용자 정의에서는 사용자의 나이, 직업, 사는 지역, 라이프스타일 등 제품을 기획하는 데 영향을 줄 수 있는 요소들을 최대한 구체적으로 정의합니다. 예를 들어, 20대 청년을 타깃으로 하는 제품과 70대 노인을 타깃으로 하는 제품은 사용자 경험의 복잡도부터 폰트 크기, 색상 등 제품의 다양한 영역에서 다르게 기획되고 디자인돼야 합니다.

예전에 시니어를 위한 모바일 앱 사용자 경험을 기획한 적이 있었는데, 타깃층이 글자를 읽는 데 있어 중요한 폰트 크기의 적합성을 테스트했던 적이 있습니다. 이때 느꼈던 것은 누군가에게는 너무나 당연하고 쉽다고 여겨지는 것들이 누군가에게는 그렇지 않을 수 있다는 것이었습니다. 그래서 타깃 사용자가 누구인지를 이해하는 것이 중요하다고 생각했습니다.

가상의 사례 신발 쇼핑 앱

앞에서 신발 쇼핑 앱의 제품 상세 페이지에 대한 사용자의 피드백을 얻기 위해 공감 단계에서 여러 가지 활동을 할 수 있다고 언급했습니다. 이미 시장에 나온 앱이며, 타깃 사용자는 20-30대 도시에 살고 인터넷과 테크놀로지에 친숙한 사람이라는 점이 이미 설정돼 있다고 가정하겠습니다. 그리고 사용자 인터뷰를 통해 그들의 생각을 들어보고, 사용자들을 대상으로 상세 페이지에 대해 사용자 테스트를 해본 결과, 다음과 같은 피드백을 얻었다고 해보겠습니다.

- "저는 신발을 구매할 때 (다른 경쟁사의) B앱을 주로 사용하는데, 주로 신발의 사진을 보고 결정하는 편입니다."

- "A앱은 상세 페이지에서 신발 사진을 한 장밖에 보여주지 않습니다. 신발을 다양한 각도에서 볼 수 없고 실제로 신었을 때 어떻게 보일지 알 수 없어서 아쉽습니다."

- "신발을 구매할 때는 후기를 가장 먼저 봅니다."

- "A앱은 상품 구매자들의 후기가 없어서 사도 괜찮을지 모르겠습니다."

- "A앱은 배송비가 얼마인지 표시돼 있지 않아서 실제로 얼마를 지불하게 될지 알 수 없습니다."

A앱이 갖고 있는 여러 가지 문제가 나왔는데, 그중에서 어떤 문제부터 해결할지 결정해야 합니다. 그래서 팀원들과 다음과 같은 기준을 가지고 회의를 진행했습니다.

- 디자인 및 개발 사이즈가 얼마나 크고 인력이 많이 필요한가? (리소스)

- 얼마나 사용자에게 도움을 줄 수 있는가? (효과)

이런 점을 고려해보니 현 시점에서는 리소스 대비 효과가 가장 좋다고 생각되는 다음 문제를 해결해야겠다고 결정하게 됐습니다. 그리고 다른 문제점은 추후 다시 검토하기로 했습니다.

집중하기로 한 문제:
"신발을 구매하려는 사용자는 제품 상세 페이지에서
신발 사진을 한 장밖에 볼 수 없다"

그림 5.7 사진을 한 장만 보여주는 제품 상세 페이지

5.4 _ 아이디어 도출 단계

좋은 아이디어는 어떻게 나올까요? 천부적인 재능을 가진 한 사람이 단번에 '짠' 하고 아이디어를 내놓을까요? 물론 특정 분야에서는 그럴 수도 있습니다. 하지만 경험상 적어도 UX 디자인 분야에서는 여러 사람이 다양한 관점으로 아이디어를 발산하고 토론과 고민, 사용자를 통한 검증으로 다듬는 과정을 밟았을 때 더 나은 아이디어가 되는 것을 자주 목격했습니다.

바로 앞 단계인 '정의 단계'에서는 집중할 문제와 타깃 사용자를 정의하는 과정을 밟았습니다. 그 과정에서 얻은 타깃 사용자가 겪는 문제를 해결할 수 있는 다양한 아이디어를 도출해 보는 단계가 아이디어 도출 단계입니다.

아이디어 도출의 핵심은 최대한 많고 다양한 아이디어를 발산해보는 것입니다. 여러 아이디어를 생각해내면 각 아이디어의 장단점을 따져서 더 좋은 아이디어를 가려내고, 필요시 여러 아이디어들을 통합하고 발전시켜나가는 과정을 통해 더 좋은 해결책을 찾아 나갈 수 있기 때문입니다.

UX 디자이너는 아이디어에 대한 열린 자세를 갖는 게 중요합니다. 함께 일하는 팀원들이 있다면 개발자, 마케터, 프로덕트 매니저 등 어느 직군이든 아이디어 도출 과정에 함께 참여시켜서 그들의 관점에서 아이디어를 내보게 하는 것도 굉장히 효과적일 수 있습니다. UX 디자이너의 역할은 사용자가 겪는 문제를 해결하는 것입니다. 하지만 그것을 혼자 해결하라는 법은 없으며, 혼자 해결하지 못할 가능성도 많습니다. 혼자만의 생각에 잠겨 있으면 자신의 시각에 갇혀 다른 사람이 볼 수 있는 부분을 놓치기 쉽습니다. 아이디어는 궁극적으로 개발로 이어져서 제품에 반영하는 것이 목표인데, 예를 들어 개발자가 아이디어 도출 과정에 참여한다면 창의적인 아이디어를 발산하는 데 도움이 될뿐더러 아이디어의 실현 가능성에 대해서도 곧바로 피드백을 줄 수 있습니다. 그래서 다양한 관점을 가진 사람들과 아이디어를 공유하는 것은 문제의 해결 방법을 찾는 데 매우 효과적입니다.

5.4.1 아이디어 도출을 위한 방법들

다음에 소개할 아이디어 도출 방법을 활용할 때 중요한 것은 핵심 쟁점인 문제와 사용자에 대한 정의 문구를 먼저 제시해서 그룹원들이 집중해야 하는 토픽이 무엇인지 명확하게 알게 해야 한다는 것입니다. 또한 아이디어를 도출할 때는 아이디어에 대한 비판은 뒤로 미루고 아이디어가 최대한 많이 나오게 하는 것이 중요합니다. 이 단계에서는 수렴보다는 발산이 중요하며, 어떤 아이디어를 채택해서 다음 단계인 프로토타입으로 가져갈지에 대해서는 투표와 같은 별도의 과정을 둘 필요가 있습니다.

브레인라이팅

브레인라이팅(Brainwriting)은 정해진 시간 내에 여러 가지 아이디어를 포스트잇과 같은 종이에 적는 것입니다. 여기서 라이팅은 '글을 적다'라는 뜻으로, 참여자들은 말로 자신의 아이디어를 공유하는 것이 아니라 글을 통해서 공유합니다. 참여자가 내성적일 수도 있고 토론에서 쉽게 말을 꺼내지 못할 수도 있습니다. 하지만 브레인라이팅은 모든 참여자가 주어진 시간에 동등하게 아이디어를 적을 수 있게 해서 모든 참여자로부터 생각을 이끌어 낼 수 있습니다.

그림 5.8 브레인라이팅의 모습 [3]

아이디어를 적는 시간이 끝나면 참여자들이 돌아가면서 자신의 아이디어를 말하게 하고, 비슷한 성격을 가진 아이디어는 한군데에 모아두기도 합니다.

경쟁 사례 데모

브레인라이팅이 아직 정제되지 않은 날것의 아이디어를 최대한 많이 뽑아보는 시간이라면 경쟁 사례 데모는 아이디어를 구체화할 때 자주 활용하는 방법입니다.

경쟁 사례 데모는 주어진 문제를 해결하고 있는 다양한 사례를 참여자들과 함께 살펴보는 방법입니다. 경쟁 사례를 조사하는 이유는 문제를 해결하는 방식으로 어떤 것이 있고, 실제로 그것들이 어떻게 구현될 수 있는지를 확인하기 위함입니다. 이를 통해 영감을 얻고 벤치마킹을 하거나, 추가 아이디어를 떠올릴 수도 있습니다.

---

3 이미지 출처: ip.com

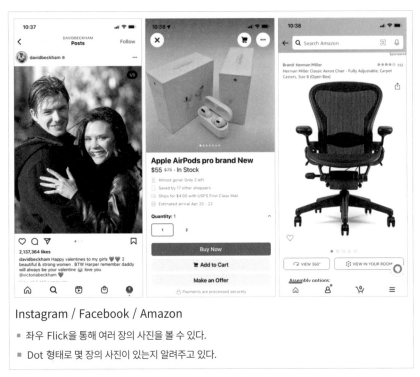

Instagram / Facebook / Amazon

- 좌우 Flick을 통해 여러 장의 사진을 볼 수 있다.
- Dot 형태로 몇 장의 사진이 있는지 알려주고 있다.

그림 5.9 갤러리 기능에 대한 경쟁 사례 분석 예시

경쟁 사례 데모를 할 때 참여자들은 미팅이 이루어지기 전에 미리 여러 가지 사례를 조사해 와야 합니다. 미팅이 시작되면 각자 자신이 조사해 온 사례에 대해 발표하고 어떤 점이 좋았는지, 어떤 점이 부족한지, 어떻게 활용할 수 있을지 알아봅니다.

예전에 갤러리 기능을 개선해야 할 때가 있었는데, 그때 팀원들이 여러 가지 사례를 조사해서 구글 슬라이드(구글에서 만든 파워포인트와 유사한 소프트웨어)에 넣었고, 이를 돌아가면서 발표했습니다.

개발자, 프로덕트 매니저 등 다양한 팀원이 참여했는데, 좋았던 점은 실제 사례를 토대로 각 팀원의 구체적인 생각을 들어볼 수 있었다는 것입니다. 예를 들어, 개발자는 개발 가능 여부나 개발 난이도를 솔직하게 이야기함으로써 아이디어의 현실성을 이야기해주었고, 마케터는 제품이 어떻게 하면 고객들에게 더 돋보이거나 팔리는 제품이 될지 이야기해주었습니다.

크레이지 8

크레이지 8(Crazy 8's) 역시 아이디어를 발산할 때 자주 활용하는 방법입니다. 참고로 크레이지 8은 구글 벤처스(Google Ventures)[4]라는 그룹의 디자인 파트너 제이크 냅(Jake Knapp)의 저서 ≪스프린트≫(김영사, 2016)에서 소개된 방법입니다. 크레이지 8에서 크레이지는 말그대로 '미친'이라는 뜻이고 8은 8개의 스케치를 그린다는 뜻입니다. 팀원들 또는 이해관계자들이 모여서 정제되지 않은 날것의 아이디어를 마음껏 내보는 것입니다.

A4 용지를 3번 접으면 8개의 구획으로 나뉩니다. 그리고 8분 동안 각각의 영역에 아이디어를 그려야 합니다. 즉, 1분에 1개의 아이디어를 그려야 하는 셈입니다. 여기서 중요한 것은 스케치의 퀄리티가 좋을 필요가 없다는 것입니다. 퀄리티에 대한 부담을 내려 놓으라고 1분이라는 제약을 주는 측면도 있습니다. 이 방법으로 워크숍을 여러 번 해봤는데, 디자인을 오랫동안 한 저보다 훨씬 스케치를 잘 하는 (타 부서) 사람도 많았고, 무엇보다 중요한 것은 이 활동은 스케치를 잘 그리는 것이 중요한 것이 아니라 자신의 생각을 스케치라는 툴을 활용해서 표현하는 것이라는 점입니다.

---

4 구글 벤처스는 많은 스타트업에 벤처 투자뿐 아니라 그들의 성장을 돕기 위해 자문해주는 단체로, 구글 벤처스의 디자인 파트너들은 스프린트라는 워크숍을 통해 스타트업이 일주일 내에 제품을 기획하고 디자인해서 테스트까지 하는 과정을 통해 아이디어를 검증하는 것을 도와줍니다. 아주 좋은 책이라고 생각되어 간략하게 소개해드렸고, UX 입문자라면 꼭 한 번 읽어보기를 추천합니다.

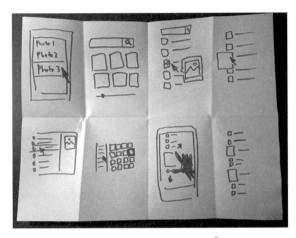

그림 5.10 크레이지 8 스케치 예시[5]

그렇게 해서 나온 스케치 아이디어에 대해 발표하는 시간을 가지며, 투표를 통해 다음 단계로 어떤 것을 가져갈지, 또 어떤 방향으로 아이디어를 발전시켜 나갈지 결정합니다.

5.4.2 아이디어 좁히기

아이디어 도출과 다음 단계로 설명할 프로토타이핑은 처음에는 질보다 양으로 최대한 아이디어를 많이 내는 게 중요하지만, 점점 진행될수록 아이디어의 효과나 사용자에게 전달할 수 있는 가치 정도 등을 고려해서 우선순위를 매겨서 아이디어를 좁혀나가야 합니다. 앞서 이야기했지만 디자인 과정을 거쳐 실제 사용자에게 피드백을 받기 전까지는 모든 아이디어와 프로토타입은 가설에 불과하다는 사실을 간과하면 안 됩니다. 다시 말하자면, 아이디어가 성공하거나 실패할지 알 수 없기 때문에 일종의 테스트라고 생각해야 하며, 아이디어를 실제 제품으로 출시한다고 해도 그것이 끝이 아니라는 것입니다.

---

5 이미지 출처: Google Ventures

현업에서 일하면서 항상 경험하는 바이지만 아이디어가 100개가 나와도 그것을 모두 실제로 구현할 수는 없습니다. 디자이너 및 개발자 리소스는 한계가 있기 때문에 늘 우선순위를 두어 진행합니다. 먼저 사용자로부터 피드백을 받고 싶은, 즉 테스트하고 싶은 아이디어를 택해야 합니다.

아이디어를 좁히는 방법

함께 일하는 팀원들이 있다면 아이디어의 효과를 고려해서 투표 스티커를 나누어 주고 선택하게 할 수 있습니다. 한 사람당 4~5개의 스티커를 나누어 주면 어느 정도 동률 없이 순위가 매겨집니다.

그 밖에 투자 기법을 통해 아이디어를 좁히는 방법도 있습니다. 각 팀원에게 돈, 예를 들면 가짜로 100달러를 나누어 주고 그 돈을 가치가 있다고 판단되는 아이디어에 원하는 만큼 투자하는 방식입니다. 이 방법은 스티커로 투표하는 방식에 비해 참여자 입장에서 다각도로 생각하게 되는 효과가 있습니다. 즉, 실제 돈을 쓴다고 감정이입을 할 수 있기 때문에 다른 아이디어에 차등을 두어 투표할 수 있습니다. 스티커 투표로 두 아이디어에 한 표씩 나누어 주었다면, 투자 기법에서는 한 아이디어에는 80달러, 다른 아이디어에는 20달러를 투자할 수 있는 것입니다. 팀원이 적은 경우에는 동률이 나올 확률을 줄이고, 아이디어 간 투표 정도에 차등을 확연히 줄 수 있다는 장점이 있습니다. 즉, 의사결정을 하기가 더욱 수월할 수 있습니다.

팀원 없이 개인적으로 작업한다고 해도 아이디어를 좁히는 과정은 필요합니다. 포트폴리오 제작을 위해 혼자서 사이드 UX 프로젝트를 진행한다고 가정해 봅시다. 이 경우에도 마찬가지로 타깃 사용자가 겪는 문제를 해결할 수 있는 제품 프로토타입을 만들고, 이에 대한 사용자 테스트를 통해 사용자에게 어떤 가치를 줄 수 있었는지, 개선 또는 보완할 점이 있는지 알아내야 합니다. 따라서 팀 프로젝트와 동일하게 디자인 씽킹의 과정을 밟아야 합니다.

그렇다면 팀원 없이 혼자 있을 때는 어떻게 아이디어를 좁힐 수 있을까요? 이 경우에는 여러 가지 아이디어의 장단점을 적어볼 수 있습니다. 그리고 각 아이디어의 장단점을 비교해보고 가장 먼저 테스트해보고 싶은 아이디어를 뽑아서 다음 단계인 프로토타입으로 넘어가는 것입니다.

가상의 사례 **신발 쇼핑 앱**

앞에서 신발 쇼핑 앱의 제품 상세 페이지 개선을 위해 발견한 여러 가지 문제점 가운데 다음 문제에 집중하기로 했습니다.

- **타깃 사용자**: 인터넷 사용이 어렵지 않은 20~30대
- **집중하기로 한 문제**: "제품 상세 페이지에서 신발 사진을 한 장밖에 볼 수 없다"

이때 팀원들과 모여 상품 사진을 여러 개 보여줄 수 있는 방법에 대해 아이디어 회의를 하는 등의 아이디어 도출을 할 때 어떤 모습일지 보여드리겠습니다. 아이디어 회의의 결과로 다음과 같은 아이디어가 나왔습니다.

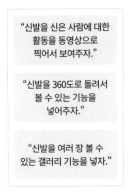

그림 5.11 브레인라이팅을 통한 아이디어 도출

그중 세 번째 아이디어인 '갤러리'에 대한 아이디어가 팀원들에게 가장 좋은 호응을 얻어서 이 아이디어로 발전시키기로 했습니다.

TIP [현장의 목소리] UX 아이디어는 얼마나 참신해야 할까?

UX 디자인을 할 때 아이디어가 얼마나 참신해야 하는지 물어보는 사람이 종종 있습니다. 특히 UX 디자인에 이제 막 입문하거나 UX 직군으로 회사에 입사 지원을 하기 위해 개인 프로젝트를 진행할 때 자신이 낸 아이디어가 얼마나 독창적이어야 하는지 물어보는 경우가 많았습니다. 입문자 입장에서 생각할 때는 회사의 면접관과 심사위원이 자신의 프로젝트를 볼 때 입이 떡 하고 벌어질 정도로 참신한 아이디어를 내야 하지 않느냐는 질문이었습니다.

이 질문에 대한 저의 답변은 '꼭 그렇지는 않다'입니다. 저 역시 구직자로서 면접 준비를 할 때 취업에 성공하기 위해서는 아이디어의 독창성이 무엇보다 중요할 것이라고 생각했습니다. 하지만 회사에서 면접관 입장에 서 보니 UX 직군의 사원을 채용할 때 아이디어의 독창성은 다른 영역보다 상대적으로 비중이 낮았습니다. 그 이유는 다음과 같습니다.

아이디어보다 중요한 스토리

실제로 현업에서 UX일을 하면 반짝이는 아이디어 자체보다는 그 아이디어가 나온 앞뒤 과정이 훨씬 더 중요하다는 사실을 깨닫게 됩니다. 아이디어가 나오게 된 배경은 무엇인지, 즉 어떤 문제를 해결하기 위해 나온 아이디어이며, 그 문제를 어떻게 발견했는지를 알아야 아이디어가 명분을 얻을 수 있습니다. 그리고 좋아 보이는 아이디어가 나왔다고 해도 사용자를 통해 검증하는 과정을 거치지 않았다면 반쪽짜리 아이디어에 불과합니다.

UX 디자이너는 가설을 설정하고 검증하는 일을 한다는 측면에서 과학자에 가깝습니다. 그래서 아이디어를 내봤지만 이 아이디어가 실제로 사용자에게 도움이 됐는지, 프로세스 초반에 정의한 사용자의 문제를 해결했는지를 확인하지 않는다면 가설을 검증했다고 볼 수 없습니다. 그래서 면접관 입장에서는 아이디어의 독창성보다는 아이디어가 나온 전후 배경에 대한 스토리를 잘 풀어내는 지원자에게 훨씬 더 후한 점수를 주게 됩니다.

같은 하늘 아래 완전히 새로운 아이디어는 없다

굉장히 참신한 아이디어를 냈다고 생각했지만 구글이나 네이버에서 검색했더니 바로 나오는 경우가 많이 있습니다. 세상에 없던 새로운 아이디어를 낸다는 것은 쉬운 일이 아닙니다. 그리고 면접관들 또한 이 사실을 잘 알고 있습니다. 그래서 신입 직원을 뽑을 때 엄청난 아이디어를 내야 한다고 기대하지는 않는 편입니다.

많은 앱을 보면 알겠지만 앱이 서로 유사한 기능을 가지고 있는 경우가 많습니다. 소셜 네트워크 앱을 예로 들자면, 숏폼 영상에 대한 UX/UI 디자인이 회사마다 매우 유사한 것을 볼 수 있습니다.

그림 5.12 틱톡(왼쪽)과 유튜브(오른쪽)의 숏폼 영상에 대한 인터페이스[6]

즉, 앱이나 웹사이트를 기획하고 디자인할 때 회사끼리 기능을 벤치마킹[7]하는 일이 많습니다. 그런 측면에서 보면 하늘 아래 완전히 새로운 아이디어를 낸다는 것은 쉽지 않은 일이며, 현업에서 이미 존재하는 아이디어를 우리 제품에 맞게 잘 다듬어서 활용하고, 그 결과로 문제를 해결할 수 있다면 벤치마킹은 아주 좋은 능력이 될 수 있습니다. 앞에서 경쟁 사례 데모를 실제 UX 업무에서 활용하고 있다고 말했는데, 이 또한 같은 맥락에서 이해할 수 있습니다. 그래서 면접관 입장에서는 아이디어 자체보다는 아이디어를 둘러싼 스토리, 디자인 프로세스를 더 많이 보게 됩니다.

---

6 이미지 출처: 틱톡, 유튜브
7 현업에서는 이를 베스트 프랙티스(best practice)로 부르기도 합니다. 시장에서 자주 활용되는 좋은 선례 정도로 이해하면 됩니다.

누구도 아이디어의 좋고 나쁨을 함부로 평가할 수 없다

UX 관련 직군에 지원한 사람의 포트폴리오 프로젝트에 담긴 아이디어를 두고 면접관이 점수를 매긴다는 것은 그렇게 쉬운 일이 아닙니다. 어떤 아이디어든 그것이 실제로 사용자와 시장에 어떤 효과를 가져올지는 알 수 없기 때문입니다. 실제로 있었던 사례를 하나 말씀드리겠습니다.

미국에서 중산층에 속하는 라이언이라는 한 남자가 있었습니다. 그에게는 부양해야 할 가족이 있고, 월급만으로는 생활비를 충당하기도 빠듯했습니다. 그는 음식을 주문할 때 쿠폰을 애용했는데, 인터넷에서 쿠폰을 검색한 후 피자와 같은 음식을 주문하기 위해 쿠폰을 사용하려고 할 때 겪는 불편함이 한 가지 있었습니다. 같은 피자 가게에 대한 쿠폰 검색 결과가 제각각이고, 그나마 찾은 쿠폰 중에는 이미 사용기한이 만료된 것도 많다는 것이었습니다. 그는 "왜 쿠폰을 통합해서 검색할 수 있는 곳이 없을까?"라는 생각을 했고 사람들이 쿠폰을 쉽게 검색할 수 있으면 좋겠다는 아이디어를 냈습니다. 그리고 그 아이디어를 제품으로 만들었습니다.

라이언의 이 아이디어는 얼마에 팔렸을까요? 라이언이 발견한 문제와 아이디어는 어쩌면 누군가에게는 별일 아닌 작은 것일 수도 있습니다. 일상에서 너무 쉽게 겪는 일이라 무시하고 넘어갔을 법한 문제와 뻔해 보이는 아이디어였을 수도 있습니다.

그림 5.13 허니의 창업자 라이언 허드슨[8]

---

8 이미지 출처: csq.com

이 아이디어는 한화로 무려 4조 원(!) 이상에 팔렸습니다. 라이언은 '허니(Honey)'라는 서비스를 개발해 출시했습니다. 이 서비스는 여러 쇼핑몰 웹사이트의 제품 상세 페이지에서 상품에 적용할 수 있는 쿠폰을 검색해주는 브라우저 확장 프로그램이었습니다. 이 회사는 창업한 지 6년만인 2019년에 페이팔(Paypal)에 인수됐는데, 그 가격은 40억 달러(4조4천억 원 이상)였습니다.

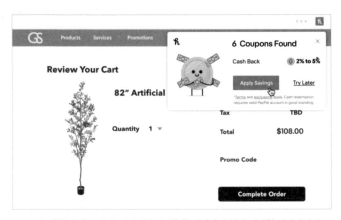

그림 5.14 쿠폰 검색 서비스 허니. 개인적인 어려움을 해결하기 위해 시작한 아이디어가 4조 원에 팔리게 된 사례[9]

정리하자면, 아이디어는 그것이 시장에서 검증되기 전까지는 쉽게 점수를 매길 수 없습니다. 그래서 면접관들은 아이디어 자체보다는 지원자가 실험정신을 가지고 UX 디자인 프로세스에 임하는지를 주로 봅니다. 프로세스를 중요하게 생각하지 않고 아이디어의 참신함이나 독창성 위주로만 보는 면접관이 있다면 오히려 지원자 입장에서 입사 지원을 다시 검토해 보는 것이 좋을 수도 있습니다.

UX 디자이너와 UX 관련 팀은 무엇보다도 배우려는 자세를 가지고 일하는 것이 중요합니다. 어떤 UX 프로젝트든 실패는 당연히 겪는 하나의 과정입니다. 가설 검증이 성공을 보장하지는 않기 때문입니다. 그렇기 때문에 실패마저 하나의 중요한 과정으로 여기고, 그 과정을 통해 배우고 고찰하며 계속해서 실험해 나가는 것이 중요합니다.

---

9 이미지 출처: Honey.com

한편, 아이디어의 참신함만 중요하게 생각하다 보면 단기적 성과주의로 빠질 위험이 있습니다. 그런 아이디어는 반짝하고 좋아 보일 수는 있지만 시장에 나갔을 때 실패할 수도 있기 때문에 아이디어의 반짝임에 집중하기보다는 빠른 실행력을 통해 많은 아이디어를 검증해보고, 이를 통해 배움을 얻은 후 다음 단계를 준비하는 것이 장기적으로 볼 때 성공의 가능성을 높여줍니다.

5.5 _ 프로토타입 단계

앞서 아이디어 도출 단계에서 여러 가지 아이디어가 나왔고 투표 등의 과정을 거쳐 가장 먼저 테스트해볼 아이디어가 좁혀졌습니다. 그렇게 최종적으로 나온 몇 가지 아이디어를 가지고 사용자에게 테스트하기 위해, 또는 내부 팀원과 시뮬레이션해보기 위해 만드는 것이 프로토타입입니다. 우리말로는 시제품이라고 합니다.

프로토타입은 우리가 세운 가설을 검증하기 위해서 만드는 마지막 퍼즐 조각이라고 할 수 있습니다. 가설은 사용자, 문제, 해결책으로 이루어져 있습니다. 그중 사용자와 문제의 정의는 정의 단계에서 살펴봤고, 해결책이 있어야 사용자로부터 출시 전 테스트 또는 출시 후 피드백을 통해 검증받을 수 있습니다. 여기서 프로토타입은 해결책에 해당합니다.

프로토타입은 꼭 시각적인 완성도가 높은 결과물만 포함하는 것은 아닙니다. 손으로 그린 스케치처럼 시각적인 완성도가 낮아 보이는 것 역시 사용자에게 보여주어 피드백을 얻을 수 있고, 팀 내부적으로도 디자인에 대해 커뮤니케이션하는 데 활용할 수 있기 때문입니다. 그래서 프로토타입은 완성도의 정도에 따라 다음과 같이 세 가지로 분류할 수 있습니다.

- 로우파이(Low-Fidelity) 프로토타입
- 미드파이(Mid-Fidelity) 프로토타입
- 하이파이(High-Fidelity) 프로토타입

여기서 파이(Fi)는 Fidelity의 줄임말인데, Fidelity는 '충실함'이라는 뜻으로 잘 쓰이지만 '원 물건과 똑같음'이라는 의미도 있습니다. 그래서 파이는 시각적 완성도라고 이해하면 됩니다. 즉, 로우파이는 시각적 완성도가 낮은 단계를, 하이파이는 높은 단계를 의미하며, '하이파이는 출시되는 제품과 거의 흡사한 형태다'라고 이해하면 됩니다.

로우파이와 하이파이의 차이는 시각적 완성도로 이해할 수 있지만 수정 및 업데이트를 하는 데 걸리는 시간이 어느 정도 되느냐로도 구분할 수 있습니다. 하이파이는 완성도와 퀄리티가 높은 만큼 제품과 화면 디자인을 조금만 수정하려고 해도 시간이 많이 걸리지만 로우파이는 짧은 시간 안에 많이 수정할 수 있습니다.

로우파이 프로토타입부터 하이파이 프로토타입까지 어떻게 진행될 수 있을지 '신발 쇼핑 앱' 사례와 함께 알아보겠습니다.

5.5.1 로우파이 프로토타입 '스케치'

로우파이 프로토타입은 시각적인 완성도가 높지 않은 단계로, 대표적인 예시는 손으로 그리는 스케치(sketch)입니다. 그림 5.15에서 볼 수 있듯이 손으로 간단하게 필요한 화면과 구동 방식, 화면 간 이동 방식을 그려보는 것입니다. 손으로 그리므로 로우파이 프로토타입을 만드는 데는 엄청난 기술력이 필요하지 않습니다. 그리고 시간도 오래 걸리지 않으며 높은 품질 수준을 요구하지도 않습니다. 그런데 이렇게 스케치를 그리는 데는 커다란 장점이 있습니다.

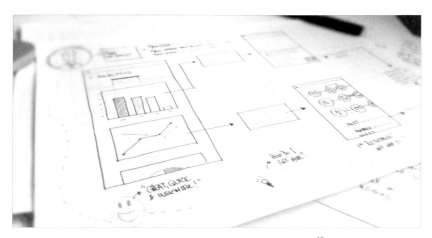

그림 5.15 로우파이 프로토타입의 대표적인 예: 스케치 [10]

스케치의 장점은 시간이 오래 걸리지 않아 빠르게 만들거나 수정할 수 있고, 팀 원들에게 공유해서 커뮤니케이션할 수 있으며, 또 업데이트하기도 매우 쉽다는 것입니다. 회사에서도 개발자나 프로덕트 매니저처럼 가깝게 일하는 사람들과 회의를 하다가 제품의 어떤 부분을 수정한다거나 어떤 아이디어에 대해 이야기 하다 보면 말로는 서로가 이야기한 바가 잘 이해되지 않거나 잘 설명되지 않을 때가 있습니다. 이럴 때는 그 자리에서 바로 스케치를 활용하는데, 제 관점에 서 이해한 내용을 스케치로 1분 내외로 쓰윽 그려서 상대에게 보여주며 이렇게 이야기합니다. "당신이 이야기한 것이 이건가요?", "제가 이야기한 아이디어는 바로 이렇게 보여지는 것을 말한 것입니다."

그리고 반대로 상대방에게 간단히라도 스케치를 그려서 생각하는 바를 표현해 줄 수 있는지 물어보기도 합니다. 이처럼 스케치를 활용해서 1시간 동안 말로 는 해결되지 않던 것들이 몇 분만에 명쾌해졌던 경험을 자주 했습니다. 그만큼 스케치는 팀 내부에서 커뮤니케이션하는 데 효과적입니다.

---

10 이미지 출처: blog.prototypr.io

스케치는 다음 단계인 미드파이 또는 하이파이 프로토타입 단계로 넘어가기 전에 주요 의사결정을 하기 위해 활용하기도 합니다. 해결책으로 여러 가지 방안을 생각했다면 그것을 스케치로 그려서 팀원들과 함께 보면서 장단점을 따져볼 수 있습니다. 시각적으로 보이는 무언가가 있으면 팀원들이 훨씬 더 쉽게 화면의 구성과 기능, 구동 방식을 이해할 수 있기 때문에 스케치를 잘 활용한다는 것은 훌륭한 UX 디자이너가 되기 위한 밑거름이 될 수 있습니다.

가상의 사례 **신발 쇼핑 앱**

그림 5.16은 신발 쇼핑 앱의 제품 상세 페이지에 갤러리 기능을 추가하기 위해 간단하게 그려본 스케치입니다. 갤러리 기능으로 들어가는 진입점을 고민해보고 이를 화면에 추가했고, 진입 이후에 여러 개의 사진을 보는 방식을 스케치로 그렸습니다.

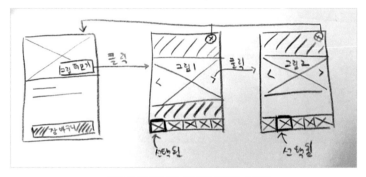

그림 5.16 갤러리 기능에 대한 간단한 스케치

5.5.2 미드파이 프로토타입

대표적인 미드파이 프로토타입 '와이어프레임'

와이어프레임은 내부 구조에 대한 뼈대를 의미합니다. 집이 만들어지는 과정을 보면 건물 구조에 대한 전체적인 뼈대를 완성한 후, 외벽을 붙이고 그다음에 외벽에 페인트칠을 합니다. 뼈대 없이 건물을 짓게 되면 건물은 무너지기 쉽습니다. UX 디자인을 할 때도 시각적으로 완성도 있는 '살'을 붙이기 전에 뼈대인 와이어프레임을 만드는 것이 기반을 더 탄탄하게 해줍니다.

와이어프레임은 텍스트나 도형으로 화면 안에 들어가야 할 내용과 버튼, 링크와 같은 것들을 스케치보다 더 구체적으로 정의하는 것이며, (가급적) 흑백 버전으로 만들어 정의합니다. 흑백이 좋은 이유는 조금 이따가 설명하겠습니다.

그리고 와이어프레임에서 아주 중요한 요소로 화면 사이를 이어주는 화살표가 있습니다(그림 5.17). 이처럼 화면과 화면, 화면 내 구성 요소를 작동 원리에 맞춰서 이어주는 화살표를 워크플로(workflow)라고 부릅니다. 워크플로는 앞선 단계에서 만든 스케치를 고도화한 버전으로 이해하면 됩니다.

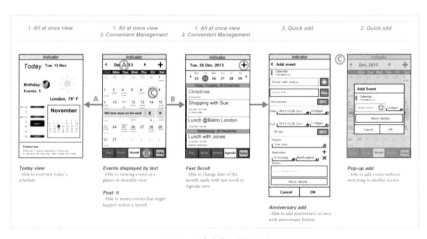

그림 5.17 와이어프레임 예시

와이어프레임이 완성되고 팀원들과 최종적으로 와이어프레임에서 정의한 화면과 기능대로 진행하기로 확정하면, 다음 단계인 하이파이 프로토타입의 UI 디자인으로 넘어가게 됩니다. 프로토타입을 만들 때는 꼭 미드파이를 거치지 않고 UI 디자인으로 넘어가도 괜찮습니다. 또한 현업에서 그렇게 일하는 분들도 종종 봤습니다. 다만 가급적 와이어프레임 단계를 거친 후에 다음 단계로 넘어가라고 권장하는 편입니다.

그 이유는 와이어프레임은 UI 디자인보다 훨씬 더 수정 및 업데이트가 쉽고 빠르기 때문입니다. 와이어프레임은 스케치보다는 제작하는 데 시간이 더 걸릴 수 있지만 여전히 빠르게 수정할 수 있습니다. 와이어프레임을 만드는 일차적인 목적은 팀원들과 화면과 앱의 기능과 구동 방식에 대해 커뮤니케이션하는 것입니다.

하지만 이때 색상, 버튼 크기, 폰트 크기와 같은 부분은 커뮤니케이션할 내용에서 최대한 제외합니다. 이 부분은 하이파이 프로토타입의 활동인 UI 디자인 단계에서 본격적으로 다룹니다. 앞서 와이어프레임을 흑백으로 만드는 것을 권장하는 이유도 여기에 있습니다. 와이어프레임에서 색상을 너무 많이 사용하면 기능 부분에 대해 논의해야 하는 상황에서 시각 디자인 영역에 대해 필요 이상의 논의를 하게 될 수 있습니다.

와이어프레임을 놓고 팀원들과 논의하다 보면 여러 가지 피드백이 오갈 수 있고 이를 토대로 수정해야 할 수 있습니다. 기능과 구동 방식의 수정과 업데이트를 빠르게 하는 데는 와이어프레임이 UI 디자인보다 훨씬 효과적입니다. UI 디자인은 화면의 세세한 부분까지 신경 쓰면서 만들어야 하므로 수정하는 게 더 딜 수밖에 없습니다.

이쯤에서 제 경험담을 하나 말씀드리겠습니다. 저와 가까운 제품팀 디렉터가 있었습니다. 이 분은 디자이너는 아니었지만 폰트 크기나 색상 같은 부문에서 자신만의 견해가 강한 분이었습니다. 저는 당시 와이어프레임을 거치지 않고 바로 UI디자인을 하는 것이 더 효율적이라는 생각을 갖고 있었는데, 한번은 어떤 아이디어에 대해 바로 UI 디자인을 만들어서 회의에 들어가게 됐습니다. 이 회의를 통해 기능적인 부분과 시각적인 영역에 대해 동시에 의사결정을 하려고 회의 순서를 정해놓았습니다. 그런데 그 디렉터가 기능 부분에 대해 의사결정이 이뤄지지 않은 상태에서 시각적인 영역에 대해 너무 많은 피드백을 주었고, 결국 기능에 대해 논의할 시간이 모자라서 회의가 산으로 가게 됐습니다. 그리고 UI 디자인을 수정하는 데 시간이 많이 걸렸는데 기능적인 부분까지 함께 반영해서 업데이트하자니 와이어프레임을 거쳐 UI 디자인을 만들 때보다 무언가를 수정하는 데 몇 배의 시간이 걸렸습니다.

그림 5.18 UI 디자인 제작 예시. 1px 단위로 신경 써야 하므로 와이어프레임보다 제작하거나 수정하는 데 시간이 많이 걸리게 된다.

그 사건 이후로 가급적 와이어프레임을 먼저 공유한 후 UI 디자인 단계로 넘어갔습니다. 그 디렉터에게도 와이어프레임을 먼저 공유하고 논의했더니 시각적인 부분이 아닌 기능 중심의 피드백을 주었고 피드백을 바탕으로 수정하거나 업데이트할 때도 시간이 오래 걸리지 않았습니다. 더 좋았던 점은 와이어프레임을 거치고 UI 디자인으로 넘어가니 디렉터와 팀원들이 기능에 대해 더 깊이 이해하고 있어 제품 개선을 위한 훨씬 더 양질의 피드백을 받을 수 있었다는 것입니다.

신발 쇼핑 앱

스케치로 그렸던 아이디어를 토대로 와이어프레임을 만들었습니다. 구체적인 화면 구성과
버튼, 문구 등을 와이어프레임을 통해 정의했습니다. 이렇게 만든 와이어프레임은 같은 팀
에 있는 개발자나 프로덕트 매니저 등의 이해관계자들에게 공유했고, 기능적인 부분에 대
해 확정했습니다.

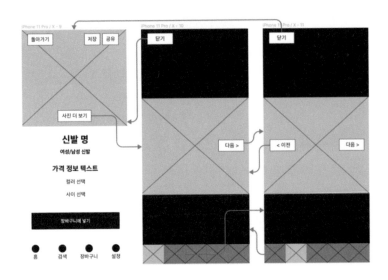

그림 5.19 신발 쇼핑 앱 A의 갤러리 기능 와이어프레임

유저 플로우

유저 플로우(user flow)는 사용자가 웹이나 앱에서 어떤 태스크를 완료하기 위
해 밟아야 하는 단계를 정의한 것입니다. 사용자가 앱을 열고 상호작용하는 여
러 가지 경우의 수에 따라 사용자가 어떤 화면으로 넘어가야 하는지, 다음에 어
떤 태스크가 주어지는지를 정리한 것입니다.

여행지 숙소를 예약하기 위해 숙소 예약 앱을 사용한다고 가정해보겠습니다.
현재 숙소 상세 페이지 화면에 머물고 있다고 했을 때 이 화면에서 예약 화면으

로 직행할 수도 있고, 숙소 사진을 더 보고 싶을 수도 있습니다. 또는 유사한 다른 숙소에 대한 정보를 보러 화면 이동을 하고 싶을 수도 있습니다. UX 디자이너는 사용자가 처한 특정 상황, 여기서는 숙소 상세 페이지에서 무엇이 필요한지를 고려해서 이 상황에서 뻗어 나갈 수 있는 가능한 경우의 수를 정리해야 하며, 이를 팀원들과 공유해야 합니다. 이를 정리하는 문서가 바로 유저 플로우입니다.

유저 플로우를 만들면 어떤 화면이 필요하고, 화면 간에 어떻게 이동하며, 화면 내 요소들은 어떻게 작동하는지 구체적으로 정의할 수 있으며, 이것은 팀원 간 커뮤니케이션에서 매우 효과적입니다. 가령 개발자들은 유저 플로우를 통해 개발할 때 무엇을 고려할지 더 깊이 이해하고 개발 단계로 들어갈 수 있습니다.

가상의 사례 신발 쇼핑 앱

와이어프레임을 팀원들과 리뷰했을 때 한 개발자가 이런 질문을 했습니다.

"'사진 더 보기' 버튼은 항상 제공하는 건가요?
사진이 한 장밖에 없는 상품은 어떻게 할까요?"

좋은 질문이라고 생각한 디자이너는 경우의 수를 고려해서 해당 버튼이 어떤 상황에서 제공돼야 하는지 유저 플로우를 그렸고 이를 팀원들에게 공유해서 작동 방식에 대해 확정했습니다.

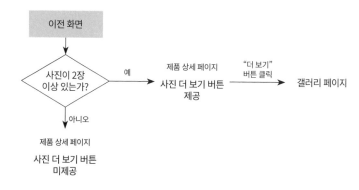

그림 5.20 경우의 수에 따라 '더 보기' 버튼 제공 여부가 달라지는 것을 나타내는 유저 플로우

5.5.3 하이파이 프로토타입 'UI 디자인'

UI 디자인은 사용자가 실제로 사용할 수 있을 만큼 퀄리티 수준이 높은 디자인 산출물입니다. 이 단계에서는 색상, 폰트 크기, 아이콘 디자인, 도형 내 사진 적용 등 세부 사항이 적용됩니다. 프로토타입이 완료되면 그것을 토대로 바로 출시하게 될 수도 있고, 사용자 테스트를 하는 데 활용할 수도 있습니다. UI 디자인은 이 두 가지 경우 모두에 활용됩니다.

테스트를 위해 프로토타이핑이라는 활동을 통해 화면 내에서 버튼이 실제로 작동하는 것처럼 만들 수 있습니다. 최근 나온 디자인 툴을 활용하면 개발자의 코딩 작업 없이 디자이너가 직접 만들어볼 수도 있는데, 프로토타이핑은 결국 프로토타입으로 만들어진 여러 개의 화면을 연결해서 사용자가 앱의 특정 화면을 사용하는 것과 같은 느낌을 줄 수 있어 자연스럽게 사용자의 피드백을 들어볼 수 있습니다.

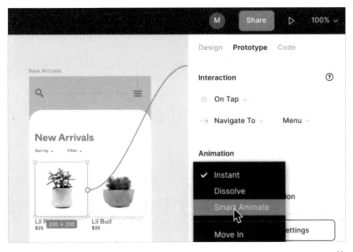

그림 5.21 피그마의 프로토타이핑 기능. 앱이 실제로 작동하는 것처럼 구현할 수 있다. [11]

---

[11] 이미지 출처: figma.com

가상의 사례 신발 쇼핑 앱

다시 신발 쇼핑몰 앱 A의 제품 상세 페이지 개선 작업으로 돌아와보겠습니다. 앞서 아이디어 도출 단계에서 갤러리 기능을 넣기로 했고, 와이어프레임 등의 과정을 통해 화면 내 갤러리 기능을 어떻게 열게 할지, 사진 보기를 할 때 어떻게 할지를 정의했습니다. 그리고 이를 토대로 하이파이 프로토타입을 제작했습니다.

그림 5.22 사진 갤러리 기능에 대한 하이파이 프로토타입

이제 다음 단계인 테스트를 위한 준비가 끝났습니다. 이것은 가설이 잘 세워졌다는 것을 뜻합니다. 여기서 가설은 무엇인지 살펴보겠습니다. 앞에서 가설은 사용자, 문제, 해결책으로 구성돼 있다고 했습니다.

【 가설 】

신발 쇼핑앱 A의 고객(사용자)은 제품 상세 페이지에서 신발 사진을 한 장밖에 볼 수 없어서 구매 결정을 하는 데 어려움이 있다(문제). 갤러리 기능을 통해 더 많은 사진을 볼 수 있게 도와준다면 구매로 이어질 것이다(해결책).

5.5.4 디자인 핸드오프

만약 어떤 디자인을 확정하고 출시하기로 결정했다면 디자이너는 최종 디자인 산출물을 만들어서 개발자들에게 공유해야 합니다. 이것을 디자인 핸드오프(design hand-off)라고 합니다. 여기에는 색상 코드, 상세한 폰트 크기부터 구성요소 간의 간격 등 픽셀 단위의 세부적인 값까지 모두 포함돼야 합니다. 핸드오프를 받으면 바로 개발을 시작할 수 있습니다.

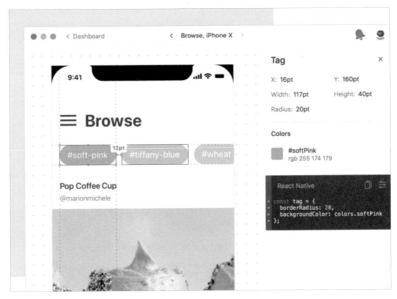

그림 5.23 디자인 핸드오프 예시 [12]

5.6 _ 테스트 단계

100미터 운동선수인 케빈이라는 사람이 있다고 가정해보겠습니다. 케빈은 100미터 경기에서 더 좋은 성적을 내려면 어떻게 해야 할까 고민합니다. 그리고 여

---

12 이미지 출처: Zeplin.com

러 가지 아이디어를 생각해봤는데, 마찰력이 좋은 A라는 옷을 입는 것이 좋겠다, 라는 결론을 내렸습니다. 여기서 질문을 하나 드리겠습니다. 케빈이 새 옷을 입었을 때 효과가 있는지 알려면 어떻게 해야 할까요?

새 옷의 효과를 확인하려면 그 옷을 입고 100미터를 뛰어봐야 합니다. 즉, 초시계로 기록을 측정해보는 것입니다. 그렇게 하면 기존 옷을 입었을 때와 비교해서 얼마나 효과적인지 객관적으로 확인할 수 있을 것입니다.

100미터 선수 케빈의 가설은 다음과 같습니다.

> *"100미터 선수(사용자)는 마찰력 좋은 A옷(해결책)을 입는다면*
> *더 빠르게 달릴 수 있을 것(문제)이다."*

케빈은 이 가설을 검증하기 위해 A옷을 입은 후 100미터를 뛰면서 초시계로 기록을 쟀습니다. 그 결과, 기존 대비 얼마나 더 빨라졌는지, 또는 느려졌는지 비교합니다. 이를 토대로 A옷을 입고 경기에 나갈지 결정하거나, 좋은 결과가 나오지 않았다면 A옷이 아닌 다른 옷을 테스트해봐야 할 것입니다.

여기서 초시계는 디자인 씽킹에서 '테스트'와 같은 의미입니다. 아무리 좋은 아이디어라도 그것이 효과적인지 파악하려면 테스트를 해봐야 합니다. 사용자에게 도움이 됐는지, 개선점은 없는지 알아야 가설이 맞는지 확인할 수 있습니다.

디자인 씽킹에서 마지막 단계는 테스트입니다. 테스트는 사용자에게 프로토타입 또는 제품을 보여주거나 사용하게 해서 피드백을 받는 것입니다.

디자인 씽킹의 테스트는 크게 출시 전과 출시 후로 나눌 수 있습니다. 프로토타입을 사용자에게 보여줄 때 꼭 하이파이일 필요는 없습니다. 와이어프레임이나 스케치와 같이 퀄리티가 높지 않더라도 사용자에게 보여주어 피드백을 받을 수 있는 부분이 있습니다. 참고로 저 역시 와이어프레임 단계를 사용자에게 보여주고 피드백을 받아봤습니다. 앞에서도 언급했듯이 로우파이나 미드파이는 수정하기 쉬워서 사용자의 피드백을 받고 빠르게 개선할 수 있기 때문입니다.

그러면 디자인 씽킹의 '테스트' 단계에서 UX 디자이너가 할 수 있는 활동을 살펴보겠습니다.

5.6.1 개발 전 테스트

개발을 한다는 것은 개발 리소스가 투입되어 비용이 들어간다는 것이므로, 개발에 들어가기 전 테스트를 하면 저비용으로 가설을 검증하거나 버그와 같이 문제가 되는 부분들을 찾아내어 수정할 수 있습니다.

사용성 테스트

출시 전 테스트의 대표적인 사례는 사용성 테스트입니다. 사용자에게 프로토타입을 보여주고 사용하게 한 후 관찰하는 것으로, 사용자가 사용할 때 어렵게 느끼는 것은 없는지, 프로토타입을 사용하면서 어떤 생각을 하는지 물어볼 수 있습니다.

이때는 출시 전이라서 아직 개발자들이 해당 기능이나 제품 개발을 많이 진행하지 않았을 수 있습니다. 다시 말해, 개발 인력의 리소스가 본격적으로 투입되기 전에 디자인을 개선할 부분이 없는지 확인해볼 수 있습니다. 그런 만큼 출시 전 테스트로 유의미한 피드백을 얻고 이를 토대로 개선한다면 많은 개발 비용을 줄일 수 있습니다. 참고로 제품을 만들어 출시할 때는 보통 개발 비용이 가장 많이 듭니다.

제가 현업에서 겪었던 일을 말씀드리겠습니다. 어떤 제품의 UX, UI를 개선하는 일을 맡고 있었는데, 제가 한 가지 기능을 제안했고 팀원들도 좋다고 생각해서 개발에 들어가기로 결정했습니다. 그리고 혹시나 추가로 고려할 사항은 없는지, 기능에 부족한 부분은 없는지 확인하려고 프로토타입을 가지고 사용성 테스트를 진행했습니다. 그런데 사용자 대부분이 그 기능에 대해 부정적으로 생각했고, 오히려 다른 기능 B가 필요하다는 피드백을 많이 들었습니다. 그래서 다시 팀원들과 회의하면서 테스트 결과를 공유했고, 기능 A가 아닌 B를 다시 검토하는 것으로 결정했습니다. 이때 출시 전 사용성 테스트를 하지 않았다면 개발자들은 A를 개발하고 나서야 이것이 사용자에게 도움이 되지 않는다는 사실을 알게 됐을 것이므로 사용성 테스트 덕분에 많은 개발 리소스를 절약할 수 있었습니다.

가상의 사례 **신발 쇼핑 앱**

앞서 신발 상세 페이지에 갤러리 기능을 넣기로 했고 프로토타입을 제작했습니다. 이 프로토타입에 대한 피드백을 얻기 위해 사용자 3명을 모집해서 써보게 했습니다. 사용성 테스트로 사용자들이 갤러리 기능을 사용하는 데 큰 어려움이 없다는 것을 확인했으며, 한 상품에 대해 여러 각도에서 찍은 사진을 볼 수 있다는 점에 대해 긍정적인 반응을 얻을 수 있었습니다. 이제 개발하고 출시해도 되겠다는 확신이 섰습니다.

5.6.2 출시 후 테스트

출시 후 테스트는 업데이트된 기능이나 제품이 사용자의 이용률이나 구매율과 같은 특정 지표에 어떻게 영향을 미치는지, 그래서 처음에 설정한 목표를 달성했는지 확인하는 기회로 볼 수 있습니다.

과거 전통적인 방식으로 제품을 개발하던 때에는 소프트웨어 제품을 출시하면 끝이라고 보는 시각도 있었지만 이제는 클라우드 기반으로 제품을 만들 수 있기에 제품이 출시돼도 제품 개발의 끝이 아닌 또 다른 시작으로 보는 편입니다.

그래서 어떤 신기능이나 업데이트된 버전을 출시하는 것 자체가 사용자의 데이터를 얻기 위한 테스트로 볼 수도 있습니다.

UX 디자이너는 물론, 제품 개발에 관여하는 팀원들은 사업의 성공과 지속적인 성장, 새로운 기회의 발굴 등을 위해 끊임없이 사용자에 대해 배워야 합니다. 제품 출시가 곧 성공을 의미하는 것이 아니기 때문에 제품을 출시한 후에도 제품에 대한 사용자 데이터를 얻는 데 힘을 쏟아야 합니다. 이러한 배움을 토대로 다음 단계로 무엇을 해야 할지 등을 결정할 수 있습니다.

애널리틱스

출시 후 테스트로 할 수 있는 대표적인 활동은 앞서 언급한 애널리틱스를 통해 측정한 데이터를 확인하는 것입니다. 특정 화면에 사용자가 몇 명 방문했고, 다른 화면으로 몇 퍼센트가 전환됐는지 등을 확인할 수 있습니다. 즉, 화면 전환율과 같은 구체적인 통계자료를 객관적으로 확인할 수 있습니다. 이러한 툴을 잘 활용한다면 어떤 것을 개선했을 때 그것이 객관적으로, 정량적으로 어떤 영향을 미쳤는지 수치를 통해 구체적으로 확인할 수 있기 때문에 기획과 디자인에 과학적으로 접근할 수 있습니다.

> **가상의 사례** **신발 쇼핑 앱**
>
> 신발 쇼핑 앱에서 제품 상세 페이지에 여러 사진을 볼 수 있는 갤러리 기능을 추가했습니다. 그리고 제품을 출시한 후 사용자 데이터를 추적해봤습니다. 기존에는 하루 평균 10,000명의 방문자 중 200명만 실제로 구매했다고 했습니다(총 방문자 대비 구매율: 2%). 그런데 갤러리 기능을 추가하고 나서는 구매자가 200명에서 220명으로 늘었습니다. 즉, 구매율이 10% 상승했습니다.
>
> 이제 팀원들은 처음에 세운 가설이 맞다는 것을 확인했습니다. 갤러리 기능이 사용자의 문제를 해결하는 데 도움이 됐다는 것을 통계 수치를 통해 객관적으로 확인했기 때문입니다.

【 가설 】

신발 쇼핑앱의 고객(사용자)은 제품 상세 페이지에서 신발 사진을 한 장밖에 볼 수 없어서 구매 결정을 하는 데 어려움이 있다(문제). 갤러리 기능을 통해 더 많은 사진을 볼 수 있게 도와준다면 구매로 이어질 것이다(해결책).

A/B 테스트

출시 후 할 수 있는 정량 조사 중 대표적인 활동으로 A/B 테스트가 있습니다.

A/B 테스트를 하려면 기존에 출시된 제품 버전에서 문구(카피), 기능, 색상 등을 수정한 후 기존 버전과 수정된 버전을 동시에 앱 또는 웹사이트 상에서 사용자들이 사용할 수 있게 만들어야 합니다. 그렇게 두 버전이 활성화되면 각각에 대해서 데이터를 받아봐야 합니다. 그러면 어떤 버전이 구매율, 회원 가입율, 화면 전환율 등의 주요 목표를 달성하는 데 도움이 되는지 확인할 수 있습니다.

가상의 사례 **신발 쇼핑 앱**

제품 상세 페이지에서 메인 버튼의 색은 옅은 청색입니다. 이 색은 눈에 확 띄지 않는 것 같다는 내부 의견이 있었습니다. 그래서 다른 색을 버튼에 적용한 버전을 만들어서 A/B 테스트를 하기로 했습니다.

그림 5.24 버튼의 색상을 청색과 초록색으로 두 가지 버전을 만들어 진행하는 A/B 테스트

테스트 결과는 다음과 같았습니다.

- **A 버전(기존안)의 결괏값**: 방문자 1000명 중 100명이 해당 버튼 클릭(클릭율 10%)
- **버전의 결괏값**: 1000명 중 150명이 해당 버튼을 클릭(클릭율 15%, 기존 버전 대비 50% 높은 클릭율)

A/B 테스트를 통해 버튼의 색을 바꿨을 때 효과가 더 좋다는 것을 확인했습니다. 그렇게 해서 클릭율이 더 높은 B 버전으로 버튼의 색상을 변경하기로 했습니다.[13]

사용성 테스트

앞서 프로토타입이 완성되면 제품을 출시하기 전에 사용성 테스트를 할 수 있다고 했습니다. 그런데 출시 후에도 사용성 테스트를 할 수 있습니다. 사용자를 모셔와서 출시된 버전을 써보게 하고 사용하는 데 어려움이 없는지, 사용하면서 어떤 생각을 하는지 관찰하고 의견을 들어보는 것입니다. 즉, 정성적인 사용자 데이터를 받는 것입니다.

출시 후에 사용성 테스트를 하는 가장 큰 이유는 앞서 애널리틱스나 A/B 테스트를 통해 얻은 정량 데이터가 설명하지 못하는 부분을 채워줄 수 있기 때문입니다. 정량 데이터는 사용자가 무엇을 하는지, 어떻게 하는지는 이야기해줍니다. 하지만 왜 하는지는 이야기해주지 못합니다. 다시 말해, 사용자가 몇 명 방문했고, 그중 몇 명이 전환했는지는 수치를 통해 객관적으로 알 수 있지만 그들이 왜 더 많이 전환했는지, 또는 덜 전환했는지는 설명해주지 못합니다.

출시된 버전이 목표를 달성하는 데 도움이 됐다면 '왜'를 확인함으로써 다시 한번 설정했던 가설이 맞는지, 출시 버전에 적용한 해결책이 어떤 점에서 왜 효

---

13 참고로 현업에서 A/B 테스트를 할 때는 기존 버전 대비 B 버전이 더 높은 퍼포먼스를 내지 못하는 경우가 많습니다. 사실 이러한 경우가 더 많다고 볼 수 있습니다. 여기서 중요한 것은 A/B 테스트 결과가 원하는 대로 나타났을 때 실망하지 말고 왜 효과가 나지 않았는지 파악하고, 이를 통해 배우는 것이 중요합니다. 그래야 배움을 토대로 지속적으로 추가 테스트를 할 수 있습니다.

과가 있었는지를 검증할 수 있으며, 추가적인 인사이트도 얻을 수 있습니다. 정량 데이터가 목표를 달성하지 못했다는 것을 보여준다면 어떤 점이 부족했는지, 왜 목표를 달성할 수 없었는지를 알 수 있습니다. 이를 토대로 무엇을 개선해야 할지 계획을 세울 수 있습니다.

> **가상의 사례** 신발 쇼핑 앱
>
> 애널리틱스를 통해 데이터를 확인해본 결과, 신발 쇼핑앱의 제품 상세 페이지에 갤러리 기능을 넣어 출시한 후 정량 데이터에서 기존 버전 대비 10%만큼 구매율이 높아졌다는 것을 확인했습니다. 그런데 갤러리가 사용자에게 왜 도움이 됐는지, 어떻게 도움이 됐는지 궁금해졌습니다. 그래서 사용자를 모집해서 사용성 테스트를 진행했습니다. 테스트 결과, 사람들로부터 여러 사진을 통해 다양한 각도에서 상품을 볼 수 있어서 갤러리 기능이 도움이 된다는 의견을 들을 수 있었습니다. 그리고 갤러리 기능에서 몇 가지 보완할 점도 찾았습니다. 이러한 보완점을 개선하면 구매율을 10% 이상으로 높일 수도 있겠다는 생각을 했고 다음 계획에 해당 사항을 포함시켰습니다.

5.7 _ 디자인은 반복에 의한 개선이다

지금까지 공감, 정의, 아이디어 도출, 프로토타입, 테스트의 다섯 단계로 이루어진 디자인 씽킹을 통해 UX 디자인 프로세스를 알아봤고, 단계별 활동 예시를 살펴봤습니다. 하지만 이 다섯 단계로 이루어진 과정은 순차적으로 한 방향으로만 이루어지는 것은 아닙니다. 테스트를 했거나 테스트 후 출시했다고 해서 끝난 것이 아니고, 얼마든지 앞 단계로 돌아가서 디자인 씽킹의 과정을 밟아야 할 수 있으며, 디자인 씽킹의 단계를 한두 번이 아니라 여러 차례에 걸쳐 밟아야 할 수도 있습니다. 실무에서는 대부분 이 단계를 무수히 반복한다고 생각하면 됩니다.

UX 디자인은 검증하고자 하는 가설을 세우고 프로토타입을 만들어 테스트를 통해 검증하는 것입니다. 검증은 성공할 수도 있고, 실패할 수도 있습니다. 사실 실패를 더 많이 합니다. 그래서 실패를 개선을 위한 배움의 기회로 보고, 또 어떤 것을 시도해보면 좋을지 판단해서 디자인 씽킹을 반복하는 것입니다. 이처럼 반복 과정을 통해 개선해 나가는 것을 이터레이션(iteration)이라고 합니다.

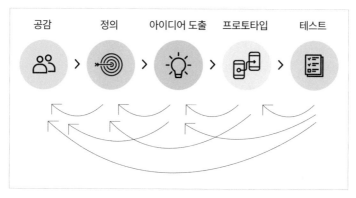

그림 5.25 디자인 씽킹의 단계는 한 방향으로만 진행되는 것이 아니다. 언제든지 이전 단계로 되돌아가서 반복 및 재작업할 수 있다.

이터레이션을 한다는 것은 5단계인 테스트에서 다시 1단계인 공감으로 돌아가는 것만을 의미하지는 않으며, 특정 단계를 거듭 반복할 수도 있습니다. 예를 들어, 아이디어 도출 또는 프로토타입 단계를 밟다 보니 문제에 대한 재정의가 필요해서 정의 단계로 돌아갈 수도 있으며, 프로토타입 단계를 밟다 보니 추가적인 아이디어가 필요하다고 판단해서 아이디어 도출 단계로 돌아갈 수도 있습니다. 그리고 어떤 단계에 있든 다시 사용자에 대해 더 배워야겠다고 판단하면 공감 단계로 돌아갈 수 있습니다.

디자인 씽킹의 5단계를 모두 밟는 것이 아니라 처음부터 특정한 한 가지 단계만 뽑아서 할 수도 있습니다. 저는 회사에서 특정 사용자에 대해 배우기 위해 공감 단계만 밟는 프로젝트를 진행한 적이 있습니다. 이 경우 정의나 아이디어 도출로 넘어가지 않고 공감 단계에서 마무리됐습니다. 그리고 이미 사용자와 문제가 정의됐다면 바로 아이디어 도출로 넘어가는 프로젝트를 수행하게 될 수도 있습니다.

디자인 씽킹의 핵심

이제 정리해 보겠습니다. 디자인 씽킹은 결국 끊임없이 사용자에 대해 배우고 실험을 반복해서 사용자가 겪는 문제를 해결할 수 있는 해결책을 찾고 궁극적으로 비즈니스를 성공시키는 것이라고 할 수 있습니다. 거듭 강조하지만, 한 번에 문제를 해결하고 사업을 성공시키는 것은 현실에서는 잘 일어나지 않습니다. 무수히 많은 실패를 하게 될 수도 있습니다. 앞에서도 언급한 바 있듯이 성장 마인드셋을 가지고 있으면 UX 디자인을 할 때 도움이 됩니다. 실패를 배움의 기회로 받아들일 수 있기 때문입니다. 디자인 씽킹의 단계를 밟아 나갈 때 일이 의도한 방향으로 되지 않고 실패하더라도 그것을 배움의 기회로 보고 성공을 위한 밑거름으로 바라보길 바랍니다.

5.8 _ 요약 포인트

디자인 씽킹을 통해 이해하는 UX 디자인 프로세스

성공적인 제품은 단번에 디자인되는 것이 아닌 디자이너와 기획자의 많은 고민을 거쳐 나오게 됩니다. 그리고 그 과정에는 여러 실패와 배움의 과정이 있습니다. 테크 업계에서 UX 디자인의 프로세스를 밟는 데 가장 많이 활용되는 방법론 중 하나는 디자인 씽킹입니다. 디자인 씽킹은 사용자를 중심에 두고 혁신을 이루어내고자 하는 방법론으로서 공감, 정의, 아이디어 도출, 프로토타입, 테스트의 다섯 단계로 이루어집니다.

디자인 씽킹 1단계: 공감

공감 단계에서는 사용자에 대해 이해하고, 사용자가 겪는 문제를 발견합니다. 공감 단계에서 할 수 있는 대표적인 활동으로 데모그래픽 조사, 일대일 심층 인터뷰, 사용성 테스트, 애널리틱스가 있습니다.

디자인 씽킹 2단계: 정의

정의 단계에서는 앞서 공감 단계에서 얻은 인사이트를 토대로 집중해야 할 타깃 사용자는 누구인지, 그들이 겪고 있는 핵심 문제는 무엇인지 정의합니다. 한번에 많은 문제를 해결할 수 없기 때문에 효과, 가치 등을 평가하고 우선순위를 정해서 핵심 문제를 뽑아내야 합니다.

디자인 씽킹 3단계: 아이디어 도출

아이디어 도출 단계에서는 정의된 문제를 해결하기 위해 다양한 시각에서 최대한 많은 아이디어를 냅니다. 이 단계에서 할 수 있는 활동으로는 브레인라이팅, 경쟁 사례 데모, 크레이지 8 등이 있습니다.

디자인 씽킹 4단계: 프로토타입

아이디어 도출 단계에서 나온 아이디어 중 투표 등을 거쳐 효과가 더 강할 것이라고 판단되는 아이디어를 프로토타입으로 발전시킵니다. 로우파이 프로토타입에는 스케치, 미드파이 프로토타입에는 와이어프레임, 하이파이 프로토타입에는 UI 디자인, 핸드오프가 있습니다.

디자인 씽킹 5단계: 테스트

테스트는 제품 출시 전후로 언제든지 할 수 있습니다. 요즘은 제품을 출시한 후의 테스트에 대해서도 사용자에 대해 배울 수 있는 기회로 봅니다. 제품 출시 전에는 사용성 테스트를 할 수 있고, 제품 출시 후에는 애널리틱스, A/B 테스트, 사용성 테스트 등을 할 수 있습니다.

06

고객을 사로잡는 제품은
어떻게 만들어질까?

6.1 _ 제품 개발 프로세스를 알아야 하는 이유

제품을 만들기 위해서는 여러 직군에 있는 사람들의 협업이 필요합니다. 앞에서 고객의 마음을 사로잡아 제품을 성공시키기 위해서는 사용자, 비즈니스, 기술이 모두 어우러져야 한다고 했습니다. 사용자의 니즈를 파악하고 디자인하는 것이 UX 디자이너라면 기술을 담당하는 대표적인 직군은 개발자입니다. 비즈니스에서는 사업개발팀이나 마케터의 역할이 중요하며, 비즈니스, 사용자, 기술의 밸런스를 잡는 역할은 프로덕트 매니저가 합니다. 이처럼 하나의 제품을 만드는 것은 오케스트라와 지휘자가 협업해서 조화로운 음악을 만드는 모습과 비슷합니다.

이번 장에서는 이렇게 팀으로 제품을 만들 때 활용할 수 있는 대표적인 두 가지 제품 개발 방식을 소개합니다. UX 디자이너가 제품을 만드는 팀의 구성원으로서 제품 개발 프로세스를 이해하는 것은 매우 중요합니다. 큰 그림을 이해했을 때에야 비로소 UX 디자이너가 팀원으로서 어떤 역할을 수행하고 기여할 수 있을지 알 수 있기 때문입니다.

6.2 _ 전통 기업과 대기업이 사용했던 방식 '워터폴'

워터폴(waterfall)은 우리말로 번역하면 폭포수를 의미합니다. 폭포수의 특징은 물이 위에서 아래로 떨어진다는 것입니다. 말 그대로 하향식(top-down)으로 위에서 아래로 단계를 밟아 나가는 것입니다. 예를 들면, 회사의 전체적인 전략을 수립하는 팀 또는 임원단에서 어떤 콘셉트를 잡으면 이를 제품 기획팀, UX 디자인팀에 전달합니다. 그러면 UX 디자이너는 전달받은 내용을 토대로 와이어프레임, UI 디자인 산출물 등을 만듭니다. 화면이 어떻게 작동하는지와 화면 내 구성 요소에 대한 정의를 아주 세세하게 정리해서 문서를 만듭니다.

문서를 만들고 나면 유관부서, 특히 디자인 문서를 토대로 제품을 구현할 개발팀에 전달합니다. 개발팀은 모든 것이 정의된 문서를 보고, 문서에 정리된 대로 제품을 개발합니다. 그렇게 해서 제품이 완성되면 품질 테스트를 하고, 테스트가 완료되면 시장에 출시됩니다. 시장에 출시되면 비로소 제품에 대한 사용자의 피드백을 받게 됩니다.

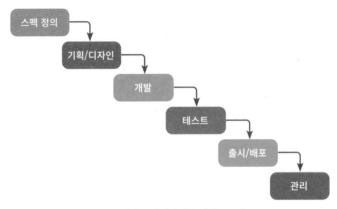

그림 6.1 워터폴 방식의 제품 개발 프로세스

테크 업계에서 점차 선택받지 못하는 워터폴 방식

예전에는 워터폴 방식이 많이 활용됐지만 요즘 테크 업계에서는 점점 더 선택받지 못하고 있는 실정입니다. 거기엔 여러 가지 이유가 있겠지만 가장 큰 이유는 CD 기반이 아닌 클라우드 기반의 소프트웨어 제품이 대세로 자리 잡고 있기 때문입니다. 지금은 CD를 구매하지 않고도 인터넷을 통해 내려받거나 심지어 내려받지 않고도 곧바로 사용할 수 있는 소프트웨어가 대부분이지만 불과 몇 년 전만 해도 어떤 프로그램을 사용하려면 CD를 구매하고 설치한 후 사용하는 것이 일반적이었습니다. 지금 이 책도 구글 문서도구(Google Docs)를 사용해서 집필하고 있는데, 인터넷 브라우저를 열면 아무런 설치 없이 곧바로 사용할 수 있습니다. 이것은 몇 년 전만 해도 감히 상상도 할 수 없었던 일입니다. 10여 년 전만 해도 대표적인 워드 프로세서인 마이크로소프트 워드는 CD를 구매해서 PC에 설치해야만 사용할 수 있었으니까요.

그림 6.2 CD 기반의 소프트웨어. 한 번 출시하면 되돌릴 수 없으므로 최대한 완벽하게 준비해서 출시해야 했다. [14]

CD 기반 소프트웨어는 한 번 출시하면 제품에 결함이 있어도 그것을 고치거나 개선하는 것이 불가능에 가까웠습니다. CD는 인터넷이 없어도 동작하므로 인터넷을 통해 제품을 업데이트하는 것도 쉽지 않았습니다. 따라서 제품에 결함이 생긴다는 것은 비즈니스에 치명적인 악영향을 미칠 수 있음을 의미했고, 하나의 제품을 완벽에 가깝게, 오류 없이 출시해야 했기 때문에 워터폴 방식을 활용하는 것이 자연스러웠습니다. 각 단계별로 철저한 준비를 위해 완벽한 문서를 만드는 것이 중요했습니다. 실수를 최소화하는 것이 중요했습니다.

워터폴의 단점은?

워터폴 방식은 철저하게 준비하는 만큼 출시되는 제품의 오류가 적고 완성도가 높습니다. 이 말은 곧 제품을 완성해서 출시하기까지의 기간이 길어질 수 있음

---

14 이미지 출처: Unsplash

을 의미합니다. 즉, 한 번의 시도에 많은 인력과 비용, 시간을 투자하기 때문에 제품이 시장에서 실패하면 그에 따르는 리스크도 매우 큽니다.

요즘에는 인터넷 기반의 소프트웨어가 대세를 이루고 있고, 소프트웨어 업데이트도 굉장히 자주 일어납니다. 몇 달은커녕 며칠마다 새로운 기능이 소개되고 UI가 업데이트되는 경우도 많습니다. 즉, 경쟁 제품이 시장의 요구에 맞춰 빠르게 움직일 수 있는 환경에서 워터폴 방식은 시장의 속도를 따라잡는 데 어려움이 있습니다. 참고로 이러한 문제점을 해결하는 제품 개발 방식이 다음 장에서 다룰 린 스타트업입니다.

그렇다고 워터폴 방식을 더 이상 쓰면 안 되는가, 라고 묻는다면 꼭 그렇지는 않습니다. 분야에 따라 워터폴 방식이 적합할 수도 있습니다. 대표적으로, 납기일이 정해져 있는 제조사 중에는 워터폴 방식을 사용하는 경우가 많습니다. 제조사는 물리적인 제품을 양산해야 하는 만큼 꼼꼼하게 신경 쓰고 계획을 세워 완벽에 가깝게 제품을 만들어야 합니다. 한 번 제조되어 시장에 출시되고 나면 쉽게 수정할 수 없기 때문입니다.

가령 통신사에 핸드폰을 납품하는 업체가 있다고 가정해보겠습니다. 이 업체는 제품에 들어가기로 약속한 기능을 정해진 기간 안에 만들기 위해 워터폴 방식을 사용할 가능성이 높습니다.

워터폴 중심의 조직에서 디자이너의 역할은?

워터폴 중심의 조직에서는 완성도가 높은 문서 및 디자인 산출물을 만들고 유관부서에 공유하는 게 중요합니다. 이 과정에서 토씨 하나 틀리지 않게 꼼꼼히 살펴보면서 문서를 만들어야 할 수 있습니다. UX 디자이너가 글씨를 잘못 쓰면 개발자가 잘못 전달된 것 그대로 개발할 수 있기 때문에 문서만 보고도 내가 뭘 해야 하는지 잘 알 수 있게 써야 합니다. 예전에 워터폴 중심의 조직에서 일한 적이 있는데, 그곳에서는 하나의 앱에 대해 수십, 수백 장의 와이어프레임 문서 및 UI 디자인 산출문서를 만들었습니다.

회의나 구두로 하는 커뮤니케이션 역시 매우 중요합니다. 디자이너와 개발자 간에 협의를 통해 문서를 업데이트해야 할 수도 있는데, 이때 완성도 높은 문서를 만들어 문서를 기반으로 커뮤니케이션해야 합니다.

6.3 _ 테크 업계에서 점점 더 중용되고 있는 '린 스타트업'

'린 스타트업'은 에릭 리스의 《린 스타트업》(인사이트, 2012)이라는 책에서 소개하는 개념입니다. 린 스타트업의 방법론은 오랜 기간에 걸친 준비를 통해 소프트웨어 제품의 완성도를 거의 완벽한 수준까지 끌어올린 뒤 출시하는 것이 아니라(!), 최소한의 기간을 들여 일단 제품을 출시한 다음, 제품에 대한 시장 반응을 보고, 그 피드백을 토대로 반복적인 출시와 개선을 합니다. 이를 통해 사용자를 만족시키면서 동시에 비즈니스를 성공시킬 수 있는 지점을 찾습니다.

에릭 리스는 이를 **'만들기-측정-학습'**(Build-Measure-Learn)의 순환이라는 다이어그램을 통해 이야기합니다. 먼저 제품을 만들어 출시하고 이를 통해 나온 데이터를 측정합니다. 이 데이터란 사용자 인터뷰 등을 통해 얻은 정성적인 데이터가 될 수도 있고 애널리틱스 같은 툴을 통해 얻은 정량적인 데이터가 될 수도 있습니다. 예를 들어, 내가 쇼핑 앱을 만든다고 한다면 앱을 사용하는 사람이 몇 명인지, 그중 실제로 제품을 구매한 사람은 몇 명인지 등을 측정하는 것이 될 수 있습니다. 측정 데이터를 통해 배움의 과정을 거쳐 다음으로 무엇을 할지 고민합니다. 무엇을 개선하면 좋을지, 추가로 어떤 실험을 해보면 좋을지 생각해보고 새로운 아이디어를 생각해낼 수 있습니다. 그리고 이를 반영해서 다시 출시하고, 지금까지 말씀드린 '만들기(출시)-측정-학습'의 과정을 계속 반복합니다. 이 과정을 제품이 시장에서 성공할 때까지 반복합니다. 또한 성공 가능성이 없어 보인다면 아이디어를 변경해서 다시 이 방법론을 적용해 도전합니다.

그림 6.3 '만들기(출시)—측정—학습'으로 구성된 무한 루프 구조의 린 스타트업

점차 업계의 선택을 받고 있는 린 스타트업 방식

현 시점에는 테크 업계에서 린 스타트업 방식이 워터폴 방식보다 더 선호되고 더 많이 채택되고 있습니다. 그 이유는 다음과 같습니다.

첫째, 린 스타트업은 훨씬 더 많이 실험할 수 있기 때문에 프로덕트가 성공할 확률이 올라갑니다. 비유를 들어보겠습니다. 저에게 5살짜리 아들이 있고 1년 뒤 아들 생일에 선물로 주려고 장난감을 만들려고 합니다. 워터폴 방식을 쓰면 저는 아들이 좋아할 것 같은 제품, 예를 들면 코끼리 인형을 1년 동안 철저한 계획과 장인 정신을 갖고 노력해서 만듭니다. 그리고 1년 뒤에 그 코끼리 인형을 줍니다. 그런데 문제는 이렇게 해서 만들었는데, 정작 아들이 좋아하는 것은 코끼리 인형이 아니라 로봇 장난감일 수도 있습니다.

린 스타트업 방식은 아들이 코끼리 인형을 좋아할 것 같다는 생각이 들면 일단 최소한의 노력을 들여 테스트해 봅니다. 예를 들어, 1주일 정도 시간을 들여 만들어본 다음, 아들이 그것을 좋아하는지 반응을 봅니다. 그 반응을 토대로 다른 장난감으로 바꿀 수도 있고 코끼리 인형을 아들이 더 좋아하는 방향으로 개선할 수도 있습니다. 1년이라고 본다면 1주에 한 번씩 총 50번을 시도해서 아들이 더 좋아하는 것에 근접한 것을 만들 수 있습니다. 워터폴과 비교해 본다면 50배 더 실험해서 테스트, 즉 아이디어에 대한 검증을 해볼 수 있으니 성공 확률이 더 높아집니다.

둘째, 인터넷과 클라우드가 일상이 되면서 린 스타트업 방식을 할 수 있는 환경이 조성됐습니다. 현재 많은 서비스가 인터넷 기반으로 제공됩니다. 예를 들어, 인스타그램, 핀터레스트, 에어비앤비 모두 CD로 컴퓨터에 설치하는 방식이 아니라 인터넷을 통해 서비스가 제공됩니다. 마이크로소프트 오피스 제품들도 클라우드 기반의 구독 서비스를 시작했습니다. UX 디자이너들이 사용하는 디자인 툴 가운데 피그마라는 툴이 최근 압도적인 지지를 받고 있는데, 이 또한 철저하게 웹 기반에서 사용할 수 있는 툴입니다. 소프트웨어를 다운로드하지 않고 구글 크롬과 같은 웹 브라우저만 있다면 바로 디자인 작업을 시작할 수 있습니다. 이것은 앱을 만드는 사람들의 입장에서는 언제든지 앱을 업데이트할 수 있다는 이야기가 됩니다. 그만큼 경쟁이 치열해져 무엇보다 속도가 중요해졌습니다. 예전처럼 6개월~1년의 장기 계획을 가지고 워터폴 방식으로 접근해서 오랜 준비 끝에 제품을 출시했는데, 이미 시장 상황이 변해 있을 수 있습니다. 린 스타트업은 빠르게 변화하는 시장에 굉장히 유연하게 대처할 수 있는 모델입니다.

참고로 ≪린 스타트업≫의 저자 에릭 리스는 이 방법이 꼭 스타트업에만 적용되는 것이 아니라 제법 규모가 있는 대기업 수준의 테크 회사에도 적용 가능하다고 했습니다. 큰 규모의 회사도 얼마든지 아이디어를 작은 단위로 쪼개어 빠르게 실험해 볼 수 있기 때문입니다. 책에서 예시로 소개하는 인튜이트(Intuit)라는 테크 회사는 금융 관련 서비스를 만드는 곳으로, 50년 가까운 역사를 가지고 있고 직원이 1만 명이 넘습니다. 에릭 리스는 이렇게 규모가 큰 인튜이트가 계속해서 혁신적인 제품을 만들어 성공하고 있으며, 그 배경에는 린 스타트업 방식이 있다고 이야기합니다.

린 스타트업 중심의 조직에서 UX 디자이너의 역할은?

워터폴 조직에서는 한 번의 사이클이 길고 디자이너가 자신이 담당하는 역할을 확실하게 알고 완벽에 가까운 기획 문서와 디자인 문서를 만드는 것이 중요하다고 했습니다. 린 스타트업에서의 디자이너는 디자인만 잘 하면 되는 것이 아니라 사업 성공을 위해 어떻게 가설을 세우고 빠르게 검증할 것인지부터 생각해야 합니다. 그렇기 때문에 완벽한 문서를 만드는 것보다는 팀원들과 긴밀하게 커뮤니케이션하고 빠르게 방향을 전환하고 기민하게 움직일 수 있는 능력이 중요합니다. 긴 시간을 들여 문서를 만들었는데, 그것이 사업을 성공시키거나 사용자를 도와주는 데 도움이 안 될 수 있기 때문입니다. 그렇다고 해서 디자인을 대충해도 된다는 이야기는 아닙니다. 빠르게 움직이는 조직과 발맞춤해야 한다는 것이 중요합니다.

저는 워터폴 조직에서 UX 기획자로 일한 적이 있고, 린 스타트업 방식을 추구하는 조직에서 프로덕트 디자이너로 일한 적이 있습니다. 워터폴 조직에서는 제가 담당하는 부분을 진행할 때 개발자 등 다른 이해관계자들의 참여가 많지 않았고 분업이 중요했습니다. 반면, 린 스타트업 중심의 조직에서는 사업 전략을 포함한 전반적인 부분에 관여하고 프로덕트 매니저 및 엔지니어를 디자인 과정에 참여시켜 빠르게 의사결정을 하고 방향을 수정할 수 있는 환경을 조성하는 것이 중요했습니다. 예를 들면, 기획 초기 단계에서 유저 리서치에 대한 결과를 엔지니어 및 프로덕트 매니저와 함께 공유하고 이에 대한 인사이트를 서로 이야기해서 문제를 함께 찾거나, 문제에 대한 해결책을 내기 위해 브레인스토밍할 때 함께 스케치를 그리고 아이디어를 공유하기도 했습니다.

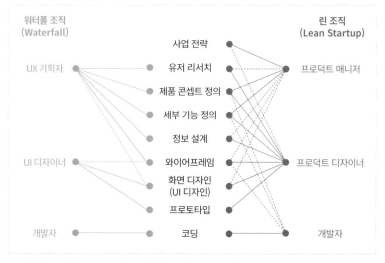

그림 6.4 워터폴 조직과 린 스타트업 조직에서 달라지는 디자이너의 역할. 타 부서와의 협업 빈도가 매우 높고 초기 디자인 단계부터 비디자인 직군의 팀원들을 참여시킨다.

린 스타트업의 MVP

사용자에게 가치를 줄 수 있는지를 알아보기 위해 가설을 세우고, 빠른 시간 안에 사용자를 통해 검증하기 위해 최소한의 기능으로 만들어 출시하는 것이 MVP(Minimum Viable Product)입니다. MVP는 최소한의 리소스 및 시간으로 달성 가능한 제품을 말합니다. 앞에서 린 스타트업을 이야기하면서 아들의 장난감을 만드는 사례를 소개했는데, 그때 만든 코끼리 인형이 MVP입니다.

MVP 없이 처음부터 완벽한 제품을 만들려고 하면 오랜 기간 공을 들여 제품을 만들어 출시했는데 출시 후 사용자가 원하는 제품이 아닐 가능성이 있습니다. 즉, 인력과 재정, 시간적인 리소스를 많이 투입한 것에 비해 효과가 없을 가능성이 큽니다. MVP는 테크 업계에서 일하면 자주 들을 수 있는 용어이기 때문에 그 개념을 알아두면 좋을 것 같습니다.

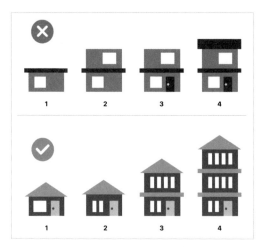

그림 6.5 오랜 기간에 걸쳐 제품의 완성도를 높인 후 출시하는 방식(위)과 '테스트 가능한 수준'으로 여러 번에 걸쳐 빠르게 출시하고, 테스트 및 사용자의 피드백을 통해 제품을 진화시키는 MVP 접근법(아래)

MVP 방식으로 접근하면 빠른 시간 안에 '테스트 가능한 수준의' 제품을 만들 수 있고, 테스트를 통해 빠르게 가설을 검증할 수 있습니다. 즉, 빠른 실패를 통해 더 많은 것을 배우고 올바른 방향으로 수정할 수 있으며, 궁극적으로 사용자가 더 원하는 제품을 만들 수 있습니다.

> **TIP** 제품마다 개발 프로세스 접근법이 다를 수 있다
>
> 린 스타트업 방식은 빠르게 테스트해서 가설을 검증한다는 측면에서 업계에서 대단히 각광받는 방법입니다. 하지만 모든 기능이나 제품에 똑같은 접근법을 적용해야 한다는 의미로 받아들이는 것은 지양해야 합니다. 제품에 따라 성격이 다르고, 타깃 고객이 다를 수 있기 때문에 때에 따라서는 '테스트 가능한 최소한'의 수준보다는 어느 정도 완성도 있는 제품을 출시 목표로 잡아야 할 수 있습니다. 예를 들어, 어떤 고객이 20년 이상 사용한 B2B 서비스가 있다고 가정해보겠습니다. B2B 서비스의 특징은 고객의 사업적 성공을 도와야

한다는 것입니다. 고객이 오랜 기간 제품에 익숙해져 있는 상태에서 사용하고 있는데, 검증되지 않은 모습으로 하루아침에 바뀌거나, 수시로 테스트 버전으로 변경되어 제공된다면 고객은 불편함을 겪을 가능성이 높습니다. 이 경우에는 빠른 출시가 독이 될 수 있습니다.

하지만 분명한 것은 '**검증을 빠르게**'라는 목표는 동일해야 한다는 점입니다. 출시를 빠르게 하지 못한다면 그 외의 방법을 동원해서 이른 시점에 사용성 테스트를 빠르게 하거나 소수의 신규 회원만 베타 버전을 사용하게 해서 피드백을 얻을 수 있습니다. 제가 있던 팀에서 진행한 한 프로젝트에서 있었던 일입니다. 내부 회의를 했는데 새롭게 개편된 디자인을 적용했을 때 실패하면 사업에 리스크가 생길 수 있다고 판단하게 됐습니다. 그래서 신규 디자인을 곧바로 전체 지역을 대상으로 출시하는 대신 일부 특정 지역에만 적용해(대략 5%에 달하는) 문제가 없는지 확인하고 나중에 전 지역으로 확대했습니다.

따라서 제품의 성격, 타깃 사용자에 따라 린 스타트업 방법 역시 맞춤형으로 적용하는 것이 바람직합니다.

6.4 _ 요약 포인트

제품 개발 프로세스를 알아야 하는 이유

UX 디자이너는 회사에서 혼자 일하는 것이 아니라 개발자, 프로덕트 매니저, 마케터 등과 함께 제품을 만들어 나갑니다. 그렇기 때문에 UX 디자인 영역 외에도 제품이 어떤 식으로 만들어지는지 큰 그림을 이해할 필요가 있습니다.

전통기업이나 대기업이 사용하는 방식 '워터폴'

워터폴은 하향식으로 '전략/콘셉트 수립 – 기획/디자인 – 개발 – 테스트 – 출시' 단계를 밟아 나가는 방식입니다. 과거에 CD 형태로 소프트웨어를 출시할 때처럼 소프트웨어를 출시한 후 보완, 업데이트하기 어려웠던 시절에 많이 활용되던 방법입니다. 소프트웨어를 출시하고 심각한 버그 등이 발견됐을 때 이를 수정하기 어려운 만큼 각 단계별 책임자는 자신이 맡은 임무를 최대한 완벽하게 수행해야 합니다. 기획자와 디자이너는 개발자가 문서를 읽으며 개발을 잘 할 수 있도록 최대한 완성도 있는 기획 및 디자인 문서를 만들어야 합니다.

린 스타트업

클라우드 기반의 소프트웨어가 대세가 되고 있는 근래에 많이 중용되는 방법으로, 한 번의 완벽한 출시보다는 빠르게 가설을 설정하고 이를 검증하며 제품을 개선하는 데 초점을 둡니다. 고객이 제품을 사용하기 전까지는 성공 여부를 알 수 없다는 점에 무게를 두어 '만들기-측정-학습'의 과정을 밟습니다. 실패를 하는 것 역시 배움의 과정에 있으며 실패를 통해 배워서 제품의 방향성을 끊임없이 테스트합니다. 린 스타트업 방식을 활용하는 조직에서 디자이너는 디자인 과정을 팀원과 공유하거나 참여시켜 사용자의 문제에 대해 함께 공감할 수 있도록 하고, 빠르게 방향 전환이 일어나는 업무 환경에서 타 부서와의 긴밀한 협업을 통해 유연하게 상황 변화에 대처하는 자세가 필요합니다.

Part 03

UX 커리어
설계하기

07

UX 관련 직업은
어떤 것이 있을까?

UX 분야 안에서도 여러 가지 직업이 있습니다. 이번 장에서는 어떤 종류의 직업이 있고 회사가 원하는 요구사항에 따라 각 직업이 어떻게 다르게 불리는지 알아보겠습니다.

7.1 _ UX 기획자(또는 UI 기획자)

먼저 소개할 직업은 UX 기획자입니다. UI 기획자라고 말하기도 합니다. 앞서 제품을 만드는 데 있어 디자이너 및 기획자가 하는 일을 UX와 UI라는 큰 분류로 나눌 수 있다고 했습니다.

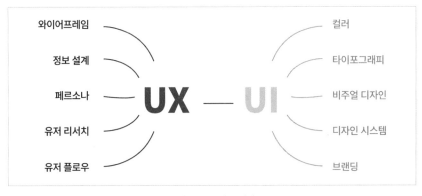

그림 7.1 UX 업무 영역

UX 기획자는 그림 7.1의 왼쪽에 표시된 UX와 관련된 활동을 합니다. 먼저 사용자가 어떤 어려움을 겪고 있는지 이해하기 위해 인터뷰를 하거나 프로토타입 또는 출시 제품에 대한 피드백을 얻기 위해 유저 리서치를 직접 진행하거나 관련 활동에 깊이 관여합니다. 그리고 사용자에 대한 이해를 바탕으로 정보구조를 설계하고, 유저 플로우를 그리고, 제품의 뼈대라고 할 수 있는 와이어프레임을 그립니다. 즉, 로우파이 및 미드파이 단계의 일을 한다고 볼 수 있습니다.

UX와 UI는 사용자 입장에서는 하나고, 떼려야 뗄 수 없는 관계입니다. 그래서 UX 기획자가 UI 디자인 영역에 대해서도 어느 정도 관여합니다. 즉, UI 디자인을 담당하는 UI 디자이너와 함께 긴밀하게 협업하면서 많은 작업을 공유하고 의사결정을 할 일이 많습니다.

또한 유관부서로 개발자나 회사의 운영 방향을 고민하는 전략/상품 기획 부서 등과도 긴밀하게 커뮤니케이션해야 합니다. 특히 개발자와 가깝게 일할 때가 많은데, 개발팀에는 어떤 고려사항이 있고, 해당 기간 안에 얼마만큼 개발할 수 있는지 범위를 확인하는 등 갖가지 사항을 함께 논의하면서 정해진 기간 안에 어떤 기획 및 디자인 사항을 포함시켜 출시할 것인지 의사결정을 함께 진행합니다.

7.2 _ UI 디자이너

이번에는 그림 7.2의 오른쪽에 표시된 UI 업무 분류를 보면 UI 디자이너가 어떤 일을 하는지도 알 수 있습니다.

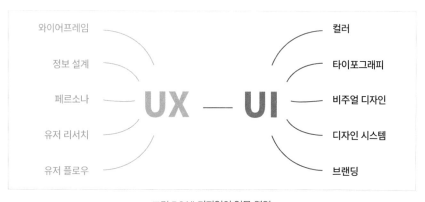

그림 7.2 UI 디자인의 업무 영역

UI 디자이너의 핵심 업무는 하이파이 프로토타입과 사용자가 실제로 보고 만지는 앱 수준의 디자인을 하고, 시장에 출시하기 위한 디자인 최종 산출물을 만드는 것입니다.

UI 디자이너의 중요한 역할 중 하나는 디자인 시스템을 만드는 것입니다. 즉, 앱 또는 웹사이트에서 제공되는 요소에 대해 시각 언어의 규칙을 만드는 것입니다. 예를 들어, 제품에 사용할 색상은 무엇이고, 폰트는 용도에 따라 크기와 스타일을 어떻게 다르게 할 것인지, 버튼은 상태에 따라 어떻게 동작하게 할 것인지 등을 정의합니다.

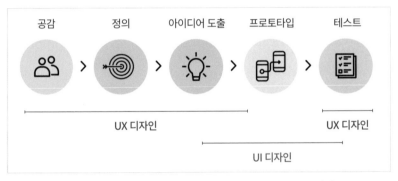

그림 7.3 디자인 씽킹 관점에서 본 UX 디자인과 UI 디자인의 업무 영역

앞에서 디자인 씽킹을 토대로 UX/UI 디자인의 프로세스에 대해 설명했습니다. 프로세스라는 큰 그림으로 봤을 때 UX 기획자와 UI 디자이너가 담당하는 부분 중 겹치는 영역도 있을 수 있습니다. UI 디자이너가 로우파이 디자인 영역에 관여할 수도 있고, UI 디자인 산출물에 대해 사용자 테스트를 직간접적으로 수행할 수도 있습니다. 그것을 통해 받은 피드백을 토대로 UI 디자인을 개선할 수 있기 때문입니다.

UI 디자이너는 UX 기획자와 많이 협업해야 할 수도 있습니다. UX 기획자가 뼈대를 만드는 역할이고 UI 디자이너가 살을 붙이는 역할인데, 각각 역할을 나누어 일하고는 있지만 어쨌든 사용자가 사용하게 될 제품은 하나이기 때문에 좋은 제품을 만들기 위해서는 UX 기획자가 의도한 바를 잘 이해하고 UI 디자인 산출물을 만들어야 하기 때문입니다.

7.3 _ 프로덕트 디자이너(또는 UX/UI 디자이너)

이번에 소개할 직업은 프로덕트 디자이너입니다. 프로덕트 디자이너를 UX/UI 디자이너로 부르기도 하는데, 참고로 저의 현재 직함은 프로덕트 디자이너입니다. 프로덕트 디자이너는 기본적으로 UX 디자인과 UI 디자인을 모두 한다고 보면 됩니다. 두 가지 일을 한 사람이 하기 때문에 UX/UI를 따로 분류하면서 일하지는 않습니다.

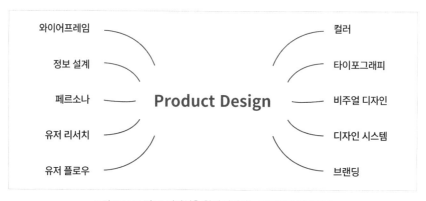

그림 7.4 UX 및 UI 디자인을 함께 담당하는 프로덕트 디자이너

프로덕트 디자이너는 디자인 프로세스에 있어서 사용자에 대해서 배우고, 프로토타입을 만들고 테스트하고 출시하는 과정을 오너십을 갖고 밟아 나갑니다.

또한 데이터를 수집해서 사용자에 대해 배운 바를 토대로 제품을 개선하는 과정에 직간접적으로 관여합니다.

이 시점에서 이런 질문을 할 수 있습니다. 앞서 이야기한 UX 디자이너와 UI 디자이너는 각각 UX 및 UI 영역을 나누어 일한다고 했는데, 왜 이를 프로덕트 디자이너 한 사람이 담당할까요? 그 이유는 회사마다 디자이너를 뽑을 때 추구하는 방향이 다르기 때문입니다. 그 점에 대해 잠깐 살펴보겠습니다.

프로덕트 디자이너 또는 UX/UI 디자이너는 린 스타트업 조직에 최적화된 직무라고 생각합니다. 린 스타트업이 워터폴과 다른 점 중 하나는 제품과 비즈니스의 방향을 변화하는 환경에 맞추어 언제든지 바꿀 수 있는 유연함입니다. 앞서 말씀드렸지만 린 스타트업 기반 조직에서는 제품이 완벽하지 않더라도 일단 출시해서 사용자가 써보게 한 후 피드백을 받아 무엇을 개선할지, 또는 콘셉트 자체를 바꿀지 등의 다음 스텝을 최대한 빠르게 설정하고 실행합니다.

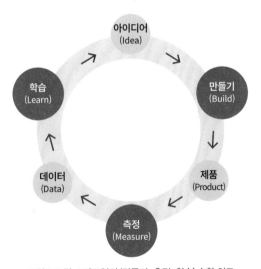

그림 7.5 린 스타트업의 '만들기–측정–학습' 순환 차트

이런 상황에서는 한 명의 프로덕트 디자이너가 개발자와 긴밀하게 연결되어 기획 및 디자인의 방향을 빠르게 틀 준비를 하는 것이 더 효과적입니다. 가설을 빠르게 세우고 이를 테스트하기 위해 프로토타입을 만들고 테스트하는 것이 더 중요하기 때문입니다. 한 명의 디자이너가 UX와 UI를 함께 맡아서 처리하는 편이 효율적일 수 있어 프로덕트 디자이너를 중용할 수 있습니다.

프로덕트 디자이너는 UX 또는 UI 중 한 분야만 깊이 파기보다는 제품의 개발 사이클에 맞춰 빠르고 유연하게 움직이는 것이 중요한 만큼 UX 기획자나 UI 디자이너처럼 스페셜리스트라기보다는 제너럴리스트에 조금 더 가깝다고 생각합니다.

회사 규모 또한 프로덕트 디자이너의 고용에 영향을 미칠 수 있습니다. 초기 스타트업의 경우 아무래도 예산에 한계가 있을 수 있고 리소스의 한계가 있어서 한 명에게 요구하는 일이 더 많습니다. 그래서 UX 기획자와 UI 디자이너를 따로 고용하기보다는 한 명을 고용해서 두 가지 일을 맡기는 것이 비용적으로 더 나을 수 있습니다.

하지만 회사의 규모가 크더라도 빠르게 방향 전환이 가능한 환경을 구축하고자 하는 경우 기획자와 UI 디자이너를 따로 뽑지 않고 프로덕트 디자이너 직무 하나만 뽑을 수도 있습니다. 예를 들어, 제가 지금 근무하고 있는 회사도 디자이너가 30명 즈음 되는 중견기업입니다. 회사의 예산 등을 고려한다면 UX 디자이너와 UI 디자이너를 따로 뽑아서 분업화할 수 있지만 회사가 추구하는 방향이 빠르게 출시하고 테스트하고 배우는 데 있어서 프로덕트 디자이너만 뽑고 있습니다. 그래서 30명 모두가 프로덕트 디자이너라는 타이틀을 갖고 일합니다.

프로덕트 디자이너는 개발자 및 프로덕트 매니저와 긴밀하게 일을 진행합니다. 아예 한 팀으로 묶어 매일 회의를 할 정도입니다. 프로덕트 디자이너로 일하고 있는 저는 디자인 프로세스를 밟을 때 개발자와 프로덕트 매니저를 많은 단계에 참여시켜서 한 팀으로 움직이는 데 신경을 많이 쓰고 있습니다. 예를 들어, 브레인스토밍을 함께 하거나 유저 리서치에서 개발자와 프로덕트 매니저가 참관할 수 있도록 합니다. 이전에 UX 기획자로 일했을 때는 제가 디자인 문서를 만들어 개발자에게 전달하는 데 주력했으며, 그 문서를 토대로 개발자는 제품을 만들었습니다. 린 스타트업을 추구하는 조직이라고 해도 꼭 프로덕트 디자이너만 고집하지 않고 UX 기획자와 UI 디자이너를 별도로 두기도 합니다. 회사가 이렇게 두 직군을 별도로 고용할 여력이 되고, 빠르게 제품 개발 프로세스를 밟아 디자인 업무를 수행할 수 있다면 충분히 가능한 방법입니다. 이것은 회사마다 철학이 다르기 때문에 어떤 것이 꼭 맞다고 일반화하기는 어렵습니다.

7.4 _ UX 리서처(유저 리서처)

이번에 소개할 직업은 UX 리서처입니다. 여기서 리서처는 연구자라는 의미의 Researcher입니다. UX 리서처는 유저 리서치를 전문적으로 수행합니다. 유저 리서치에는 여러 종류의 일이 있는데, 사용자 인터뷰, 사용자 테스트, 설문조사, 관찰 조사, 데모그래픽 조사, 정량 데이터 조사 등 다양합니다. 또한 UX 리서처는 회사 내에서 '유저 리서치란 이렇게 하는 것이다'라고 룰을 정하는 역할도 합니다.

회사 규모가 어느 정도 커지면 디자이너를 점점 더 많이 고용합니다. 이 경우 디자이너와 기획자가 유저 리서치에 대해 갖고 있는 전문성과 지식이 각자 다를 수 있습니다. 이때 UX 리서처의 역할이 중요합니다. 사용자 조사란 어떤 것이며, 자사의 사용자 조사에는 어떤 것을 활용할 수 있는지를 동료 직원에게 교육할 수 있기 때문입니다. 이를 통해 디자이너들은 사용자 조사를 할 때 조사 방법이나 툴에 쉽게 접근하고 터득할 수 있습니다.

제가 근무하고 있는 회사에는 프로덕트 디자이너가 30명 정도 있고, UX 리서처가 2~3명 정도 있습니다. UX 리서처들은 직접 유저 리서치를 하는 프로젝트에 참여해서 도와주기도 하고, 유저 리서치를 위해서 회사에서 라이선스를 구매한 툴로 무엇이 있고, 어떻게 활용해야 하는지 알려줍니다. 실질적으로 UX 리서처에게 굉장히 많은 도움을 받습니다.

UX 리서처는 회사의 규모가 어느 정도 커질 경우 고용합니다. 즉, 회사의 규모가 작은 스타트업은 회사를 운영하기 위한 예산이 한정적입니다. 그래서 이럴 때는 UX 리서처를 따로 고용하기보다는 프로덕트 디자이너나 UX 기획자에게 유저 리서치 업무를 맡깁니다. 그러다가 회사의 규모가 커지면 UX 리서치를 조금 더 전문적으로 맡아줄 별도의 직군을 고용하게 됩니다.

아울러 다른 회사의 일을 요청받아 일을 대신 해주는 디자인 전문 회사를 디자인 에이전시라고 하는데, 디자인 에이전시는 규모와 상관없이 UX 리서처를 고용하는 편입니다. 유저 리서치만 디자인 에이전시에 의뢰하는 경우도 종종 있기 때문입니다.

7.5 _ UX 라이터

UX 라이터(Writer)는 UX와 관련된 글에 대한 일을 하는 사람이라고 보면 됩니다. 앱이나 웹사이트 같은 제품을 살펴보면 사진 등의 시각적 요소도 있지만 많은 부분이 글로 이루어져 있습니다. 가령 제품의 상세 페이지에 있는 메인 버튼을 떠올려 봅시다. '구매하기', '주문하기', '장바구니 넣기'와 같은 여러 텍스트가 있고, 모두 문구로 이루어져 있음을 알 수 있습니다. UX 라이터는 이러한 문구를 최적화해서 쓰는 일을 합니다.

제품과 회사의 규모가 커지면 더 많은 디자이너를 고용합니다. 그리고 제품의 규모가 커지는 만큼 써야 하는 글 또한 많아지기 때문에 디자이너들이 화면을 설계할 때 화면에 따라 글의 형식이나 뉘앙스가 달라지는 일이 생길 수밖에 없습니다. 여기서 UX 라이터의 역할이 중요한데, 글의 스타일이나 뉘앙스에 대한 통일성, 즉 룰을 만들어줄 수 있습니다. '사용자가 보기에 재기발랄한 분위기의 글 스타일을 만들겠다' 또는 '조금 딱딱해 보이더라도 프로페셔널한 느낌을 줄 수 있게 좀 더 형식을 갖춘 글 스타일을 만들겠다' 같은 룰을 만드는 것입니다. 그래서 제품의 방향성을 정하는 전략적인 부분부터 특정 상황에 어떤 문구를 써야 할지에 대한 부분까지 추천해줄 수 있습니다.

미국에서는 많은 테크 기업들이 UX의 중요성을 인지하고 있고, UX 라이터에 대한 수요 역시 늘고 있습니다. 제가 알기로 아직 한국에는 많지는 않지만 일부 회사에서 UX 라이터를 뽑는다고 들었습니다. 앞으로 UX의 중요성을 생각하는 회사가 늘수록 UX 라이터를 뽑는 회사 역시 늘 것으로 생각하며, 그렇지 않더라도 UX 라이팅에 대해 점점 더 신경 쓰게 되리라 생각합니다.

메인 버튼의 문구에서 한 글자만 바뀌어도 제품의 매출에 크게 영향을 미칠 수 있습니다. 제가 일하는 회사에서는 UX 라이터와 문구에 관해 많이 논의하고 A/B 테스팅을 아주 많이 수행하고 있습니다.

7.6 _ 프로덕트 매니저(PM) 또는 프로덕트 오너(PO)

프로덕트 매니저(PM; Product Manager, 이하 PM)와 프로덕트 오너(PO; Product Owner, 이하 PO)는 직접 디자인하지는 않지만 앞서 소개한 UX 기획자, UI 디자이너, 프로덕트 디자이너와 긴밀하게 협업하기 때문에 간략하게나마 소개합니다. PM/PO는 오케스트라의 지휘자에 비유할 수 있습니다.

앞서 제품이 성공하기 위해서는 비즈니스, 사용자, 기술이라는 세 가지를 모두 만족시켜야 한다고 했습니다. 이는 세 가지를 동시에 충족시키는 게 어렵다는 이야기이기도 하고, 서로 상충하고 대립되는 경우도 생길 수 있다는 뜻이기도 합니다. 예를 들어, 사용자를 위해 더 나은 제품을 만들다 보면 기술적인 측면에서 한계가 있거나 주어진 시간 안에 개발하는 것이 어려울 수 있습니다. 사용자를 위하는 것이 수익 측면에서는 오히려 도움이 안 되는 경우도 있을 수 있습니다.

PM/PO는 이 세 가지가 조화롭게 만족되게 하는 역할을 최전선에서 수행합니다. 부서 간 커뮤니케이션을 원활하게 하는 역할을 수행하기도 하고, 필요에 따라 사용자 또는 비즈니스 관련 데이터를 직접 수집하기도 합니다. PM/PO는 제품이 시작되는 단계부터 출시, 수익화에 이르기까지 전 과정이 매끄럽게 진행되도록 지휘하는 역할을 하므로 '작은 CEO'라고 부르는 경우도 있습니다. 디자이너는 PM/PO와 매일 많은 의사결정을 함께하고 정보를 공유하고 대화를 나눕니다. 그래서 팀 내에서 디자이너가 PM/PO가 되거나 반대로 PM/PO가 디자이너로 직군을 전환하는 경우도 빈번히 일어납니다.

7.7 _ 직업 탐색 관련 팁

직업을 탐색할 때 경험상 도움이 됐던 몇 가지 팁을 드립니다.

첫째, 현업 종사자와 이야기해보기

자신에게 어떤 직군이 잘 맞는지, 어떤 업무 방식이 잘 맞는지 파악해 보는 것은 커리어를 설계하는 데 굉장한 도움이 됩니다. 하지만 이런 정보는 인터넷으로 단순히 검색만 해서는 얻는 데 한계가 있습니다. 현업에서 일하는 사람과 직접 만나 어떤 일을 하는지, 회사의 업무 방식은 어떤지, 어떤 제품을 만드는지 등을 들어보는 것을 권장합니다. 주변의 지인 중에 현업에서 일하는 분이 있다면 좋겠지만 그렇지 않다면 관련 페이스북 그룹이나 브런치, 블로그와 같은 커뮤니티에서 활동하는 분께 연락하는 방법도 있습니다. 또는 UX/UI 관련 콘퍼런스에 참여해서 사람들을 만나는 것도 방법입니다. 처음 보는 사람에게 상담을 요청하는 것은 쉽지 않은 일입니다. 하지만 분명 이 활동을 통한 보상은 클 것입니다. 저는 이러한 활동을 통해서 제가 가고 싶은 회사는 어떤 식으로 업무를 하는지, 제가 어떤 직군에서 일해보고 싶은지 확인할 수 있었습니다.

둘째, 회사의 채용공고 확인하기

회사에서 어떤 직군이 어떤 일을 하는지 알아보는 또 한 가지 좋은 방법은 회사에서 올린 채용공고를 확인해보는 것입니다. 채용공고에는 회사가 어떤 방식으로 일하는지, 어떤 인재상을 요구하는지, 어떤 툴(예: 피그마, 스케치)을 다뤄야 하는지 등이 적혀 있습니다. 자신이 일하고 싶은 회사가 있다면 그 회사의 채용공고를 확인해보고 어떤 일을 하는지 파악해보고, 이에 맞추어 자신의 능력을 쌓아 올리는 것도 좋습니다.

UX/UI 디자인 입문자라면 조사를 많이 하고 관련 업계 사람들을 만나보는 것이 결과적으로 자신의 커리어를 올바른 방향으로 설계하는 데 도움이 될 것입니다.

7.8 _ 요약 포인트

UX 기획자(또는 UI 기획자)

UX 기획자는 UX와 UI 업무 중 UX에 해당하는 업무인 유저 리서치, 와이어 프레임, 정보 설계 등을 전문적으로 담당하며, 개발자나 전략팀 등 회사의 여러 부서와 긴밀하게 협업합니다. 하나의 제품을 만들어야 하는 만큼, UI 디자인에도 관여할 수 있으며, UI 디자이너와 함께 일할 때가 많습니다.

UI 디자이너

UI 업무에 해당하는 레이아웃, 비주얼 디자인, 디자인 시스템, 색상 등에 대한 오너십을 가지고 일하는 직군입니다. UX 기획자가 제품의 뼈대를 만드는 일을 한다면 UI 디자이너는 제품의 살을 붙이는 일을 한다고 볼 수 있습니다.

프로덕트 디자이너

UX/UI 업무를 모두 담당하는 직군입니다. 빠르게 시장에 대응하고 린 스타트업이 테크 업계에서 많이 받아들여지고 있는 상황에서 프로덕트 디자이너를 뽑는 회사가 늘어나고 있습니다. 한 명의 디자이너가 포괄적인 UX/UI를 담당해서 빠르고 유연하게 대처할 수 있다는 장점이 있습니다.

UX 리서처

유저 리서치를 전문적으로 하는 직군입니다. 유저 리서치를 굉장히 중요하게 생각하는 회사 또는 어느 정도 규모가 있는 회사에서 뽑는 편입니다. UX 리서처는 회사에서 유저 리서치를 직접 수행하거나 디자이너 또는 PM 등 다른 직군의 팀원들이 유저 리서치를 잘 할 수 있도록 유저 리서치에 대한 가이드라인을 제시합니다.

UX 라이터

테크 업계에서 UX 카피의 중요성이 점점 커지고 있습니다. 문구의 작은 차이가 제품의 구매율 등에 직접적으로 영향을 미칠 수 있고 비즈니스의 성공에도 중요한 역할을 할 수 있습니다. UX 라이터는 이번 장에서 소개하고 있는 다른 직군에 비해 비교적 최근에 생긴 직군으로, 제품에 들어가는 카피를 직접 만들거나 전반적인 톤을 맞추고 가이드라인을 제시하는 역할을 합니다.

프로덕트 매니저/프로덕트 오너(PM/PO)

PM/PO는 디자이너나 개발자와 긴밀하게 협업하는 직군으로, 제품의 성공을 위해 사용자, 비즈니스, 기술 간의 균형을 찾아나가는, 오케스트라로 치면 지휘자에 해당하는 직군입니다.

08

UX 커리어
로드맵 세우기

8.1 _ 이제 디자이너가 되기 위해 나는 무엇을 해야 할까?

지금까지 UX에 대한 기본 개념과 실전에서 도움이 되는 원리와 원칙을 살펴봤습니다. 지금까지 이 책을 읽었다면 여러분은 UX 디자인 세계로의 큰 첫발을 내디딘 것입니다. 이 세계에 입문하신 여러분을 환영하고 축하합니다.

이제 본격적으로 디자이너로 커리어를 쌓기 위해서는 무엇을 계획하고 실행해야 할까요? 다음은 UX 디자이너나 프로덕트 디자이너로 취업하거나 프리랜서로 커리어를 시작하는 것을 목표로 삼은 분들에게 추천하는 항목입니다.

- UX/UI 디자인 원리와 원칙을 계속해서 배우기
- 디자인 툴 익히기
- 시각적 표현력 키우기
- UX/UI 디자인 프로젝트 진행하기
- 포트폴리오 제작과 커리어 도전 및 시작하기

이번 장에서는 이 항목들을 하나씩 더 자세히 살펴보겠습니다.

8.2 _ UX/UI 디자인 원리와 원칙을 계속 배우기

이 책에서는 UX/UI 디자인의 기본 개념과 디자인 프로세스, 자주 활용되는 원리, 원칙을 소개했습니다. 하지만 이것이 UX/UI 디자인 공부의 끝이 아니라 시작이라는 점을 꼭 말씀드리고 싶습니다. 저 역시 업계에 발을 들인 지 10여 년이 넘었지만 지금도 새로운 디자인 방법이나 협업 방식, 디자인 원리 등을 계속 배우며 실무에 적용하고 있습니다. 다른 분야도 마찬가지겠지만 UX/UI 디자인은 어떻게 하면 사람들이 제품을 쉽고 편하게 사용할 수 있을까를 고민하는 분야인 만큼 정해진 답이 없고 더 좋은 방법에 대한 고민을 계속해서 할 수밖에 없습니다. 그래서 앞선 디자이너와 선배들이 실행착오를 통해 만들어 놓은 원리와 원칙을 배우고 공부해야 합니다.

입문자가 디자인 원리와 원칙을 공부하는 데 도움이 될 만한 책과 자료는 10장 'UX/UI 디자인을 더 공부하기 위한 추천 자료'에 정리해두었으니 참고하기 바랍니다.

8.3 _ 디자인 툴 익히기

디자이너의 핵심 역량 중 하나는 아이디어를 시각화하는 능력입니다. 이 시각화 과정은 다음 그림에 표시된 프로세스를 밟게 됩니다. 그리고 각 단계별로 사용해야 하는 디자인 툴이 있습니다.

그림 8.1 UX/UI 디자인에서 아이디어를 시각화할 때 밟는 단계

스케치

여기서 말하는 스케치는 손으로 아이디어를 그리는 것을 이야기합니다. 아이디어를 빠르게 그려보고 수정해보거나 팀원들에게 공유하는 목적으로 이 단계를 밟게 됩니다. 나 혼자 진행할 경우에는 종이와 펜만 있으면 됩니다. 팀원들과 오프라인 사무실에서 함께 회의할 경우에는 인원이 많지 않으면 종이와 펜으로 할 수 있지만 인원이 많아지면 화이트보드를 많이 사용하는 편입니다.

그림 8.2 펜과 종이로 하는 스케치[1]

그림 8.3 스케치 단계에서 협업할 때 활용하는 화이트보드[2]

와이어프레임

와이어프레임은 화면이 어떻게 작동하는지 보여주고 화면 상에 글이나 버튼 등의 요소들을 어떻게 배치하고 어떤 기능을 넣을 것인지를 정의하는 내용이 들어갑니다. 와이어프레임은 색이 정의돼 있지 않아도 되고, 시각 요소들이 1px 단위로 정확하게 들어가지 않아도 되기 때문에 파워포인트 같은 문서 전용 툴을 사용해도 괜찮습니다.

---

1 이미지 출처: Unsplash

2 이미지 출처: Unsplash

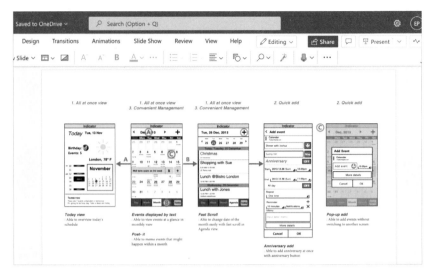

그림 8.4 **파워포인트를 활용한 와이어프레임 제작**

파워포인트를 사용할 때 불편한 점은 도형을 하나하나 직접 그려야 한다는 것입니다. 이를 보완해서 더 편리하게 작업할 수 있는 소프트웨어들을 추천해 드리겠습니다.

피그마(Figma)[3]는 UX/UI 디자인 전용 소프트웨어로, 웹 브라우저 상에서 디자인하고 협업할 수 있는 툴입니다. 피그마의 장점은 커뮤니티 기능으로, 와이어프레임이나 유저 플로우 등에 대한 좋은 템플릿이 오픈소스로 제공된다는 것입니다. 이를 잘 활용한다면 업무를 더 효율적으로 수행할 수 있습니다. 다만 피그마는 디자인 전용 툴인 만큼, 처음 툴을 익히는 데 어느 정도 노력이 필요할 수 있습니다. 저도 이전에는 파워포인트로 와이어프레임을 제작하다가 피그마를 사용하기 시작한 이후로 대부분의 UX/UI 디자인 작업을 피그마로 하고 있습니다. 피그마의 장점을 비롯해 제가 왜 다른 툴이 아닌 피그마를 사용하고 있는지에 대해서는 뒤에서 자세히 다루도록 하겠습니다.

---

3 https://www.figma.com/

그림 8.5 피그마에 올라온 무료 와이어프레임 템플릿 [4]

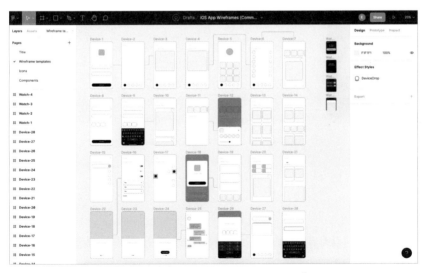

그림 8.6 피그마를 활용해 와이어프레임 만들기 [5]

---

4   이미지 출처: Figma.com

5   이미지 출처: Kevin Bennett, Figma Community

UI 디자인까지 할 필요는 없으면서 조금 더 쉬운 툴을 사용하고 싶은 분들에게 추천드리는 툴이 하나 있는데 바로 웜지컬(Whimsical)[6]입니다. 웜지컬은 와이어프레임 제작 전용 툴로서 버튼이나 드롭다운과 같은 범용적으로 활용되는 컴포넌트들을 자체적으로 제공합니다. 이러한 컴포넌트들을 복사해서 붙여넣는 방식으로 빠르게 화면을 정의할 수 있습니다.

그림 8.7 웜지컬을 활용한 와이어프레임 제작

UI 디자인

본격적으로 시각적인 완성도를 높여가는 UI 디자인 단계에 해당하는 활동은 다음과 같습니다.

---

6 https://whimsical.com/

- **UI디자인**: 시각적 완성도가 높은 화면, 즉 하이파이 프로토타입을 제작하는 활동
- **프로토타이핑**: 사용자 테스트를 위해 버튼 등이 클릭 가능하게 해서 화면이 구동되도록 하는 활동. 개발 없이 제작 가능
- **디자인 시스템**: 색상, 텍스트, 버튼 등 공통적으로 사용되는 디자인 요소 제작 및 관리
- **핸드오프**: 모든 디자인 작업을 완성해서 개발자에게 최종 디자인 파일을 넘기는 활동

이러한 활동들을 하기 위해서는 UI 디자인 전용 소프트웨어 툴을 익혀야 합니다. 저는 앞에서 간략하게 소개한 피그마를 익히고 사용할 것을 권장합니다.

그림 8.8 피그마로 제작하는 UI디자인[7]

매년 전 세계 UX/UI 디자이너들을 대상으로 통계조사를 하는 UX Tools[8]의 조사 결과에 따르면, 현재 업계에서 압도적으로 가장 많이 활용되는 툴은 피그마입니다.

---

7 이미지 출처: piqo, Figma community
8 https://uxtools.co/

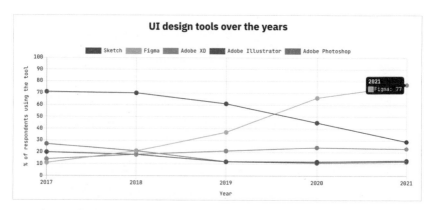

그림 8.9 UI 디자인 툴의 연도별 사용율 추이. UX/UI 디자인에서는 피그마가 압도적으로 많이 사용되고 있다(2021년 기준). [9]

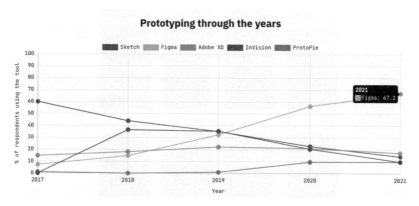

그림 8.10 프로토타이핑 툴에 대한 연도별 사용율 추이. 마찬가지로 피그마가 가장 많이 사용되고 있다(2021년 기준). [10]

어도비 XD, 스케치, 피그마 등 디자인 프로세스의 각 단계별로 사용할 수 있는 여러 가지 도구가 있습니다. 그중 피그마만큼 아이디어 시각화 단계별로 필요한 모든 활동을 지원하는 앱은 아직까지 없습니다. 즉, 피그마라는 하나의 앱으로 거의 전 과정을 끝낼 수 있습니다.

---

9 이미지 출처: UX Tools

10 이미지 출처: UXTools.com

피그마 외에 많이 사용되는 디자인 툴로 스케치 앱이 있습니다. 하지만 스케치를 사용할 경우 디자인은 스케치로 하고 프로토타이핑 단계에는 인비전(Invision)을 함께 써야 팀원들과 효율적으로 공유할 수 있습니다. 또한 디자인을 완성해서 개발자에게 파일을 공유할 때는 제플린이라는 앱을 써야 합니다.

반면 피그마는 스케치와 달리 macOS뿐만 아니라 윈도우에서도 사용할 수 있다는 장점이 있으며, 와이어프레임부터 핸드오프까지 디자인의 모든 과정을 하나의 앱으로 해결할 수 있어서 매우 편리합니다. 즉, 피그마를 쓰면 다른 툴을 쓸 때보다 시간을 많이 절약할 수 있습니다.

그림 8.11 디자인 업무의 대부분을 하나의 툴로 모두 처리할 수 있는 피그마

그래서 저는 UX/UI 디자인 툴을 무엇을 써야 할지 물어보시는 분들에게는 이렇게 장점이 많고 업계에서 많이 활용되고 있는 피그마를 사용하기를 추천드리고 있습니다.

8.4 _ 시각적 표현력 키우기

아이디어를 시각화하는 과정에서 손으로 하는 스케치와 와이어프레임은 시각적 완성도가 그렇게 높지 않아도 됩니다. 하지만 시각적 완성도가 높은 단계인 UI 디자인을 하기 위해서는 시각적인 능력이 필요합니다. 실제로 사용자들이 앱을 다운로드하거나 웹사이트를 사용할 때 보게 되는 인터페이스를 디자인하는 것이기 때문에 적어도 업계 트렌드의 평균 또는 그 이상의 능력을 갖춰야 합니다.

UX 디자인 입문자나 디자인을 전공하지 않은 분들에게 공통적으로 다음과 같은 질문을 참 많이 받습니다.

> *"저는 시각적인 감각이 없는데, UX 디자인을 할 수 있을까요?"*

UX 디자인은 분명히 전문성이 필요한 영역이며, 능력에 따른 진입 장벽이 있습니다. 그렇다고 불가능한 것은 아니며, 훈련과 연습을 통해 짧은 시간 안에 어느 정도 수준까지는 도달할 수 있다고 생각합니다. 이를 위해 필요한 것은 먼저 눈높이를 높이는 것입니다. 업계의 트렌드를 조사하고, 잘 된 디자인은 어떤 것인지 찾아보는 것입니다. 이를 위해 드리블(Dribble)[11], 비핸스(Behance)[12] 같은 웹사이트를 방문해서 다른 디자이너들의 최신 디자인 결과물을 꾸준히 보고 어떤 점이 좋아 보이는지, 어떤 점은 더 개선이 필요한지 분석해보기 바랍니다. 트렌드 조사를 위한 해당 웹사이트 활용법에 대해서는 10장 'UX/UI 디자인을 더 공부하기 위한 추천 자료'에서 더 자세히 다루었으니 참고하기 바랍니다.

---

11 https://dribbble.com/
12 https://www.behance.net/

보는 눈을 키우는 훈련과 함께하면 좋은 것은 직접 디자인해보는 것입니다. 아무리 보는 눈이 높더라도 내가 직접 했을 때 그만큼의 결과를 내는 것은 쉬운 일이 아닙니다. 그런 만큼 앞에서 언급한 툴을 활용해서 직접 디자인해보면서 작품의 질을 끌어올려야 합니다.

시각적인 능력을 키우는 데는 끝이 없습니다. 회사에서 또는 어떤 형태로든 전문적으로 일을 시작하더라도 꾸준히 트렌드를 공부하고 시각적인 능력의 부족함이 없는지 확인해서 메워 나가야 합니다. 다시 말해, 입문자는 꾸준히 시각적인 능력을 끌어올리기 위한 노력을 해야 하며 현재 상태에 만족하고 안주하지 않는 것이 좋습니다.

8.5 _ UX/UI 디자인 프로젝트 진행하기

UX/UI의 기본 개념을 이해했고 툴을 다룰 줄 안다면 UX/UI 디자인 프로젝트를 시작합니다. 실전에 도전해 보는 것입니다. 시각적 능력을 향상시키는 활동은 계속해야 하므로 프로젝트를 진행하면서 함께 해나가면 됩니다. 취업을 위해서는 포트폴리오가 필요한데, 이 포트폴리오는 결국 UX/UI 프로젝트를 어떻게 진행했는지 정리한 것입니다.

UX 디자인 프로젝트는 대학교나 학원 또는 단체에 소속돼 있어야만 시작할 수 있는 것이 아닙니다. 설령 함께 일할 팀원이 없어도 혼자 얼마든지 시작할 수 있습니다.

대학교 또는 단체에 소속돼 있다면 그곳에서 정해준 범주 내에서의 주제를 정하고 진행할 때가 많습니다. 예를 들어, 산학 협력 프로젝트로 회사와 대학이 공동으로 진행하는 프로젝트에 참여하게 될 수 있습니다. 그 안에서 디자인 씽킹의 공감, 정의, 아이디어 도출, 프로토타입, 테스트의 단계를 밟아 프로젝트를 수행합니다.

혼자 시작할 경우에는 개인적으로 관심 있는 주제를 선정하면 됩니다. 예를 들어, '건강을 위해 하루 물 2L를 마시고 싶은데, 쉽지 않다. 어떻게 하면 물을 꾸준히 마실 수 있을까?'처럼 아주 개인적인 주제도 얼마든지 훌륭한 UX 디자인 프로젝트가 될 수 있습니다. 사용자가 있고, 문제가 있기 때문입니다. 문제를 해결하기 위한 여러 가지 아이디어를 내고 프로토타입을 만들고 테스트를 거쳐 가설을 검증하면 됩니다. 여기서 한 가지 확실히 해야 할 점은 타깃 사용층을 아주 구체적으로 선정해서 프로젝트를 시작해야 한다는 점입니다. 그래야 가설을 잘 검증할 수 있습니다. 일단 어떻게든 사용자를 정하고 진행하는 편이 정하지 않고 시작하는 것보다 나으며, 사용자 인터뷰까지 할 것이라고 생각하고 정하는 것이 좋습니다.

타깃 사용층에 따라 프로젝트의 진행 결과가 달라질 수 있습니다. '물 2L 마시기'라는 주제에 대해 타깃층을 잡아본다고 가정해보겠습니다. 주부, 노인, 대학생, 출퇴근하는 회사원, 청소년, 커플 등 여러 종류의 선택지가 있습니다. 타깃층을 누구로 잡느냐에 따라 아이디어와 프로토타입이 극명하게 달라질 수 있습니다. 그런데 타깃을 '모두'로 잡아버리면 테스트할 때 증명하기가 어렵습니다.

정리하자면, 취업 또는 전문적으로 일을 시작하기 위해서는 포트폴리오를 만들어야 하는데, 이를 위해서 UX 프로젝트를 진행해야 합니다. 비전공자 또는 대학 등과 같은 조직에 속하지 않은 사람이라고 해서 프로젝트를 할 수 없는 것은 아니며, 개인적인 관심사도 충분히 좋은 주제로서 프로젝트를 시작할 수 있습니다.

8.6 _ 포트폴리오 제작과 커리어 도전 및 시작하기

앞서 디자인 씽킹 방법을 활용해서 UX/UI 디자인 프로세스를 밟을 수 있다고 했고, 이를 기반으로 한 실전 프로젝트를 진행해볼 것을 추천했습니다. 하나의 프로젝트라도 공감 단계부터 테스트 단계까지 전 과정을 한 번이라도 밟아봤다면 이제 포트폴리오를 만들 준비가 된 것입니다.

UX 디자인 입문자 가운데 종종 포트폴리오에 몇 개의 작품이 들어가야 하는지 문의하는 분들이 있습니다. 이 질문을 받으면 저는 '양보다는 질'이라고 대답합니다. UX/UI 디자인이나 프로덕트 디자인 분야의 특성상 디자인 과정을 잘 정리해서 포트폴리오에 녹이는 것이 중요한데, 하나라도 제대로 된 과정을 밟은 프로젝트를 보여주는 것이 여러 개의 파편적인 프로젝트를 보여주는 것보다 훨씬 중요하고 면접관에게 어필할 수 있기 때문입니다. 이는 그래픽 디자이너와 같이 하나의 시각적인 작품으로 임팩트를 남겨야 하는 분야와 다른 점이라고 볼 수 있습니다. 따라서 과정을 잘 밟은 하나의 프로젝트가 있다면 포트폴리오를 만들 준비가 끝났다고도 볼 수 있습니다.

포트폴리오는 웹사이트 또는 PDF 형태로 만들 수 있습니다. 이것은 회사가 어떤 형식의 포트폴리오를 요구하느냐에 따라 달라지므로 가능하면 두 가지 타입을 모두 준비해두는 편이 상황에 따라 유연하게 대처할 수 있어 좋습니다. 웹사이트라고 하면 어떻게 만들어야 할지 막막하고, 코딩을 배워야 하는지 고민되는 분들도 있을 것입니다. 하지만 이 문제에는 쉽게 접근할 수 있는 방법이 있으니 안심해도 괜찮습니다. 포트폴리오 웹사이트를 만드는 데 쉽게 사용할 수 있는 툴이 있는데, 그중 두 가지를 소개하자면 스퀘어스페이스(Squarespace)[13]와 윅스(Wix)[14]가 있습니다. 두 사이트는 웹사이트 제작 도구

---

13 https://www.squarespace.com/
14 https://ko.wix.com/

를 제공하는 사이트로, 다양한 템플릿을 제공하므로 이를 수정해서 웹사이트를
제작할 수 있습니다.

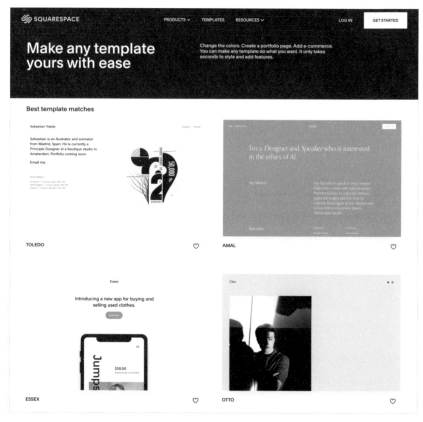

그림 8.12 다양한 포트폴리오용 웹사이트 템플릿을 제공하는 스퀘어스페이스 [15]

템플릿에 따라 기본 설정에서 그림과 글자만 수정하면 그럴 듯한 포트폴리오
웹사이트를 만들어 주기도 합니다. 노션(Notion) [16] 역시 포트폴리오 웹사이트

15 이미지 출처: Squarespace
16 https://www.notion.so/

를 제작할 때 활용할 수 있는 툴입니다. 노션에는 글과 그림을 올릴 수 있고, 이를 URL 링크로 생성할 수 있습니다. 이렇게 만들어도 충분히 포트폴리오 웹사이트로서 공유할 수 있습니다.

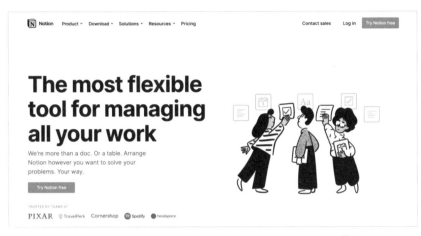

그림 8.13 이미지와 글을 쉽게 올리고 웹 페이지로 만들 수 있는 노션 [17]

그 밖에 앞에서 소개한 비핸스 역시 포트폴리오를 공유하는 용도로 활용할 수 있습니다. 다만 비핸스의 경우 내가 만든 자료가 자동 공개되고 검색도 가능해서 프라이버시가 신경 쓰일 때는 추천하지 않습니다. 물론 웹사이트에서 애니메이션도 보여주고 화려한 인터랙션 효과를 넣고 싶다면 조금 더 난이도가 올라갈 수도 있고 코딩을 해야 할 수도 있습니다. 하지만 개인적으로 면접관의 입장에 서 보니 포트폴리오를 볼 때 이런 효과보다는 프로젝트의 내용이 훨씬 중요하기 때문에 앞서 말씀드린 스퀘어스페이스나 노션으로 만든 포트폴리오면 충분하다고 생각합니다.

---

17 이미지 출처: Notion

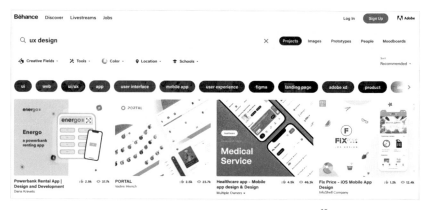

그림 8.14 UX 디자인 등의 작품을 공개할 수 있는 비핸스 [18]

8.7 _ 어떻게 경력을 쌓아야 할까?

요즘 취업하기가 굉장히 어렵다는 이야기를 많이 듣습니다. 그리고 신입사원에게도 경력을 요구한다는 이야기가 자주 들립니다. 이는 UX 디자인 분야도 마찬가지입니다. 이 분야는 실용성이 큰 분야이기 때문에 직원을 뽑을 때 실무 능력에 비중을 두고 볼 때가 많습니다. 그러다 보니 신입 지원자 중에 눈에 띌 만한 경력이 있다면 그 사람에게 점수를 주는 것은 회사 입장에서는 어찌 보면 당연합니다. 그렇다면 입문자라면 어떻게 경력을 쌓고 실무 능력을 기를 수 있을까요?

입문자로서 앞에서 이야기한 과정(툴, 프로젝트, 포트폴리오 등)을 밟은 후에 할 수 있는 몇 가지 활동을 추천합니다.

---

18 이미지 출처: Behance

커뮤니티를 통해 사이드 프로젝트 시작하기

UX/UI 디자인 관련 경력 중에서 면접관들이 크게 점수를 주는 것이 한 가지 있습니다. 바로 이 사람이 만든 디자인이 실제 앱 또는 웹사이트에 적용되어 출시된 적이 있는지, 출시 과정에서 개발자나 다른 팀원들과 함께 일한 경험이 있는지, 출시 이후에 사용자로부터 정성적인 피드백이나 정량적인 피드백을 받고 이를 토대로 앱이나 웹사이트를 개선한 경험이 있는지 여부입니다.

디자이너 혼자 제품을 출시까지 하는 것은 코딩이 필요할 수도 있기 때문에 버겁습니다. 페이스북 커뮤니티나 카페 등 관련 커뮤니티에서 앱이나 웹사이트 제작을 위한 팀원을 직접 모집하거나 디자이너를 모집하는 팀에 들어가는 방법도 있습니다. 사이드 프로젝트는 금전적인 수익이 나지는 않을 수 있어도 개발자 또는 예비 개발자와 협업해 볼 수 있고, 시장에 출시되는 앱이나 웹사이트를 제작하는 데 직접 참여해서 만들어보는 경험을 쌓을 수 있습니다.

개인적인 경험을 말씀드리자면 저는 미국에 유학을 오면서 인턴 활동을 통해 알게 된 개발자 친구와 사이드 프로젝트를 진행했습니다. 이 사이드 프로젝트를 통해 개발자와 협업하고 앱을 디자인하는 경험을 해볼 수 있었으며, 관련 경험을 포트폴리오에 넣어 취업에 직접적으로 도움을 받았습니다.

프리랜서 시작하기

요즘은 프리랜서로 일을 시작할 수 있는 여러 플랫폼이 있습니다. 대표적으로 국내에는 크몽[19]이 있고 해외의 경우 Upwork[20]가 있습니다. 프리랜서 목록에 본인의 프로필과 포트폴리오를 올려두면 고객에게 프로젝트 요청이 들어올 수 있습니다. 아직 돈을 받고 어떤 UX/UI 프로젝트를 해본 적은 없더라도 여러분

---

19 https://kmong.com/
20 https://www.upwork.com/

의 디자인 실력은 포트폴리오에 공개돼 있습니다. 프리랜서로 일하면서 실제로 시장에서 사용자들이 사용할 제품을 기획하고 디자인하는 경험을 쌓을 수 있기 때문에 경력을 쌓을 수 있는 좋은 방법이 될 수 있습니다. 특히 사이드 프로젝트를 통해 경험을 쌓고 프리랜서를 시작하면 시너지가 더 많이 날 수 있습니다.

정리하자면, 취업을 위해 경력을 쌓을 수 있는 방법은 찾아보면 분명히 있습니다. 이러한 경력은 단순히 취업에만 도움이 되는 것이 아니라 디자이너로서 다양한 경험을 쌓고 관점을 넓히는 데도 도움이 됩니다. UX 디자인은 정해진 답이 없는 분야인 만큼 디자이너가 경험을 많이 쌓을수록 좋습니다. 더 나은 사용자 경험을 제공하고자 고민하는 사람이 될 수 있기 때문입니다.

8.8 _ 요약 포인트

디자이너가 되기 위해 해야 할 일

디자이너로 커리어를 쌓기 위해 계획하고 실행해야 할 일은 다음과 같습니다. 각 단계를 모두 밟는다면 취업 또는 프리랜서와 같이 전문가로서 일을 시작할 수 있는 발판이 마련됐다고 볼 수 있습니다.

- UX/UI 디자인 원리와 원칙을 계속해서 배우기
- 디자인 툴 익히기
- 시각적 표현력 키우기
- UX/UI 디자인 프로젝트 진행하기
- 포트폴리오 작성과 커리어 도전 및 시작하기

UX/UI 디자인 원리와 원칙을 계속해서 배우기

UX/UI 디자인에 대한 원리는 앞으로도 계속 공부해야 합니다. 저 역시 새롭게 만들어지거나 발견되는 이론이 있을 때마다 계속 배워나가고 있습니다. 입문자가 디자인 원리나 원칙을 공부하는 데 도움이 될 만한 책과 자료는 10장 'UX/UI 디자인을 더 공부하기 위한 추천 자료'에 정리해두었습니다.

디자인 툴 익히기

디자인 단계별로 사용해야 하는 툴을 익혀야 합니다. 스케치 단계에서는 펜과 종이만 있으면 되지만 와이어프레임부터 UI 디자인 단계까지는 각 단계마다 필요한 소프트웨어를 익혀야 합니다. 와이어프레임을 제작할 때는 파워포인트, 웜지컬, 피그마를 추천합니다. UI 디자인을 할 때는 쉽고 편리하게 UI디자인을 할 수 있는 피그마가 업계에서 압도적으로 많이 사용되고 있어 피그마를 추천합니다.

UI 디자인을 위한 시각적 능력 키우기

시각적인 감각이 없다고 생각하는 분들도 꾸준히 트렌드를 조사하고 공부하고, 디자인을 실천한다면 시각적 능력을 키울 수 있습니다. 트렌드 조사를 위해서는 드리블이나 비핸스 같은 웹 사이트를 활용할 수 있습니다. 이러한 웹 사이트의 활용법에 대해서는 10장 'UX/UI 디자인을 더 공부하기 위한 추천 자료'에 더 자세히 다루었으니 참고하시기 바랍니다.

UX/UI 디자인 프로젝트 진행하기

UX/UI의 기본 개념을 익혔다면 주제를 선정해서 디자인 씽킹의 단계를 밟아 실전 프로젝트를 진행해야 합니다. 이때 실전 프로젝트는 결국 사용자의 문제를 해결하는 데 초점을 맞춰야 합니다.

포트폴리오 제작과 커리어 도전 및 시작하기

앞에서 실전 프로젝트를 진행했다면 이를 토대로 포트폴리오를 만들어야 합니다. 포트폴리오는 PDF나 웹사이트 형태로 만들어야 합니다. 이때 여러 개의 프로젝트를 많이 보여주기보다는 디자인 씽킹의 전 과정을 처음부터 끝까지 밟아본 탄탄한 프로젝트 하나를 보여주는 편이 더 좋다고 생각합니다.

어떻게 경력을 쌓아야 할까?

경력이 없는 신입 입장에서는 취업하기가 쉽지 않습니다. 커뮤니티를 통해 사이드 프로젝트를 시작하거나 크몽 등의 플랫폼을 활용해서 프리랜서로서 경력을 만들어 나가는 것을 추천합니다. 실제로 제품을 만드는 경험을 쌓아 경쟁력이 생긴다면 회사에 취업하는 데 도움이 될 것입니다.

09

UX 디자인 입문자가
자주 묻는 질문

9.1 _ UX 디자인을 하면서 느끼는 좋은 점과 힘든 점

먼저 좋은 점을 말씀드리겠습니다. UX 디자인을 하면서 좋았던 경험과 기억이 참 많습니다. 그중 두 가지를 이야기하자면 첫 번째는 계속해서 배울 수 있다는 점입니다. 이 분야는 현상 유지에 머무르지 않고, 사용자에 대해 끊임없이 배우고 이를 위한 기술과 방법을 배웁니다. 또한 배움에서 끝나는 게 아니라 실전에 적용해서 제품이 더 나아지는 데 활용할 수 있다는 점이 좋았습니다. 일을 하면서 계속 성장할 수 있고 실패를 배움의 관점에서 바라볼 수 있습니다. UX 디자인은 실험하는 게 중요합니다. 가설을 세우고 검증을 위해 끊임없이 실험합니다. 내가 생각했던 해결책이 효과가 없다고 해서 좌절하지 않고 그것을 배움의 기회로 삼을 수 있습니다.

두 번째는 커뮤니케이션하는 방법을 많이 배웠다는 점입니다. UX 디자인 업무는 혼자서 하는 게 아니고, 함께 일하는 사람들과 내가 시도하고 배운 바를 공유하는 것이 아주 중요합니다. 필요할 때는 상대방을 설득해야 하기도 합니다. UX 디자인 프로세스 자체가 매우 논리적인 과정이라서 사용자에게 필요한지 아닌지 실험의 관점에서 과학적으로 접근합니다. 그래서 이런 과정을 팀원들에게 공유하는 것은 팀원들이 디자인의 근거를 잘 이해하는 데 도움을 줄 수 있습니다. 그런 의미에서 커뮤니케이션 도구로써 UX 디자인은 매력적입니다.

다음으로 힘든 점을 말씀드리겠습니다. UX 디자인을 하려면 현상에 머물면 안되고 더 나아지고, 성장하고, 도전하고, 발전해야 합니다. 그로 인해 오는 피로감이 분명히 있습니다. 개인적으로도 번아웃된 경험이 있고 지금도 없다고는 볼 수 없습니다. 하지만 전체를 놓고 보면 배움을 통해 발전할 수 있다는 장점이 이를 상쇄하고도 남습니다. 입문자로서 안정적인 직업을 선호하고 끊임없이 변화하는 환경이 아닌 현 상태를 유지할 수 있는 직업을 선호한다면 UX 디자인은 적성에 맞지 않을 수도 있습니다.

9.2 _ 인하우스 vs. 에이전시

인하우스와 에이전시의 차이점을 물어보는 분들이 있어 이에 대해서 이야기해 보겠습니다.

디자이너의 근무 형태는 다양합니다. 먼저 인하우스란 직접 관리하는 소프트웨어 제품 또는 서비스가 있는 회사에 전속된 디자이너로 입사하는 겁니다. 회사에 수익을 올리는 제품이 있고 그 제품을 더 좋게 만들기 위해 UX 디자이너가 필요한 상황입니다. 인하우스 디자이너는 앞서 말씀드린 디자인 프로세스를 밟아서 사용자에 대해 배우고, 이를 토대로 더 나은 제품을 만들기 위해 디자인하는 과정을 반복합니다.

에이전시는 디자인 전문 회사를 일컫습니다. 어떤 클라이언트 회사가 에이전시 회사에 제안을 하면 그에 맞춰 일을 해줍니다. 이 제안은 어떤 제품에 대해 디자인 씽킹의 사용자 공감 단계부터 테스트 단계까지 전 과정을 진행하는 것이 될 수도 있고, 특정 부분만 요청할 수도 있습니다. 예를 들면, 사용자 테스트를 해달라는 제안일 수도 있고, UI 디자인만 해달라는 제안일 수도 있습니다. 그러면 에이전시에서는 제안받은 부분에 대해 전문적인 스킬을 토대로 업무를 수행합니다. 에이전시와 인하우스의 큰 차이점은 에이전시의 일은 디자인 씽킹 과정을 밟고 반복하는 것이 아닐 가능성이 높다는 것입니다.

여기서는 인하우스와 에이전시를 좋다 안 좋다로 나누기보다는 각각의 형태에서 어떤 것을 배울 수 있는지 이야기하고자 합니다. 인하우스는 하나 또는 적은 개수의 제품에 대한 오너십을 가지고 리서치 단계부터 출시, 그리고 출시 후 관리 및 업데이트까지 경험할 수 있습니다. 반면 에이전시는 다양한 프로젝트를 경험할 수 있습니다. 에이전시의 특징은 클라이언트의 제안에 맞춰 일하기 때문에 다양한 클라이언트와 다양한 제품을 경험할 수 있다는 것입니다. 분야도 다양할 수 있으므로 스펙트럼을 넓히는 차원에서는 좋은 경험이 될 수 있습니다.

마지막으로, 프리랜서 형태로 일할 수도 있습니다. 프리랜서는 인하우스나 에이전시처럼 어딘가에 속해서 일하는 것이 아니라 개인이 클라이언트가 요청하는 일을 하는 것입니다. 클라이언트의 일을 따오는 방법은 여러 가지가 있습니다. 개인적으로 친분이 있는 단체 또는 개인으로부터 부탁을 받을 수도 있고, 크몽과 같은 프리랜서 연결 서비스에 자신의 포트폴리오를 올리고, 수행 가능한 업무 범위를 소개해서 계약을 따올 수도 있습니다.

9.3 _ 대기업 vs. 스타트업

둘은 일단 규모가 다릅니다. 물론 요즘에는 유니콘 스타트업이라고 해서 스타트업이라도 디자이너가 몇십에서 몇백 명이 일하는 회사도 있습니다. 여기서는 초기 스타트업을 기준으로 대기업과 비교해보겠습니다.

대기업은 규모가 큰 만큼 분업화가 잘 돼 있습니다. 정보설계자, UX 디자이너, UI 디자이너, 프로토타이퍼, 유저 리서처 등 UX와 관련된 다양한 일을 나누어서 담당합니다. 그런 만큼 체계화된 프로세스를 가지고 있으며 각 담당자가 만들어내는 결과물의 전문성이 매우 높을 수 있습니다. 디자이너로서 자신이 하는 역할을 전문적으로 수행하는 것이 중요할 수 있다는 이야기입니다.

그에 반해 스타트업은 규모나 예산 측면에서 대기업보다 훨씬 작을 수 있습니다. 그래서 디자이너 한 명에게 요구하는 일의 범위가 매우 넓습니다. 저는 스타트업에서 일했을 때 UX/UI 디자인과 더불어 유저 리서치를 함께 했습니다. 스타트업에서 일할 때는 깊이는 조금 얕을 수 있지만 한 사람이 경험해볼 수 있는 업무 분야가 더 다양합니다. 다양한 경험을 한다는 측면에서 스타트업은 장점이 될 수도 있습니다.

최근 트렌드 중 하나인 린 스타트업에 대해서도 이야기해볼까요? 린 스타트업 방법론의 핵심은 계속해서 배우고 그것을 적용해 본 다음 출시하고 또 배우는 것을 끊임없이 반복하는 것입니다. 그래서 이런 환경에서는 앞에서 이야기한 대기업처럼 분업화해서 자신이 담당하는 일만 하는 게 아니라 한 사람에게 더 많은 책임과 오너십을 맡기는 경우가 많습니다. 분업화돼 있는 것이 오히려 속도를 늦출 가능성도 있기 때문입니다.

대기업에서 이 방법론을 적용하기도 합니다. 대기업이라고 해서 꼭 스타트업과 일하는 방식이 다르지는 않을 수 있다는 점도 함께 기억해 두세요.

9.4 _ 디자이너에게도 코딩 능력이 있어야 하나요?

코딩 능력이 없어도 UX 디자이너가 되고 커리어를 이어 나가는 데 문제가 없다고 생각합니다. 이 질문을 받고 저는 UX 디자이너의 핵심 역량이 무엇인지 다시 한번 돌아볼 필요가 있다고 생각했습니다. UX 디자이너의 핵심 역량은 사용자의 문제를 이해 및 정의하고, 아이디어를 발산하면서 사용자에게 필요한 것을 시각화하는 것, 그래서 시제품, 즉 프로토타입을 만드는 것입니다. 이 핵심 역량을 잘 갖추는 것이 가장 중요합니다.

코딩 능력이 있다면 분명히 도움이 될 수 있습니다. UX 디자이너와 가장 가깝게 일하는 직군 중 하나가 개발자입니다. 개발자는 디자이너가 기획하고 디자인한 바를 실제로 구현하는 사람들입니다. 제 동료 디자이너 한 명은 코딩을 굉장히 잘합니다. 이 친구는 코딩 능력을 활용해서 개발자와 커뮤니케이션을 수월하게 합니다.

하지만 코딩 능력이 디자이너가 되기 위한 필수 조건은 아닙니다. 디자이너로 취업하고 싶다면 핵심 역량을 제대로 갖추는 것이 가장 중요하며, 이후 코딩 능력을 키울지 여부를 결정해도 됩니다.

9.5 _ UX/UI 디자인 능력을 키우기 위해 할 수 있는 일

기본적인 스킬을 쌓는 것도 중요하지만 그 외에 디자인 능력을 키우는 데 도움이 될 만한 추가적인 방법을 소개하고자 합니다.

첫 번째는 네트워킹입니다. 다시 말해, 다른 디자이너를 만나 교류하는 겁니다. 방법은 다양합니다. 페이스북 그룹이나 커뮤니티를 통해 다른 디자이너가 어떤 생각을 가지고 있는지 알아보고 직접 교류할 수 있습니다. 다른 디자이너와 교류하기 위해 콘퍼런스에 갈 수도 있고 밋업과 같은 행사에 참석할 수도 있습니다. 거기서 다른 디자이너들이 어떤 생각을 갖고 있는지, 어떤 트렌드가 있는지 알아볼 수 있습니다. 그들이 다니는 회사는 어떤 식으로 인재를 키우고, 디자이너를 뽑을 때 어떤 인재상을 가지고 있는지 알 수 있습니다.

두 번째는 팟캐스트입니다. 유튜브도 도움이 될 수 있습니다. 팟캐스트 중에 디자인과 관련된 채널을 찾아보면 다른 디자이너들이 어떻게 일하고 있는지 설명해주는 곳이 많습니다. 최근에 알게 된 곳을 소개하자면 디자인 테이블(Design Table)이라는 한국 팟캐스트와 디자인 디테일(Design Details)이라는 미국 채널이 있습니다. 둘 다 디자이너를 초대해서 어떻게 디자이너가 됐는지, 어떻게 일하는지, 어떻게 성장하고 있는지 인터뷰 형식으로 진행합니다. 아직 디자인을 해본 적이 없는 사람이라면 이러한 채널을 통해 어떻게 실무에 있는 사람들이 이 분야에 들어오게 됐는지 알 수 있습니다.

정리하자면, 첫째 디자이너를 만나보고 그들의 생각을 들어보고 교류할 것, 둘째 팟캐스트를 통해 여러 다양한 사례를 간접 경험을 해볼 것을 권장합니다.

10

UX/UI 디자인을
더 공부하기 위한
추천 자료

10.1 _ 추천 도서

≪린 스타트업≫(인사이트, 2012)

IMVU를 창업해서 성공시킨 에릭 리스(Eric Ries)가 전하는 스타트업 성공 방정식 '린 스타트업'을 소개한 책입니다. 오랜 기간에 걸쳐 완벽에 가까운 상태로 서비스를 출시했지만 실패하는 원인은 무엇인지, 빠르게 변화하고 경쟁이 치열한 요즈음 어떻게 하면 서비스를 생존시키고 성공으로 이끌 수 있는지에 대해 다양한 사례를 들어 소개합니다. 많은 스타트업이 전통적인 제품 개발 방식인 워터폴을 버리고 린 스타트업을 선호하는 만큼, 스타트업에서의 역할이 점점 더 중요해지는 UX 디자이너, 프로덕트 디자이너는 꼭 읽어야 할 책이라고 생각해서 추천 리스트의 첫 번째에 올려놓았습니다.

≪사용자를 생각하게 하지 마!≫(인사이트, 2014)

출간된 지 20년이 넘었지만 여전히 UX 분야에서 베스트셀러로 존재감이 확실한 책입니다. 20년 사이에 테크 업계에 많은 변화가 있었고 웹과 앱에 대한 디자인 역시 변화가 있었지만, 이 책은 기본기에 대한 내용을 다루고 있기에 세월의 변화에도 꾸준히 사랑받고 있습니다. 제목에서 느낄 수 있듯이 사용자를 너무 고민하게 하지 말고 심플하고 쉽고 직관적으로 제품을 사용할 수 있게 화면을 설계하고 디자인해야 한다는 점을 강조하고, 이를 위한 방법을 이야기합니다.

'심플하고 쉽게'라는 말은 상식처럼 들리지만 현업에서 이렇게 만든다는 것은 정말 어렵습니다. 현업에서 디자인하다 보면 여러 가지 내, 외부적인 요구사항으로 서비스가 복잡해지는 방향으로 가는 경우가 많습니다. 또한 매우 많은 이해관계자가 얽혀 있어 실타래를 풀어나가는 것이 쉽지 않을 수 있습니다. 그럼에도 UX 디자인을 담당하는 우리는 사용자에게 가치를 전달하는 데 우선순위

를 두어야 합니다. 이 책은 이러한 기본을 이해하고, 언제든지 다시 돌이켜 볼
수 있는 책입니다.

≪도널드 노먼의 디자인과 인간심리≫(학지사, 2016)

UX 분야를 만들었다고 여겨지는 도널드 노먼 선생님이 쓴 책으로, 업계에서
고전 중의 고전이라고 불리는 책입니다. 이 책에서는 UX의 기본기에 해당하는
중요한 디자인 원리를 소개합니다. 저는 이 책을 통해 UX에 대한 흥미를 갖게
됐습니다. 대학생 시절, 디자인이라고 하면 저는 심미성이 가장 중요하다고 생
각했습니다. 그런데 이 책을 읽고 무릎을 탁 치게 됐는데, 아무리 아름다운 제
품도 사용자가 겪는 문제를 해결하지 못한다면 그 역할을 다하지 못한다는 것
을 깨달았기 때문입니다. 이 책에서 소개하는 내용을 통해 사용자 중심의 디자
인이란 무엇인지, 그리고 어떤 것이 좋은 제품이고 좋은 디자인인지 보는 눈을
기를 수 있게 될 것입니다.

≪사용자 경험 스케치≫(인사이트, 2010)

디자인에서 손으로 아이디어를 표현해보는 스케치의 중요성에 대해 이해할 수
있는 책입니다. 이 책을 통해 스케치와 프로토타입을 활용해서 시각적인 완성
도가 높지 않더라도 배울 수 있는 것이 많다는 사실을 다양한 사례를 통해 알
수 있습니다. 스케치 자체가 사고의 영역을 확장해주고 커뮤니케이션 툴로써
좋은 역할을 한다는 것을 알 수 있는 책입니다.

≪UX/UI의 10가지 심리학 법칙≫(책만, 2020)

이 책의 저자 존 야블론스키는 UX/UI 디자인을 하고 이를 커뮤니케이션하는
데 있어 '근거'의 필요성을 느꼈다고 합니다. 왜 좋은 디자인인지, 왜 그렇게 만
들어져야 하는지 주관적인 기준을 가지고 이야기할 때 어려움을 겪은 것인데,

이에 저자는 객관적인 근거의 필요성을 느끼고 UX/UI에서 활용할 수 있는 논문 등에 기반한 디자인 원리를 정리했고 그 내용을 이 책에서 소개합니다. 여러 가지 실험을 통해 검증된 원리인 만큼 실전에 바로 활용할 수 있습니다.

≪어떻게 성공했나≫(알에이치코리아, 2021)

미국의 인기 팟캐스트인 "How I built this"는 미국의 성공적인 창업가들이 직접 나와서 어떻게 아이디어를 실현시키고 회사를 세우고 성공시켰는지에 대한 인터뷰 내용을 담고 있습니다. 인터뷰를 맡은 진행자 가이 라즈가 이 쇼를 진행하면서 배운 것들을 책 한 권에 담아냈는데, 그 책이 바로 ≪어떻게 성공했나≫입니다. 저는 출퇴근하면서 영어 공부도 할 겸 "How I built this" 팟캐스트를 애청했는데, 이 쇼에는 델(Dell), 인스타그램 같은 테크 분야의 창업자부터, 파이브 가이즈(Five Guys) 같은 햄버거 회사의 설립자까지 분야를 가리지 않고 등장합니다.

창업 이야기는 창업자들이 겪었던 어려움과 개인적인 사정, 어려움을 이겨낸 과정을 다루고 있어 하나의 드라마를 보는 것처럼 흥미로웠습니다. UX 디자인 입문자가 이 책을 읽으면 좋은 이유는 UX 디자인과 창업 사이에 접점이 많기 때문입니다. 둘 다 타깃 사용자가 있고, 그들이 겪는 문제를 알아내고 그 문제를 해결하는 과정을 업으로 삼고 있습니다. 그래서 이 책을 읽으면 창업자들이 어떤 고민을 하고 있는지 알 수 있고, 회사에 들어가게 됐을 때 여러분이 문제를 해결하기 위해 어떤 생각을 하고 접근해볼 수 있을지 참고가 될 것입니다.

≪단순함의 법칙≫(유엑스리뷰, 2020)

디자이너가 제품이나 서비스를 디자인할 때 항상 염두에 두어야 하는 것이 하나 있다면 단순함이라고 생각합니다. 사용자가 제품을 어렵지 않게 사용하게 도와주기 위해서는 결국 복잡한 것을 단순화하는 과정이 필요하기 때문입니다.

미국에서 디자인 분야의 명문 대학인 로드아일랜드 디자인 스쿨의 총장을 지내고, 디자인 업계에서 구루로 통하는 존 마에다의 저서 ≪단순함의 법칙≫에서는 복잡함을 단순화할 수 있는 원리들을 소개하고 있습니다. 예를 들어, 두 번째 원리인 '조직'에서는 요소들을 정리하고 조직화해서 많은 것도 적어 보이게 한다는 내용을 소개합니다. 이처럼 이 책에서 소개하는 원리들은 조금은 추상적인 개념을 소개하고 있는데, 그런 만큼 많은 곳에 적용될 수 있는 개념이라고 볼 수 있습니다.

10.2 _ 디자인 원리

『디터 람스의 디자인 십계명』

전설적인 산업디자이너인 디터 람스는 독일의 가전 회사 브라운의 디자인 총괄을 맡아 일하면서 디자인 업계에 엄청난 영향을 미쳤습니다.

그림 10.1 **디터 람스**[1]

---

1   사진 출처: richingsgreetham.co.uk

특히 애플의 디자인을 이끌었던 조너선 아이브가 가장 많은 영감을 받은 디자이너로 디터 람스를 꼽았고, 실제로 애플의 많은 디자인을 보면 디터 람스로부터 영감을 받은 것을 쉽게 알 수 있습니다.

BRAUN　　　**iPhone**

그림 10.2 브라운의 계산기와 아이폰의 계산기 앱[2]

UX 디자인 업계가 급속도로 성장하고 UX 디자인 직군에 대한 시장 수요가 늘어나게 된 직접적인 원인이 아이폰의 등장과 함께한 만큼 애플의 디자인에 영향을 미친 디터 람스가 디자인할 때 어떤 생각을 했는지 아는 것은 여러모로 참고할 만합니다. 대표적으로 디터 람스의 디자인 지침 십계명이 있어 이를 공유합니다. 디자인 십계명은 조금 추상적이고 모호하게 느껴질 수 있지만 그만큼 산업디자인뿐 아니라 UX와 여러 디자인 분야에 적용 가능합니다.

디자인 십계명

01 **좋은 디자인은 혁신적이다.**

Good design is innovative.

02 **좋은 디자인은 제품을 유용하게 한다.**

Good design makes a product useful.

2　이미지 출처: Imgur

03 좋은 디자인은 아름답다.

Good design is aesthetic.

04 좋은 디자인은 제품의 이해를 돕는다.

Good design makes a product understandable.

05 좋은 디자인은 눈에 띄지 않는다.

Good design is unobtrusive.

06 좋은 디자인은 정직하다.

Good design is honest.

07 좋은 디자인은 오래간다.

Good design is long-lasting.

08 좋은 디자인은 마지막 디테일에서 나오는 필연적인 결과다.

Good design is thorough down to the last detail.

09 좋은 디자인은 환경을 생각한다.

Good design is environmentally friendly.

10 좋은 디자인은 가능한 한 최소한으로 디자인한다.

Good design is as little design as possible.

『휴리스틱 평가 10항목』

UX/UI 디자인을 빠르게 잘하기 위해서 알면 좋은 것으로 원리를 계속해서 강조했습니다. 원리 하면 빼놓을 수 없는 것이 휴리스틱 평가입니다. 휴리스틱 평가는 UX 업계의 거장 중 한 명인 제이콥 닐슨이 사용성을 측정하기 위해 설정한 10가지 항목으로, 이 항목을 기준으로 잘하고 있는지, 또는 개선점은 없는지 평가할 수 있습니다. 저 역시 현업에서 사용성 평가를 할 때 휴리스틱 평가를 활용합니다. 업계에서 인정을 받는 평가 항목인 만큼 현업에서 바로 활용할 수 있습니다.

10가지 항목은 다음과 같습니다.

01 **상태에 대한 노출**(Visibility of system status)
디자인은 주어진 시간 내에 적절한 피드백을 통해 사용자에게 진행 상황에 대한 정보를
제공해야 합니다.

02 **익숙함**(Match between system and the real world)
디자인은 사용자의 언어로 말해야 합니다. 내부 전문용어가 아닌 사용자에게 친숙한 단어
와 개념을 사용해야 합니다. 실제 세계에서 경험하는 것들과의 유사성은 사용자에게 익숙
함을 더해줍니다.

03 **복구 가능성**(User control and freedom)
사용자는 종종 실수를 합니다. 실수를 다시 복구할 수 있는 명확하게 표시된 장치, 즉 '비
상 출구'가 필요합니다.

04 **일관성**(Consistency and standards)
사용자는 다른 단어, 상황 또는 행동이 같은 것을 의미하는지 궁금해할 필요가 없습니다.
플랫폼 및 업계 관습을 따르는 것이 좋습니다.

05 **오류 예방**(Error prevention)
좋은 오류 메시지를 전달하는 것도 중요하지만, 최선의 설계는 처음부터 문제가 발생하지
않도록 하는 것입니다. 오류가 발생하기 쉬운 조건을 제거하거나 해당 조건을 확인하고
사용자가 작업을 수행하기 전에 확인 옵션을 제공합니다.

06 **기억의 부담 줄이기**(Recognition rather than recall)
작업 및 옵션을 적재적소에 표시해서 사용자가 외우고 기억해야 할 부담을 최소화합니
다. 제품을 사용하는 데 필요한 정보는 쉽게 확인하거나 검색할 수 있게 해야 합니다.

07 **효율성**(Flexibility and efficiency of use)
숙련된 사용자들이 제품을 더 쉽게 사용할 수 있는 장치를 제공해서 빈번하게 일어나는
작업을 더 효율적으로 할 수 있게 도와줘야 합니다. (예: 단축키 등)

08 **심미성과 미니멀한 디자인(Aesthetic and minimalist design)**

인터페이스에는 관련이 없거나 거의 필요하지 않은 정보가 포함돼서는 안 됩니다. 정보가 한 번에 너무 많이 보이면 심미성을 해치고 가시성이 떨어집니다.

09 **명확한 오류 문구(Help users recognize, diagnose, and recover from errors)**

오류 메시지는 일상적인 언어로 표현돼야 하며 문제를 정확하게 표시하고 사용자에게 사용자가 취할 수 있는 조치들을 제안해야 합니다.

10 **사용자 도움(Help and documentation)**

사용자에게 자주 묻는 질문이나 고객센터 연락처와 같이 추가적인 도움을 줄 수 있는 장치를 마련해야 하며, 이런 정보에 대한 접근이 용이해야 합니다.

10.3 _ UX/UI 디자인 트렌드 조사를 위한 레퍼런스

UX/UI 디자인을 잘하고 시각적인 감각을 끌어올리기 위해서는 지속적으로 트렌드에 대한 조사를 해야 합니다. 즉, 좋은 사례를 계속 봐야 눈이 높아집니다. 저 역시 이를 위해 꾸준히 자료를 찾아보기 위해 노력하는데요, 제가 UI 디자인을 잘하기 위해 참고하는 레퍼런스 사이트는 다음과 같습니다.

비핸스(Behance)

- https://www.behance.net/

많은 UX/UI 디자이너들이 자신의 작품을 공유하는 곳입니다. 이 사이트에 들어가서 키워드로 UX/UI를 검색해보면 여러 좋은 작품들이 나옵니다. 블로그처럼 장문으로 글과 그림을 넣을 수 있기 때문에 하나의 작품을 자세히 다루는 포스트가 많습니다. 자신의 포트폴리오를 보여주는 용도로 이 서비스를 사용하는 경우도 많이 있습니다.

비핸스는 다른 사람들이 앱이나 웹사이트를 어떻게 디자인했는지, 어떤 색을 썼는지, 어떻게 레이아웃을 잡았는지 배우기에 아주 좋습니다.

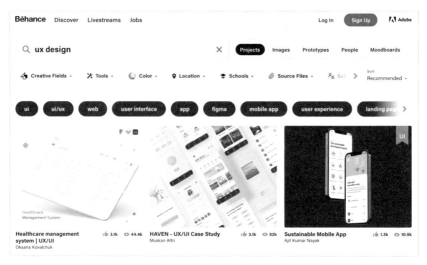

그림 10.3 포트폴리오 작품 리서치에 좋은 비핸스

드리블(Dribbble)

- https://dribbble.com/

숏폼(장문의 블로그가 아니라 하나의 정해진 사이즈의 이미지를 공유하는) 형태로 시각 디자인 작품을 공유하는 커뮤니티입니다. 숏폼인 만큼 강렬하고 트렌디하며, 영감을 주는 UI 디자인 작품이 많이 올라옵니다. 어떤 UI 디자인 실험들이 일어나고 있고, 어떤 트렌드의 디자인이 많이 올라오는지 볼 수 있습니다.

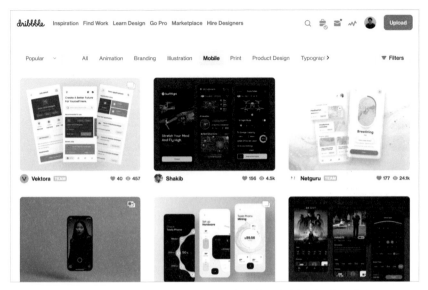

그림 10.4 숏폼 형태의 임팩트 강한 시각적 결과물을 스터디하기에 좋은 드리블

모빈 디자인(mobbin.design)

- https://mobbin.design/

모빈 디자인은 현재 아이폰과 안드로이드 앱스토어에서 다운로드가 가능한, 즉 이미 시장에 출시된 다양한 앱들의 여러 화면을 캡처해서 정리한 웹사이트입니다. 이 사이트에서는 앱 이름, 앱의 산업군(비즈니스, 의료, 소셜 등), 컴포넌트 (탭, 버튼, 체크박스 등) 등의 카테고리별로 앱 화면들이 굉장히 직관적으로 잘 정리돼 있습니다.

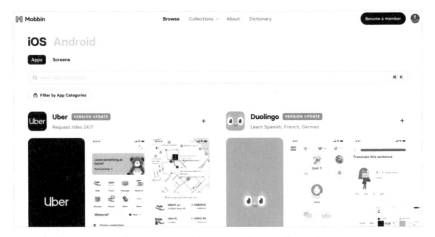

그림 10.5 앱 이름으로 모아 보기(Uber, Duolingo, …)

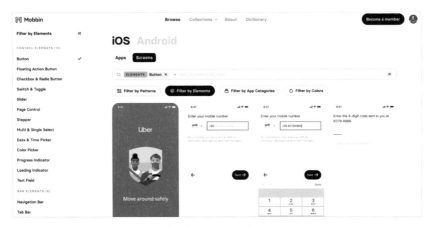

그림 10.6 앱의 컴포넌트 단위로 모아 보기(Button, Tab, …)

Pttrns(pttrns.com)

- https://www.pttrns.com/

Pttrns는 아이폰 및 안드로이드 앱의 다양한 페이지를 캡처해서 모아둔 사이트입니다. 그뿐만 아니라 태블릿 제품인 iPad 및 스마트 워치 제품인 Apple Watch에 대한 패턴도 올라와 있습니다. Pttrns에서는 OS 및 디바이스에 따라 화면이 분류돼 있습니다. 참고로 Pttrns는 유료 리소스입니다.

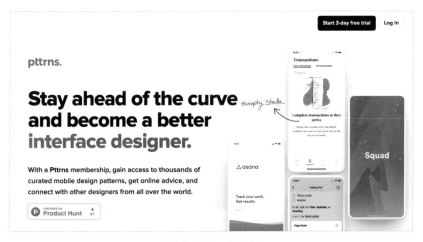

그림 10.7 Pttrns 웹사이트

책을 마무리하며

책을 마무리하면서 어떤 메시지를 드리면 좋을까 고민을 했는데 이 책을 덮었을 때 독자분들이 기억했으면 하는 두 가지를 전달하자는 쪽으로 정리가 됐습니다. 제 경험을 비춰볼 때 책을 덮으면 많은 내용을 기억하기 어려웠던 적이 많았습니다. 그래서 책을 쓴 작가의 입장에서 이 책에서 전달하고 싶었던 알맹이는 이런 것이었다고 전달한다면 조금이나마 핵심을 기억하는 데 도움이 되지 않을까, 라는 생각이 들었습니다.

독자분들이 기억했으면 하는 두 가지는 다음과 같습니다.

UX 디자인은 가설을 설정하고 검증하는 과정의 반복. 계획보다는 실행에 초점을 두자.

어떤 아이디어가 사용자의 문제를 해결할 수 있는지는 사용자를 통해 검증하기 전까지는 알 수 없습니다. 그렇기 때문에 빠른 실행력을 바탕으로 계속해서 시도해나가는 것에 초점을 둘 필요가 있습니다. UX 디자인은 한 번의 시도로 대박을 터뜨리는 데 초점을 두지 않는 편입니다. 오히려 계속되는 실험과 실패, 배움의 여정을 통해 사용자가 겪는 문제를 해결할 수 있는 방법에 근접해가는 것에 더 가깝습니다.

훌륭한 UX 디자이너가 되기 위한 지름길은 디자인 원리를 공부하는 것. 끊임없이 공부하고 적용해보자.

UX 디자인은 시각적인 감각이 탁월하거나 타고난 재능이 있는 사람들만이 할 수 있는 분야라고 생각하는 경우가 있습니다. 저 역시 UX 디자인에 입문하려고 했을 때 그런 생각을 했습니다. 하지만 UX 디자인은 원리에 대한 공부를 통해 얼마든지 평균 이상의 실력을 갖출 수 있는 분야라고 생각합니다. 사용자에게 실제로 도움이 되고 그들의 문제를 해결해주는 디자인은 시각적으로 '와' 하고 감탄사가 나오는 산출물만으로는 부족하기 때문입니다. 그보다는 '사용자에게 도움이 되는가'라는 고민을 통해 만들어지는 논리가 너무나 중요합니다. 그래서 앞선 선배들의 시행착오를 통해 정의된 원리들을 많이 공부할수록 논리가 탄탄해지고 시각적으로 수준 높은 결과물을 만들어내는 능력 역시 올라갑니다. 그리고 이것은 단순히 공부하는 것으로 끝나는 게 아니라 실제 디자인에 적용해보고 테스트를 통해 효과를 측정해야 할 때 자신의 것이 됩니다.

지금까지 긴 글을 읽어주신 독자분들께 감사한 마음을 전합니다. 이 책은 UX에 대해 처음 공부를 시작했던 나를 돌아보면서, 지금의 내가 그 당시의 나에게 어떤 조언을 해줄 수 있을까를 생각하며 썼습니다. 저는 UX 디자인을 공부하고 커리어를 시작하고 성장하는 과정에서 많은 시행착오를 겪었습니다. 그래서 이 책에는 그러한 시행착오를 최소화하려면 어떤 조언이나 상담이 도움이 될까 고민하면서 쓴 내용이 많습니다. 그래서 UX 디자인 공부를 시작하던 저와 비슷한 상황에서 UX 디자인을 공부하려는 분들, 커리어를 고민 중이신 분들께 조금이나마 도움이 됐으면 합니다.

피그마를 활용한
UI 디자인 강의 및 할인 혜택 안내

UX 커리어 로드맵을 세우기 위해서 소개한 내용 중에는 디자인 툴을 익히고 시각적 표현력을 키우는 것이 필수라고 말씀드렸습니다. 즉, UI 디자인 능력을 키워야 하는 것인데요, 이와 관련해서 한가지 안내해 드립니다. 저는 인프런이라는 인터넷 강의 플랫폼을 통해 피그마 툴을 활용해서 UI 디자인을 하는 방법을 공유하고 있습니다. 제가 어떻게 시각적인 감각을 키웠는지, 어떻게 툴을 익혀서 시각적인 능력을 키우는 데 활용할 것인지와 관련해서 그동안 배운 지식과 경험을 공유해 놓았습니다.

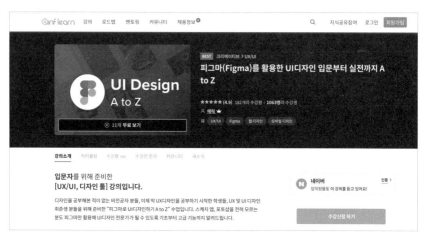

인프런에 개설한 저자의 피그마 강의

피그마를 활용한 UI 디자인 입문부터 실전까지 A to Z

디자인을 공부해본 적이 없는 비전공자 분들, 이제 막 UX 디자인을 공부하기 시작한 학생들, UX 및 UI 디자인 취준생 분들을 위해 준비한 "피그마로 UI 디자인하기 A to Z" 수업입니다. 스케치 앱이나 포토샵을 전혀 모르는 분도 피그마만 활용해 UI디자인 전문가가 될 수 있도록 기초부터 고급 기능까지 알려드립니다.

이 강의를 통해 다음과 같은 내용을 배우게 됩니다.

- UI디자인 이론 및 실전 능력을 기를 수 있습니다.
- 실무 UI디자인 프로세스 단계를 처음부터 끝까지 밟아봅니다.
- UI디자인을 하기 위해 필요한 피그마의 기능을 익힙니다.
- 로우파이 프로토타입부터 하이파이 프로토타입까지 제작하는 방법을 배웁니다.
- 사용성 테스트 및 커뮤니케이션을 위한 피그마 프로토타이핑 기능을 익힙니다.
- 개발 단계의 최종 산출물인 핸드오프를 만드는 법을 배웁니다.

기획 일만 했던 제가 3개월만에 UI디자인 능력을 갖추게 된 사연

저는 뉴욕에 오기 전에 서울에서 몇 년간 기획자로 일을 했습니다. 당시에 하던 일은 주로 파워포인트로 와이어프레임, 즉 UI 기획서를 만드는 일과 사용자 조사를 하는 일이었습니다. 파워포인트로 와이어프레임을 만드는 일은 시각적인 완성도를 요구하지 않았기 때문에 제가 시작하는 데 어려움은 없었습니다. 그런데 UI디자인은 제가 할 수 있는 분야가 아니라고 생각했습니다. UI 디자이너와 협업할 일이 있었지만 제가 UI디자인을 직접 하지는 않았습니다.

서울에서 기획 일을 하던 시절 모습과 기획 문서 일부

UI 디자인은 선천적으로 시각적인 감각이나 디자인 능력이 뛰어난 사람이나 가능한 일이라고 생각했습니다. 저에게는 이 능력을 갖기 위한 벽이 너무 높아 보였던 거죠. 그런데 유저 리서치와 기획, UI디자인을 모두 담당하는 프로덕트 디자이너가 되어야겠다는 목표가 생겼습니다. 그러기 위해서는 UI 디자인 능력을 갖춰야 했는데요, 이게 저에게는 가장 큰 난관이었습니다. 막상 시작한다고 해도 어디서부터 어떻게 배워야 할지도 몰랐습니다. 그래도 목표가 생겼으니까 방법을 찾아보기 시작했는데, 방법을 찾던 와중에 감사하게도 좋은 멘토들을 만났고, 좋은 방법들을 알게 됐습니다.

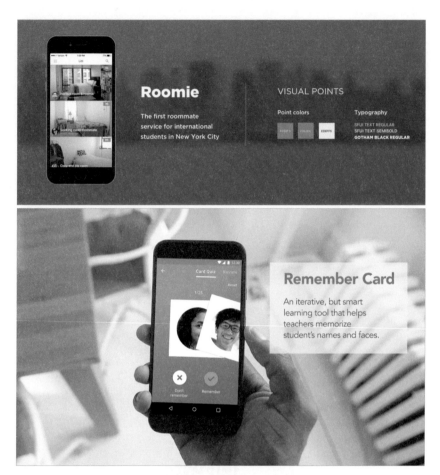

늦깎이로 배워서 진행했던 UI 프로젝트들

그리고 이렇게 방법을 알게 되니 'UI디자인 능력을 갖추는 게 나에게 불가능한 일은 아니다'라는 자신감을 갖게 됐어요. 그렇게 UI디자인 공부를 시작한 지 3 개월만에 첫 UI디자인 프로젝트를 완료했고, 이건 제가 프로덕트 디자이너로 첫 직장을 구하는 데 중요한 역할을 했습니다.

저는 이러한 배움과 훈련의 과정을 통해 방법만 잘 안다면 시각적인 감각이 특별하지 않거나 디자인을 전공하지 않은 사람도 UI디자인 능력을 충분히 갖출 수 있다는 사실을 알게 됐습니다. 저는 이 강의를 통해서 UI 디지인 능력을 빠른 시간 안에 갖추기 위해 넘어야 했던 산과 이를 극복할 수 있었던 비결을 알려드릴 겁니다. 그래서 저와 비슷한 어려움을 갖고 계신 분들께서 피그마를 활용해 UI디자인 능력을 갖출 수 있도록 안내합니다.

25% 할인혜택 안내

이 책의 독자분들을 위해 '피그마를 활용한 UI디자인 입문부터 실전까지 A to Z' 강의에 대한 25% 할인 쿠폰을 준비했습니다. 강의 결제를 하실 때 다음 코드를 입력하시면 됩니다.

- **쿠폰 코드**: 4459-20c4a8d80616

강의 페이지는 아래 URL과 QR 코드를 통해 확인하실 수 있습니다.

- **강의 URL**: https://bit.ly/figmaui

ㅍ	

ㅎ